KB242810

대분열

: 1054년, 동서 교회 갈등과 충돌의 역사

: 1054년, 동서 교회 갈등과 충돌의 역사

대분열

저자 스티븐 런시먼
역자 유재덕

초판 1쇄 발행 2026. 3. 24.

발행처 도서출판 브니엘
발행인 권혁선

책임교정 조은경
책임영업 기태훈
책임편집 브니엘 디자인실

등록번호 서울 제2006-50호
등록일자 2006. 9. 11.

서울특별시 송파구 백제고분로28길 25 B101호 (05590)
마케팅부 02)421-3436
편 집 부 02)421-3487
팩시밀리 02)421-3438

ISBN 979-11-93092-60-6 03230

독자의견 02)421-3487
이 메 일 editorkhs@empal.com

북카페주소 cafe.naver.com/penielpub.cafe
인스타그램 @peniel_books

이 연구는 2026년도 서울신학대학교 교내연구비 지원에 의한 연구임.

도서출판 브니엘은 독자들의 원고를 설레는 마음으로 기다리고 있습니다.
위의 이메일로 간단한 기획 내용 및 원고, 연락처 등을 보내주십시오.

도서출판 브니엘은 갓구운 빵처럼 항상 신선한 책만을 고집합니다.

대분열

: 1054년, 동서 교회 갈등과 충돌의 역사

The Eastern Schism
: A Study of the Papacy and the Eastern Churches during the XIth and XIIth Centuries
by Steven Runciman

스티븐 런시먼 지음 | 유재덕 옮김

"우리는 같은 그리스도의 몸 안에 있으면서도 서로를 낯선 사람 대하듯 합니다. 그리스도의 옷은 찢어졌고, 우리는 같은 식탁에 앉지 못하는 형제들이 되었습니다. 이것이 기독교 세계의 가장 큰 슬픔이 아니고 무엇이겠습니까?"(니콜라스 카바실라스, 14세기 정교회 성인·신학자)

역사상 동방과 서방 기독교의 분열을 안타까워하는 발언은 수없이 많았다. 도스토옙스키의 소설 「카라마조프가의 형제들」에 등장하는 순수한 청년 알료샤 카라마조프의 실제 모델이었고, 레프 톨스토이에게 깊은 문학적 영감을 제공했던, 러시아의 플라톤으로 불리던 블라디미르 솔로비요프(1853-1900)는 러시아 정교회 소속이었음에도 가톨릭과 정교회의 통합에 평생을 바쳤다. 솔로비요프는 기독교 세계가 조직과 질서가 특징인 로마 가톨릭, 정신과 신비를 강조하는 정교회로 나뉜 것을 '문명의 절단,' 그러니까 영성적 고통으로 간주했다. 그는 동서 교회 분열이 인류 문명 전체에 도덕적 위기를 초래했다고 비판했다. 그러면서 언젠가 이런 말을 남겼다. "동방과 서방의 분열은 기독교의 유기적 일체성을 파괴한 영적 재앙이다. 이 거대한 분열이 치유되지 않는 한, 기독교 문명은 세상을 변화시킬 진정한 힘을 회복할 수 없다." 분열 이후의 역사를 아는 이라면 누구도 솔로비요프의 우려에 이의를 달지 않을 것이다.

이 책의 저자 스티븐 런시먼 역시 이른바 대분열(Great Schism), 곧 동서 교회의 분열을 기독교 세계의 정신적 단절이자 문명사적 비극으로 규정한다. 런시먼은 대분열의 이유를 단지 행정 절차나 교리 차이에 따른 결과로 받아들이지 않는다. 그는 이 책뿐만 아니라 여러 강연에 나설 때마다 기독교의 대분열은 흔히 알고 있듯이 1054년 하기아 소피아 대성당에서 있었던 훔베르토 추기경의 파문 선언과 그에 따른 동방 교회의 격렬한 반발이 유일한 원인이 될 수 없다고 강조했다. 그는 동서 교회의 상호 파문보다는 오히려 1204년 4차 십자군의 콘스탄티노플 폭력적 약탈 사건을 대분열을 가져온 진정한 비극의 기점으로 제시한다. "기독교 역사를 통틀어 1204년의 약탈만큼 인류에 대한 범죄는 없었다. 이것은 동방과 서방 사이의 분열을 영구적으로 고착시켰고, 수 세기에 걸쳐 쌓아온 공존의 희망을 완전히 파괴한 비극적 전환점이었다."

아울러서 런시먼은 대분열의 본질 역시 성령 발출과 같은 교리 문제, 그러니까 필리오케('그리고 아들로부터')라는 표현을 신경에 추가하는 문제를 놓고 다투는 신학 논쟁보다 동방과 서방의 민족적 경쟁심이 더 크게 작용했다고 평가한다. 런시먼이 이 책 마지막에서 결론짓듯이 분열은 11, 12세기의 다양한 정치 사건에서 비롯된, 동방과 서방 세계 구성원의 반감에 기초했다("비극은 양측이 서로 다른 언어를 쓰고 있었다는 점이 아니라, 서로의 영적 언어를 번역하려는 의지조차 상실했다는 데 있다"). 달리 말해서 노르만족의 군사적 침략, 이탈리아 해양 도시들의 상업적 침략, 그리고 아주 그럴듯한 명분으로 시작했으나 야만적으로 진행된 십자군 운동 전체가 타오르는 분열의 불길이었다면, 서방의 법률 중심적이고 경직된 사고와 동방 비잔티움 제국의 신비주의적이고 유연한 사고가 화합하지 못한 채 충돌해 거기에 기름을 끼얹었다. 이와 같은 시각에서 런시먼은 대분열로 표출된 동서 교회 갈등과 충돌의 역사를 11세기와 12세기를 중심으로 이 책에서 설득력 있게, 그러면서도 아주 흥미진진하게 풀어나간다.

오래전부터 나는 학문적 엄밀함과 즐거움을 함께 제공하는 것으로 이름난 런시먼의 작품을 자주 접했고, 「거침없이 빠져드는 기독교 역사」를 비롯해 기독교 역사를 주제로 집필할 때마다 그의 저서들을 언제나 가까이 두고 작업했다. 라틴어와 아랍어를 비롯해 그리스어, 프랑스어 등 10여 개 이상의 외국어를 구사하는 실력을 바탕으로 역사적 사실을 마치 문학 작품처럼 엮어나가는 런시먼의 글에서 적잖은 영감을 얻을 수 있었다. 유명한 역사가 존 줄리어스 노리치의 의견에 전적으로 공감하지 않을 수 없는 것도 그 때문이다. "런시먼은 역사적 사실의 나열에 그치지 않고, 그 이면에 흐르는 종교적 열정과 인간적 고뇌를 포착해 낼 줄 아는 예술가적 역사학자이다." 런시먼의 작품이 12세기 말 십자군 원정을 다룬 영화 〈킹덤 오브 헤븐〉(2020)에 상당 부분 직접 반영된 것 역시 바로 이런 역량 덕분이라고 할 수 있다. 우리 그리스도인은 이 책, 「대분열: 1054년, 동서 교회 갈등과 충돌의 역사」를 통해 대분열이 마치 뉴노멀처럼 자리 잡은 오늘날의 세계에서 그것을 극복할 소중한 역사적 지혜를 얻을 뿐만 아니라 우아하고 명료한 문장으로 역사 서술을 예술의 경지로 올려놓았다는 런시먼의 명성을 새삼 확인할 수 있다.

끝으로 스티븐 런시먼의 생애(1903-2000)를 간략히 소개하면 다음과 같다. 스티븐 런시먼은 이튼 칼리지와 케임브리지 대학 트리니티 칼리지를 졸업하고 같은 대학에서 교수(펠로우)를 역임했다. 2차대전 당시에는 불가리아와 이집트에서 외교관으로 활약했고 이스탄불대학(1942-1945)과 그리스 아테네대학(1945-1947)에서 비잔티움과 지중해의 역사를 강의하기도 했다. 런시먼은 학문적 역량 외에도 국제적으로 상당히 두터운 인맥을 쌓았다. 작가 조지 오웰은 이튼 칼리지 시절부터 줄곧 막역한 동창이었고, 1920년대 중반에는 베이징을 방문해 청나라 마지막 황제 푸이(溥儀)를 만나 깊은 교분을 유지했다. 그리고 엘리자베스 2세와 엘리자베스 왕대비를 위해 왕실의 비공식 고문 역할을 맡기도 했었다. 프린스턴대학과 시카고대학 등 전 세계 10여 개 대학에서 명예박사 학위를 받았고, 3부작 「십자군 역사」의 집필 공로를 인정받아 기사 작위(1958)와 영연방 최고 명예 훈장(Order of the Companions of Honour, CH)을 수여 받은 20세기 영국을 대표하는 역사학자 가운데 한 명이다. 주요 저서는 「십자군 전쟁사」, 「1453 콘스탄티노플 함락」, 「비잔티움 문명」, 「시칠리아의 저녁 기도」를 비롯해 18권이 있다.

옮긴이 유재덕

이 책은 옥스퍼드대학 모들린 칼리지 학장과 교수단 초청으로 진행한 일곱 차례의 웨인플리트 기념 강연(1954)을 바탕으로 하고 있다. 그 초청은 대단한 영광이었고 기독교 역사에서 가장 논쟁적이고 불행했던 시대를 다룰 기회를 가진 것에 크게 감사한다.

동방과 서방 교회의 분열을 충분히, 그러면서도 자세하게 설명하려면 방대한 저작이 아니면 감당할 수 없다. 이 책의 목적은 그런 복잡한 이야기를 이해하는 데 필수적인 사실들을 간단히 제시하는 것이다. 이와 관련된 논쟁의 역사는 신학자들이 주로 담당했는데 여기에는 나름의 이유가 있다. 교회 지도자들이 서로 비판하고 논박하는 싸움터는 교리와 교회 관습이기 때문이다. 하지만 전쟁은 싸움터에서 시작하지 않는다. 그리고 전쟁과 원인에 대한 역사를 군인들만 서술하게 하는 게 바람직하지 않듯이 교회의 분열 역시 오로지 신학의 시각에서 바라보는 것으로는 충분하지 않다. 나는 동서 교회 분열이 근본적으로는 성령의 발출(發出)이나 성찬식 빵에 대한 의견이 서로 달라 발생한 게 아니라 일련의 정치적 사건과 그로 인해 촉발된 편견과 원한이 서로 결합해 발생했고 기본적인 이념의 격차가 벌어지다가 이런 정치적 사건이 세상에 알려지게 되었음을 밝히려고 한다.

전통적 견해는 총대주교들끼리의 초기 갈등이 일단락되었다가 콘스탄티노플 총대주교 포티오스가 새롭게 분열을 초래했고 그의 죽음으로 한때 봉합되었던 분열이 미카엘 케룰라리오스 때문에 심각한 형태로 재발했다고 주장했다. 그런데 드보르닉(F. Dvornik)과 그뤼멜(V. Grumel)이 수행한 연구는 포티오스에 대한 이런 전통적 주장을 상당 부분 수정해야 할 필요가 있다는 것을 보여주었다. 그리고 오늘날 학자들은 대부분 1054년, 그러니까 미카엘 케룰라리오스와 홈베르토 추기경 사이에 벌어진 충돌이 동방과 서방 교회의 최종 분열을 의미한다고 생각하지 않는다. 실제로 분열은 훨씬 더 서서히, 불균등하게 진행되었다. 노르만족의 이탈리아 침공, 십자군의 대규모 원정, 그리고 개혁된 교황권의 단호한 조치와 이념 덕분에 동방 기독교 세계가 서방과 근본적으로 관점을 달리했다는 것을 깨닫게 되었다.

나는 이 분열에 관한 역사 연구에 크게 공헌한 여러 탁월한 학자들에게 감사한다. 그 가운데 쥘 게이는 비잔티움 이탈리아에 대한 역사서를 통해 1054년에 있었던 사건을 새롭고 분명한 시각에서 바라보는 데 결정적 역할을 했다. 미셸(A. Michel) 교수, 아망(E. Amann) 신부, 쥐지(M. Jugie) 신부, 레브(B. Leib) 신부, 그리고 성공회 신학자 조지 에브리(George Every)의 저서는 이 사건 전반에 대한 이해를 더욱 풍성하게 해주었다. 각 장 마지막에 추가한 주석에서 그들의 기여를 더 자세히 확인할 수 있겠지만 이 자리를 빌려 깊은 감사를 전한다.

　논쟁적인 주제를 다루는 일은 언제나 반대와 반감을 부르기 마련이다. 하지만 이 책에 담긴 어떤 표현도 로마 가톨릭교회 신자나 동방 교회 신자에게 불쾌감을 안겨주는 일이 없었으면 좋겠다. 나의 시선이 비잔티움 세계에 더 우호적으로 보일 수도 있겠지만, 그것은 어디까지나 그 시각을 이해하고자 노력한 결과라는 점을 밝혀둔다. 지금껏 이 문제를 다룬 저자 대부분이 라틴 세계 출신이었고, 쥐지 신부나 아망 신부처럼 공정함을 갖춘 학자들이 보여준 균형감은 깊은 존경을 받아 마땅하면서도 비잔티움 교회의 입장이 충분히 조명되지 못할 때가 종종 있었다. 나는 진정한 우정이란 서로의 감정과 전통을 더 깊게 이해하는 데서 비롯된다고 믿는다. 이 분열이 당장 간단하게 봉합될 수 있으리라고 기대할 수는 없겠지만, 이 책이 적대감을 부추기기보다 해소하는 데 조금이나마 이바지하기를 바란다.

글쓴이 스티븐 런시먼

대분열

[일러 두기]

1. 영어식 인명과 지명은 대부분 생략하고 색인에 병기했다.

2. 인명과 지명은 출신 지역을 반영해 표기했다.

3. 저자가 인용한 책 제목은 모두 한글로 병기했다.

4. ( )표시는 대부분 옮긴이가 추가한 설명이다.

그리스도의 추종자들이 지상에서 통일된 하나의 공동체를 이루어야 한다는 믿음은 기독교 신앙의 핵심이라고 할 수 있다. 니케아 공의회에서 교부들이 제정한 신경과 그보다 더 짧은 사도신경 모두 거룩한 보편 교회(Holy Catholic Church)에 대한 믿음을 명시했다. 선한 그리스도인이라면 누구든 분열되지 않는 교회라는 이상이 실현되기를 기대할 것이다. 하지만 인간의 본성이라는 게 획일적이지 않고 종교 체험 역시 마찬가지다. 기독교 세계에 속한 다양한 민족끼리 교회에 관한 이론이나 실천을 놓고 서로 완벽하게 합의를 본 적은 단 한 차례도 없었다. 사도 바울은 고린도인들에게 보내는 편지에서 "너희 중에 분쟁이 있다"(고전 11:18)라고 썼고 고린도 교회의 이런 사례는 이후로도 줄곧 반복되었다.

분열은 일반적으로 교회에서 독립된 분파가 갈라져 나온다는 뜻이고 이단은 잘못된 교리를 따르는 것과 관계가 있다. 이것은 사도 바울이 두 가지 표현을 구사하는 방식에서도 구체적으로 드러난다. 히포의 아우구스티누스에 따르면 분열은 교회 공동체의 교제가 깨지는 것이지만 신앙이나 성례 자체에는 별다른 영향을 미치지 않는다. 초기 교부들은 분열과 이단을 종종 애매하게 취급했다. 하지만 이단은 교리적 오류를, 분열은 정통 교리에는 동의하면서도 다른 방향으로 이탈하는 것으로 점차 받아들였다.[1]

엄밀하게 말해서 우리가 편의상 정교회와 가톨릭교회라고 부르는 동방 교회와 서방 교회는 서로 이단으로 간주해야 마땅하다. 정교회는 공의회가 제정하고 기독교 세계가 공통의 상징으로 간주한 신조를 가톨릭교회가 부당하게 훼손했다고 주장하는 반면, 가톨릭교회는 정교회가 거부하는 교회의 권위를 신앙으로까지 격상했기 때문이다. 그렇지만 과거에 정교회 신학자들은 교리적 차이를 과장하는 경향이 있었고 가톨릭교회 신학자들은 베드로의 자리(Holy See, 로마 주교좌)에 주어진 권리를 무분별하게 거부하는 것을 용납할 수 없는 행위로 받아들였다. 이런 분열은 본질상 교리보다는 권위와 관련된 문제라서 이단보다 분열에 더 가깝다.

분열 원인

분열의 원인은 다섯 가지로 분석할 수 있다. 첫째는 개인적 경쟁, 둘째는 민족적, 사회적, 경제적 경쟁이다. 셋째는 최고 지도자 간의 경쟁, 넷째는 예배 의식에 관한 분쟁, 그리고 다섯째는 규율의 문제다.[2] 동서 기독교 분열의 역사에는 개인적 경쟁이 거의 존재하지 않았다. 주교는 자신이 속한 자리를 대표해서 싸웠지, 같은 자리를 놓고 서로 다투지 않았다. 물론 각자의 성격이 분쟁을 대하는 태도나 전략에 영향을 끼쳤고 때로는 개인적 반감이 분쟁을 악화시키기도 했다. 경쟁은 본질상 주교 사이에서 일어났다. 그런데 이런 식의 경쟁은 대체로 민족적 경쟁의 또 다른 표현이었고 교회에 규율 문제를 유발했다. 민족의 자긍심은 예배 의식과 관련된 논쟁을 한층 더 부추겼다. 예배 의식의 차이는 주로 기질 차이에서 비롯했지만 그것 자체도 일부는 사회나 경제적 추세에 따른 결과였다. 그리고 해묵은 정치적 사건들이 이런 다툼을 한층 악화시키고 왜곡했다.

분열이 한 교회에서 발생하면 그 시점을 비교적 정확하게 지정할 수 있다. 하지만 동시대에 가장 큰 교회끼리의 분열이라면 정확한 시점을 특정하기 어렵다. 그 당시 교회 간의 일치를 보여주는 상징은 명판(diptychs, 나무나 상아, 금속으로 만든 사각형 접이식 '디프티카')이라고 부르는 인명록이었다. 이것은 총대주교가 관리하는 교회들이 과거나 현재 교류하는 총대주교들의 이름을 기념하고 보관하는 명판이다. 교황이나 총대주교가 새롭게 선출되면 자신의 신앙 고백을 동료 총대주교에게 보내야 했고 그 고백이 이단적이지 않다는 판단이 설 때 명판에 이름을 추가했다. 따라서 어느 총대주교의 이름이 명판에서 빠지면 그들 사이에서 분열이 있었다고 볼 수 있다. 그런데 이런 결론은 지속적인 소통 수단이 존재할 때만 타당했다. 로마 제국이 붕괴하고 나서는 새로 선출된 총대주교가 신앙 고백을 기록한 편지(Systatic Letter)를 동료들에게 전달하지 못하는 경우도 잦았다.

덕분에 상대방의 존재를 알지 못해 이름을 기념하지 않은 때도 있었는데, 이것은 사전에 의도한 분열이 아니었다.[3] 7세기 아랍 정복 이후 동방 지역 총대주교들은 로마는 물론 콘스탄티노플과도 오랫동안 연락이 끊겼고, 그렇게 해서 명판에 큰 공백이 생겼다. 게다가 동방에서는 비정상적으로 선출되었거나 신학적으로 의심스러운 인물은 정보가 추가될 때까지 이름을 기록하지 않았다. 그렇다고 해당 교회의 정통성까지 한꺼번에 부정하지는 않았다. 따라서 명판의 누락이 반드시 분열을 의미한 것은 아니었다.

분열의 시작은 헬라계와 라틴계 총대주교들이 최고 자리를 놓고 경쟁하기 시작한 시점으로 보는 편이 훨씬 더 정확하다. 이런 경쟁이 존재했다는 것 자체가 이미 어느 정도 분열이 진행되었다는 뜻이었다. 하지만 교회마다 이런 일이 발생하는 시점은 제각각이었다. 또 다른 측면에서 보면 특정 주교의 관할 지역에서 경쟁이 발생했다고 해서 반드시 그 지역 구성원 모두가 분리를 인정한 것은 아니었다. 사실, 분열 상태는 교회에 속한 일반 신자들이 그것을 실감하기 시작했을 때부터 실제로 성립했다고 볼 수 있고 그런 인식은 몇 년에 걸쳐 점진적으로 형성되기 때문에 특정 날짜를 못 박을 수 없다.

기본적으로 동방과 서방의 기독교 세계는 오래전부터 서로 다른 세계관을 유지했다. 동방 기독교 세계는 헬레니즘적 정신이 깃든 지역에서 형성되었다. 문화 배경과 공통 언어는 그리스어였고 고대 그리스의 사변적 사고를 물려받았다. 로마 제국의 동쪽 지역은 서쪽보다 교육 수준이 훨씬 높았고 동방 교회는 성직자와 평신도 모두 신학적 논의에 관심이 높은 분위기에서 발전했다. 콘스탄티누스 황제가 기독교를 공인하기 오래전에 동방의 뛰어난 지식인들이 기독교를 받아들였고, 사상가들은 나름대로 끝없는 토론과 논쟁을 통해 기독교 계시의 철학적 의미를 완벽하게 도출하려고 했다. 상대방이 이단에 빠졌다고 증명하는 게 일종의 지적 유희가 되었고 특정 신학자의 주장이 충분한 논쟁을 거치지 않으면 누구도 정통으로 인정하려고 하지 않았다. 따라서 참된 신앙을 확정하기 위해 교회 구성원이 모두 참여하는 보편 공의회(ecumenical council)가 필요하다고 생각하게 되었다. 이 공의회는 오순절에 있었던 사도들의 모임을 계승한 것이었고, 그 자리에 성령이 임해 논의에 영감을 불어넣고 진리가 규명될 것으로 기대했다.

이런 체계에는 단점도 있었다. 공의회는 종종 격렬했고 주먹다짐 같은 물리적 폭력이 발생하기도 했다. 성령이 정말 임했는지 확신하기 어려울 때도 있었다. 소수파는 다수의 결정을 인정하지 않았고 시리아나 이집트처럼 민족적 또는 경제적 불만과 이견이 겹치면 이단으로 영구 분리되기도 했다. 하지만 여기에는 상당한 기간이 필요했다. 칼케돈 공의회(Council of Chalcedon, 451)가 내린 결정을 시리아와 이집트 교회가 대부분 거부했지만, 아랍 정복이 진행되는 7세기까지 그들을 완전히 이단으로 규정하지는 않았다. 당시에는 공의회가 차이를 해소할 방안을 마련할 수 있다는 희망이 존재했다. 게다가 동방 교회는 다양한 차이를 수용하는 데 익숙했을 뿐 아니라 오이코노미아(Oikonomia 또는 Economy, 관용)의 원칙을 신봉했다. 오이코노미아는 현대적 의미의 경제가 아니라 자비와 관용, 또는 시혜를 뜻한다. 선한 그리스도인에게 관용을 조금만 베풀면 작은 차이 정도는 눈감아 줄 수 있다는 것이다. 이 오이코노미아 원칙과 한계는 로마 교회와의 분쟁을 이해하는 데 있어 중요하다.[4]

황제가 기독교를 받아들이자, 기독교 공동체는 그를 수장으로 인정했다. 콘스탄티누스 황제는 교회에 이바지한 공로로 '사도와 동등한 자'(Equal to the Apostles)라는 칭호를 받았다. 교회와 국가가 결합하면서 황제는 국가와 교회의 복지를 함께 책임지는 존재가 되었다. 황제가 공의회를 소집하고, 직접 또는 대리인을 통해 주재하는 일이 당연해졌다. 황제 대관식은 곧 종교의식으로 바뀌었고, 그 덕분에 종교가 황제의 권위를 뒷받침하게 되었다. 하지만 이런 권위는 카이사르를 상속한 황제라는 사실에 기반했다. 교회의 고위 성직자도 황제의 권위를 넘어서지 못했다. 황제의 지위는 서방에서도 인정했다. 나중에 교황들이 위조된 콘스탄티누스의 증여라는 문서를 앞세워 권리를 주장할 때도 효력은 황제가 증여했다는 믿음에 근거했다.

총대주교는 형식상 주교들이 선출했지만 실제로는 황제가 마음대로 임명하고 해임했다.[5] 그렇다고 이 황제교황주의(Caesaropapism, 세속의 황제가 기독교 수장보다 더 높은 권위를 가지는 것)를 과장할 필요는 없다. 이것은 비잔티움 제국과 관련해서도 마찬가지다. 법전은 황제와 총대주교가 국가 공동체의 중심 기관이고 둘은 조화를 유지해야 하지만, 황제가 우월하다고 명시했다.[6] 황제는 교회 문제에 직접 개입하지 않고 교회를 통했고, 교리 문제가 발생하면 반드시 공의회를 소집해야 한다고 대부분 생각했다. 도덕적 여론의 지지를 받는 총대주교는 황제에게 실질적으로 저항하거나 대관식을 거부할 수 있었다.[7] 교회의 힘은 도덕적 영향력에서 나왔고 황제가 그것을 무시하면 위험해질 수 있었다. 하지만 황제의 가장 강력한 무기는 법의 제정권이었다. 동로마 제국은 1453년까지 존속했고 법은 모두 로마법에 기반했다. 후속 법전들은 점차 기독교의 영향을 받았지만 전부 황제가 공포했다. 교회는 내부 문제만 법적으로 관심을 가졌고 심지어 결혼이나 이혼 같은 문제도 제국 법전을 따랐다. 따라서 성직자들은 대체로 법에 무심했고 법률 교육도 받지 않았다. 법률가는 모두 평신도였고 세속적이었다.

법률가뿐 아니라 평신도 역시 상당한 수준의 교육을 받았다. 동로마 제국의 역사를 전체적으로 돌아보면 성직자 못지않게 교육받은 사람이 적지 않았다. 교수, 관리, 심지어 군인들까지 성직자 수준의 교육을 받았다. 그 가운데 상당수가 신학에 대한 전문적인 식견을 갖추었고 거의 모두 신학적 논의에 참여할 자격이 있다고 생각했다.[8] 비잔티움 제국에서는 신학이 성직자의 전유물이라는 생각을 전혀 찾아볼 수 없었다. 평신도가 차지하는 비중은 동방 교회 신자들에게 '양형 성찬'(빵과 포도주를 함께 베푸는 성찬)을 중단 없이 베풀어왔다는 사실에서도 잘 드러난다.

비잔티움 제국에는 전문 신학자나 아마추어를 가리지 않고 열정적인 신학자들이 많다 보니 여러 신앙 문제에 대해 명확한 입장을 제시하지 않는 경향이 있던 것 같다. 정통적 주장은 언제나 명확하지 않았다. 비잔티움 신학자들은 같은 편을 지지할 때조차 서로 모순된 주장을 내놓는 경우가 일반적이었다. 이단 사냥이 제도화된 것은 보고밀파(Bogomilism, 10세기 불가리아의 사제 보고밀이 창시한 영지주의적 종교와 정치 운동)처럼 사회적으로 지탄받는 이단 때문이거나 아니면 특정 정파와 인물을 억압하는 수단으로 이단 사냥을 이용했기 때문이다. 그렇지만 악의가 없을 때는 당연히 자비가 우세했다.

동방 지역 그리스도인에게는 정확한 신앙 교리보다 올바른 예배가 훨씬 중요했다. 그들은 예배 의식에 헌신적이었지만 제대로 확정한 것은 성상 파괴 논쟁(Iconoclastic controversy, 726-787, 814-843) 이후였다. 그런데 성상 논쟁 그 자체는 예배 형식에 대한 애착이 점점 커졌다는 뜻이기도 했다. 예배 의식은 회중 전체가 참여하는 행사였고 심지어 교회 건물의 장식마저 예배 의식에 포함되었다. 성상과 모자이크 그림도 예배 의식에 참여하는 존재였다. 동방 교회 그리스도인들은 자신들이 치르는 의식이나 관행에 대한 비판에 아주 강하게 반발했고 혁신하거나 변경하려는 시도를 의심했다. 그들은 이방 지역 교회가 자국어로 예배 의식을 번역하도록 허용했다. 그다지 선호하지는 않았지만 예배 의식이 달라도 시간과 전통으로 충분히 거룩해질 수 있다고 주장했다. 하지만 예배 의식에 대한 충성심은 비잔티움을 구성하는, 무엇보다 강력한 단 하나의 영적 원동력이었다. 그것은 최고의 예술, 최고의 시와 음악에 영감을 제공했고 그 덕분에 제국의 하층민은 교육받은 사람보다 더 강력한 충성심을 유지했다.[9]

중세 서방의 태도는 달랐다. 기독교는 동방보다 서방에서 더디게 전파되었는데, 특히 교육받은 계층에서는 이교 신앙이 더 오래 지속되었다. 교회는 자기방어를 위해 신앙의 통일성과 일치를 강조할 수밖에 없었다. 동시에 추상적 사유에 대한 일반적 관심이 적어 신학적 논쟁에 대한 열망 역시 약했다. 이런 차이에는 언어 역시 한몫 거들었다. 그리스어는 추상적 사상의 온갖 미묘한 뉘앙스를 표현하는 데 탁월하고 유연했지만 라틴어는 훨씬 더 엄격하고 경직된 언어였다. 라틴어는 명확하고 구체적이고 타협을 허용하지 않는, 법률가에게 아주 이상적인 도구였다.

라틴 문명의 법치적 특성은 정치 상황 때문에 곧장 교회 운영에 이바지했다. 서방에서 야만인들의 침략으로 제국의 권위가 무너질 때 살아남은 조직은 교회가 유일했다. 제국의 총독이나 행정관이 사라졌어도 교황과 주교들은 야만인 정복자들과 협상하며 도시를 계속 다스렸다. 새로운 세속국가들이 영구적인 영토를 기반으로 등장했을 때 그들의 법은 대개 관습적이고 부족 중심이었다. 로마 제국의 권위 있는 성문법은 교회가 보존했다. 부족법으로 부족하면 교회가 그것을 메우며 법적 영향력을 확대했다. 저명한 성직자들은 직접 법률가가 되어야 했다. 따라서 동방에서 살아남은 비잔티움 제국에서는 황제가 여전히 전제 군주이자 법의 근원으로 남아 있었지만 서방에서는 수 세기 동안 황제가 형식상 권위를 유지하면서도 사실상 영향력을 상실했다. 그 자리는 자연스럽게 교회의 수장인 로마 주교가 차지했고 전제 군주이자 법의 근원이라는 지위를 물려받았다.

로마 시대에도 서방 속주들의 문화 수준은 동방 속주들보다 전반적으로 낮았고 야만인의 침입은 서방 세속 교육에 상당히 파괴적인 영향을 미쳤다. 교육받은 이탈리아의 평신도 계층은 5세기와 6세기의 전쟁과 혼란 속에서 소멸했다. 유일하게 살아남은 교육은 교회가 운영하는 게 고작이었다. 중세 초반 서방에서는 글 읽는 평신도가 거의 존재하지 않았다. 이 때문에 서방 교회는 동방 교회가 결코 누리지 못하던 사회적 지위를 확보했고 그것은 세속 기독교 권력이 이교도의 정복으로 종말을 맞을 때까지 계속되었다. 동방 교회의 예배 의식과 달리 서방 교회 미사는 사제단이 집전하는 신비로운 의식이었고 평신도는 동방 교회 같은 참여 의식을 직접 느끼지 못했다. 게다가 비잔티움의 예배 의식에 사용하는 언어는 대체로 비잔티움 사람들이 이해할 수 있었지만 미사에 쓰이는 라틴어는 서방 신자에게는 대부분 낯선 외국어였다. 서방 교회 평신도는 종교 문제에 거의 개입하지 않았다. 반면에 지적 엘리트였던 성직자는 끝없이 국정에 개입했다.

교황이 지배하는 서방 교회의 전제적 체제는 역사의 힘이 빚어낸 필연적 산물이었다. 그 체제는 베드로 수위권(Petrine claims)에서 이론적 정당성을 부여받았다. 베드로는 사도의 으뜸이자 교회가 세워진 반석이었고 천국의 열쇠와 매고 푸는 권세를 부여받은 인물이었다. 베드로는 로마 주교로 순교했고, 그에게서 비롯된 주교직 후계자들이 권한을 계승했다. 교황은 교회의 최고 통치자일 뿐 아니라 교리의 최고 중재자이기도 했다. 공의회는 적법하게 소집되면 실제로 성령의 영감을 받은 것으로 여겼다. 하지만 그 역할은 교황의 선언을 승인하고 공포하는 것이었다.

신앙은 하나님의 법이 담긴 일련의 조항들로 변모했다. 어떤 교리는 옳고 합법적인 것으로, 또 어떤 교리는 그릇되고 불법적이라고 규정했다. 종교적 사색은 장려하지 않았다. 분열을 조장하고 위험했기 때문이다. 게다가 교황은 지위 덕분에 교회와 하나로 여겨졌다. 교황에 대한 모욕은 곧 서방 교회 전체에 대한 모욕이었다. 비잔티움의 어떤 총대주교도 이런 식으로 자신의 교회를 인격화하지 않았다. 동방의 총대주교가 모욕을 당하면 대개 개인에게 해당한다고 여겼다. 그는 언제든지 오류를 범할 수 있고 심지어 이단에 빠질 수도 있는 인간일 뿐이었다. 오직 공의회를 소집할 수 있는 보편 교회만 오류가 없었다. 서방에서 무오성은 교황의 암묵적 특권이었다.

서방 교회는 이처럼 전제적이고 신적 영감을 받은 수장이 지휘하는 중앙집권적 기관이 되어가고 있었다. 이 기관은 노련한 행정가와 법률가들이 운영했고 신학에도 그들의 의견이 반영되었다. 그레고리오 7세와 인노첸시오 3세를 거쳐 교황권이 완전히 실현되기까지 수 세기가 걸렸지만, 이런 경향은 처음부터 존재했다. 만일 그렇지 않았다면 로마 교회는 암흑시대의 혼란을 감당하지 못했을 것이다.

갈등하는 동서 교회

세월이 흐르면서 동서 기독교가 점차 상대의 관점을 이해하기 어려워한 것은 당연한 일이었다. 두 교회는 예수 그리스도와 삼위일체, 성례에 대한 근본적인 신앙을 공유했다. 하지만 성례를 집행하는 방식이 서로 달랐고 의식마저도 일치하지 않았다. 신학에 대한 관점도 완전히 이질적이었다. 동방에서는 사변과 논쟁을 즐겼으나 교회는 중대하지 않은 차이에는 관용을 베풀 준비가 되어 있었고 정치 문제나 예배 의식과 무관하면 교리를 표명하거나 정죄하려고 하지 않았다. 서방 교회는 옳고 그른 믿음에 대해 한층 단순하고 엄격하면서 법률적이고 논리적인 개념을 유지했다. 동방에는 교육받은 평신도 남녀가 많아 종교 문제에 참여하는 데 익숙했고 황제와 사제들을 거침없이 비난하는 여론이 분명히 존재했다. 반면에 서방에서는 12세기 무렵까지 종교 문제에 대해 의견을 표명하는 교육받은 평신도나 대중의 여론을 찾아보기 어려웠다.

그 무렵에도 비판은 성직자의 신앙이 아니라 행동에 주로 집중했다. 동방과 서방은 거의 처음부터 교회 권위에 대해 양립할 수 없는 견해를 유지했다. 후기 로마 제국, 그러니까 비잔티움 제국 법령에는 교황과 같은 권위를 주장할 여지가 없었다. 콘스탄티누스의 후계자이자 사도들과 동등한 지위에 있는 황제가 기독교 세계의 행정을 책임졌고 교리는 공의회 몫이었다. 그렇지만 서방에서 교황은 사도 베드로뿐 아니라 황제의 후계자이기도 했다. 훗날 교황권을 정당화하려고 만든 콘스탄티누스의 증여(Donatio Constantini)라는 문서는 가짜였지만, 콘스탄티누스 황제가 실베스테르 교황에게 주었다는 대부분의 권한은 실제로 역사적 과정에서 교황들이 필연적으로 획득한 것들이었다.

교회 간 분열은 서로 다른 언어 때문에 한층 더 심화했다. 만약 더 많은 그리스인이 라틴어를, 그리고 더 많은 라틴 사람이 그리스어를 알았더라면 상대방의 관점을 조금 더 쉽게 이해했을 것이다. 양측의 많은 논쟁에서 의도하지 않은 번역상의 오류로 피해가 발생하곤 했다.[10] 이해가 반드시 공감을 낳지는 않지만 적어도 신중함과 관용을 발휘할 기반을 제공할 수 있다. 신중함과 관용은 교계에서는 찾아보기 어려운 덕목인데, 무지 때문에 그 결핍이 한층 심화하면 결과는 재앙이 되고 만다. 만일 동서의 거대한 교회들이 서로 밀접하게 접촉하는 일이 전혀 없었다면 서로에 대한 무관심 덕분에 평화가 유지되

〉〉〉 콘스탄티누스의 증여

4세기 콘스탄티누스 황제가 교황 실베스테르 1세(Silvester Ⅰ, 314-335 재위)에게 로마와 서방 제국 통치권을 기증했다는 내용의 '콘스탄티누스의 증여'(Donatio Constantini)는, 8세기경 교황청이 정치적 생존과 영토적 정당성을 확보하려고 조작한 위조문서였다. 당시 메로빙거 왕조를 몰아내고 왕위를 찬탈하려던 프랑크 왕국의 피핀(Pepin the Short, 751-768 재위)은 하나님이 인정한 '정당한 왕'이라는 명분이 필요했고, 롬바르드족의 위협 앞에 고립된 교황 스테파노 2세(Stephanus II, 752-757 재위)는 군사적 보호가 절실했다. 교황은 피핀의 왕권을 승인하는 한편, 피핀이 정복한 이탈리아 중부 땅을 기증받아 교황령을 세웠다. 이때 비잔티움 제국의 영유권 주장을 방어할 목적으로 가짜 문서를 법적 근거로 제시했다. 양자의 결탁은 피핀의 아들 샤를마뉴(카롤루스 대제) 시대에 이르러 교황이 샤를마뉴를 '서로마 황제'로 추대하는 대관식으로 정점에 달했고, 서유럽 정치와 종교를 하나로 묶는 중세의 기틀이 완성되었다. 수백 년간 교황권의 절대무기로 군림하던 이 문서는 1440년 인문주의자 로렌초 발라(Lorenzo Valla)의 문헌학적 분석으로 조작임이 드러났다. 나중에 이 사건은 마틴 루터에게까지 알려져 교황제도의 도덕성을 무너뜨리고 종교개혁의 불씨를 지핀 결정적 도화선이 되었다.

었을지도 모른다. 하지만 접촉이 불가피해서 필연적으로 적대감을 초래했고, 두 교회 모두 진실하고 성실하게 기독교 신앙을 유지하면서 그리스도의 교회, 그러니까 거룩하고 보편적인 교회가 하나로 존재해야 한다고 믿는 바람에 적대감은 더욱 커졌다.

콘스탄티누스 황제 치하에서 십자가가 승리했을 무렵(밀라노 칙령, 313) 교회는 세 개의 총대주교구, 그러니까 로마, 알렉산드리아, 안티오키아로 나뉘어 있었다. 서열 역시 이 순서를 그대로 따랐다.

나중에 로마 사람들은 사도 베드로가 로마 교회를 설립했으니 당연히 로마가 먼저라고 주장했다. 그러면서도 로마 사람들 스스로 이집트의 알렉산드리아가 소아시아의 안티오키아를 앞선다고 생각했다. 사실 안티오키아 교회는 사도 베드로, 알렉산드리아 교회는 마가가 설립했다. 따라서 사도적 기원에 따라 순서가 결정된다고 할 수 없었다. 로마의 우월성은 본디 제국 수도라는 도시의 지위에서 비롯되었고 알렉산드리아가 그 뒤를 따른 것은 로마 제국의 두 번째 도시였고 규모나 부에 있어서 로마에 필적했기 때문이다.

로마는 제국 자체가 '로마 제국'이었고 베드로와 바울 모두 그곳에서 생애의 정점을 찍었고 특별한 명성을 누렸다. 따라서 로마 교회 주교는 남다른 존경을 받았고 교회 문제에서 주도적 역할을 할 수 있다고 인정받았다. 그의 지도력은 단순히 명예 수준의 수위권을 넘어섰으나 명확하게 규정되거나 법적으로 제도화되지는 않았다.[11] 그런데 기독교 공인 이후로 황제들은 교회 제도를 법적 틀에 맞추어 확립하려는 경향을 드러냈다. 만일 콘스탄티누스와 그의 가문이 로마 주교좌(Roman See)가 이단으로 단죄한 아리오스주의(Arianism, 성자는 성부와 동등하지 않고 성부에 의해 창조된 피조물이라는 4세기 초반의 주장)로 기울어지지 않았다면 로마 주교가 공식적으로 교회 조직의 수장이 되었을 가능성도 있었다.

사르디카와 칼케돈 공의회

사르디카 공의회(Council of Sardica)는 343년 교회 분쟁의 상소 법정을 로마에 배치했다. 이것은 로마가 최종 권위를 갖는다는 뜻이었다.[12] 그런데 콘스탄티노플이라는 새롭고 기독교적인 로마가 건설되면서 상황이 복잡해졌다. 이 도시는 제국의 수도 역할을 계승하도록 설계된 곳이었다. 그때까지만 해도 비잔티움 주교는 존재감이 거의 없었고, 헤라클레아 대주교의 지시를 따르는 부주교(suffragan)에 지나지 않았다. 하지만 새로운 로마 주교는 분명히 더 높은 지위를 누려야 했다. 그는 곧 총대주교로 승격했고 대교구는 로마와 안티오키아의 권한까지 침해하는 광범위한 영토 관할권을 부여받았다. 제국의 분열은 행정 중심은 하나라는 원칙을 무너뜨렸다.

교회는 여전히 세속 국가 조직을 모방하려는 경향이 강했다. 381년 아리오스 논쟁을 종결하기 위해 콘스탄티노플에서 열린 2차 공의회는 이렇게 선언했다. "콘스탄티노플 주교는 로마 주교 다음의 서열을 갖는다. 콘스탄티노플은 새로운 로마이기 때문이다"(3 규범). 법규를 제정한 공의회 교부들은 옛 로마에 굴욕을 안겨줄 생각이 전혀 없었다. 단지 제국의 새로운 수도를 현실적으로 인정한다는 의미에서 찬사를 보냈을 뿐이었고, 동시에 알렉산드리아 대교구의 콧대를 낮추려는 목적도 있었다. 당시 알렉산드리아 대교구의 위대한 주교 아타나시오스가 지나치게 영향력이 커서 다소 부담스러웠기 때문이다. 그런데 공의회를 소집한 동로마 제국 황제 테오도시오스는 서방 황제 그라티아누스의 관할 지역 주교들을 소집하지 않았다. 교황은 당연히 대표들을 보내지 못했고, 따라서 그들은 공식적으로 결의를 인정하지 않을 수 있는 권한을 갖게 되었다.

교황이 대표를 파송한 4차 칼케돈 공의회는 콘스탄티노플 주교좌의 권리를 승인하며 교부들이 제국의 수도였던 옛 로마에 우선권을 부여한 게 정당했다고 선언했다. 그리고 "새로운 로마의 가장 거룩한 주교좌에도 동등한 특권이 돌아가야 한다"라고 명시했다. "제국의 주권과 원로원의 영예를 누리고 옛 제국 로마와 동등한 특권을 가진 이 도시는 교회의 사안과 서열에서도 존중받아야 마땅하고, 로마 다음의 지위를 누려야 한다"(28 규범). 동방 교회들은 이 규범을 지지했고 다수의 찬성으로 통과되었다. 하지만 교황의 대리인들은 여기에 반대했고 교황 역시 거부했다. 사실 규범의 내용은 로마의 요구를 공정하게 반영하지 않았다. 사도 베드로로부터 이어져 내려온, 상당히 중요하면서도 구체적으로 명시되지 않은 사도적 계승이라는 전통과 탁월한 로마 주교들이 교회 문제를 처리하며 발휘한 특별한 지도력을 고려하지 않았기 때문이다.

실제로 비잔티움 사람들도 이 문제에 어느 정도 불편함을 느끼고 있었다. 치열하게 논쟁하던 시기에도 그들은 늘 베드로의 자리(로마 주교좌)에 존경을 표하려 했다. 그리고 사도 안드레가 콘스탄티노플 교회를 설립했다고 하는, 설득력이 떨어지는 주장을 편 것은 사도적 기원의 가치를 당장 인정한다는 뜻이기도 했다. 게다가 규범의 내용 역시 그렇게 명확하지 않았다. 옛 로마가 누리던 특권이 무엇인지 정의하지 않았고 실제로 어디에도 명확한 정의가 존재하지 않았다. 예를 들어 콘스탄티노플이 로마와 함께 상소를 심리할 권리를 가질 수 있는지, 그러니까 사르디카 공의회가 옛 로마에 부여한 권리를 공유할 수 있는지 불분명했다. 교황이 이 공의회의 규범에 항의했다고 해서 놀라운 일은 아니었다.[13]

칼케돈 공의회는 예루살렘의 주교좌 역시 총대주교로 격상했다. 로마는 또다시 항의했지만, 이번에는 또 다른 논리를 폈다. 예루살렘은 그리스도가 가르친 곳이자 의심할 여지 없는 거룩한 도시였고, 그 교회는 주님의 형제 야고보가 설립했다. 성경이 보여주듯이 야고보는 교회 전체의 수장이었다. 그렇지만 로마 장군 티투스가 예루살렘을 파괴하면서 사도적 교회는 수명을 다했고 다른 측면에서도 이제 그 도시는 그렇게 승격될 만큼 중요하지 않다는 게 로마 교회의 주장이었다. 하지만 로마는 결국 예루살렘 총대주교직을 인정했다.[14] 사실 이런 문제에 대해 정해진 규칙이 따로 존재하지는 않았다. 동방 교회는 이미 교리와 제도에 관한 모든 문제에서 공의회를 영감이 주어진 권위로 인정할 준비가 되어 있었으나 서방 교회는 사도 베드로의 계승자만 최종 권위로 간주했다.

이런 상반된 견해는 4세기부터 7세기까지 교회를 괴롭혔던 대(大)기독론 논쟁 과정(예수 그리스도의 신성과 인성의 결합에 관한 격렬한 논쟁)에서 한층 노골적으로 드러났다. 그 결과 시리아와 이집트의 주요 기독교 공동체들이 분리되었고 로마와 콘스탄티노플은 정상적이면서도 불안정한 교류를 유지하게 되었다. 논쟁이 진행되는 동안 로마는 명확한 입장을 제시했다. 칼케돈 공의회(Council of Chalcedon, 451) 당시 교황 레오 1세는 참된 신앙이 자신의 선언, 그러니까 '토무스'(tomus, 교황이 449년 콘스탄티노플 총대주교 플라비아노스에게 보낸 편지)에 담겨있다고 단호하게 선언했다. 동방 지역 교회들은 거기에 동의할 준비가 되어 있지 않았다. 하지만 비잔티움 제국의 신중한 조정 덕분에 공의회에서 토무스를 기초로 토론을 진행했고 몇 가지 문제를 일부 보충하고 난 뒤에 정당한 것으로 인정했다.[15]

　불행히도 시리아와 이집트 그리스도인 대부분이 칼케돈 공의회의 결정을 거부했고 그들은 단성론으로 기울었다. 황제가 단성론 신자들과 화해하도록 절충안을 마련해도 로마 교회는 토무스의 수정을 단호히 거절했다. 콘스탄티노플 총대주교는 임명권을 쥐고 있는 황제와 지리적으로 가까워 황제의 방침을 따라야 했고 그 결과 로마와 콘스탄티노플의 관계는 끊임없이 흔들렸다. 황제 제논(Zeno)이 모두를 만족시키려다가 헛수고가 된 헤노티콘(Henoticon, 통일령)을 482년 반포할 때도 콘스탄티노플 총대주교 아카키오스는 거기에 동조했다.[16] 심플리치오 교황은 아카키오스를 파문했고 후임이었던 펠릭스 교황이 그의 해임을 선언했다. 이 때문에 로마 교회와 콘스탄티노플 교회 사이에 균열이 발생해 484년부터 518년까지 계속되었다. 498년 교황 아나스타시오 2세가 타협할 의사를 내보여 화해 직전까지 가기도 했다. 교회는 아나스타시오를 이단으로 규정했고, 훗날 단테는 「신곡」에서 그를 지옥에 배치했다.[17] 황제 유스티노스 1세는 518년에 정치적 목적으로 로마 교회와 우호를 유지하려고 콘스탄티노플 총대주교 요안네스 2세에게 아카키오스와 네 명의 후임자 이름을 명판에서 공식적으로 삭제하고 "가톨릭 신앙은 사도좌(Apostolic See)에 의해 온전히 보존되었다"라고 하는 신조에 동의하도록 강요했다.[18]

로마 교황과 콘스탄티노플 총대주교

유스티니아노스 1세 재위 기간에 교황들은 황제에게 제대로 대접받지 못했으나 콘스탄티노플 총대주교에게는 주도권을 잃지 않았다. 7세기의 사건들 역시 마찬가지였다. 단의 논쟁(Monothelete controversy, 그리스도에게는 신성이나 인성과 무관하게 의지가 하나뿐이라는 주장에 관한 논쟁)은 6차 콘스탄티노플 공의회에서 황제와 총대주교가 간간이 제기하던 주장을 로마 교회가 물리치고 승리하면서 끝났다. 네 명의 콘스탄티노플 총대주교가 이단으로 공식 고발되었지만, 교황 호노리오 1세 역시 이단자 명단에 포함되었다. 공의회 기록의 라틴어 번역본은 교황이라는 호칭을 의도적으로 생략했다. 더구나 로마와 교류하지 않는 총대주교 두 명이 정통으로 인정받았다.[19] 로마 교회 역시 이 논쟁에서 완전히 자유로울 수 없었다. 모두가 알고 있듯이 진실이 밝혀진 것은 교황 개인의 활동보다는 그리스 교부인 고백자 막시모스의 역량이었다. 게다가 로마 신학이 거둔 승리는 상당 부분 황제가 개입해서 가능했다.

황제들은 교황을 총대주교뿐 아니라 신하로 취급했다. 그러면서도 교황은 물리적으로 통제하기 어렵고 정치적으로는 이탈리아에서 행사하는 영향력 때문에 유용해 그보다 더 중요한 존재였다. 그래서 황제는 총대주교에게 굴욕을 안기는 것 정도로 교황을 달랠 수 있다면 언제든 총대주교에게 교황의 우월성을 인정하라고 지시할 준비가 되어 있었고, 자신도 교황직에 경의를 표하려 했다. 아주 역겨운 유혈 사태 끝에 황제가 된 포카스는 당연히 더 현명해야 했을 교황 그레고리오 1세가 보내온 지나치게 과한 축하 편지에 똑같은 수준으로 답하고는 교황을 교회의 수장으로 인정했다.[20] 교황 콘스탄티노 1세가 콘스탄티노플을 방문했을 때 황제 유스티니아노스 2세는 왕관을 쓴 채 무릎을 꿇고 맞이했다. 그런 태도에 대한 보상으로 교황은 그때껏 로마가 의도적으로 무시했던 트룰로 공의회(Trullo 또는 Quinisext Council, 692)의 규범을 단서 조항을 붙여 수용했다.[21]

그런데 교황들은 자신들이 내세운 주장 때문에 잘못을 인정할 수 없었지만, 동방 교회는 지도자들을 무오한 존재로 여기지 않았다는 사실을 기억할 필요가 있다. 총대주교의 의견 표명은 후임자들에게 따로 구속력을 갖지 못했고, 황제의 의견 역시 법률로 제정되지 않는 한 마찬가지였다. 심지어 공의회 법규조차 구속력이 있어도 수정하거나 보완할 수 있었다. 동방 교회는 서방과 달리 종교 문제에 있어서 엄격한 법적 선례를 만들 생각이 없었다. 따라서 대략 열한 명 정도의 콘스탄티노플 총대주교들이 교황의 우월성을 인정했지만, 그것은 어디까지나 황제의 명령에 따른 것이라서 후임자들은 그것을 잘못으로 간주할 자유가 있다고 생각했다.

콘스탄티노플 총대주교가 주도했던 유일한 공격은 595년 '금식하는 사람' 요안네스가 세계 총대주교(Oecumenical Patriarch)라는 칭호를 채택한 것이었다. 교황 그레고리오 1세는 이 칭호 때문에 격노했다. 교황은 이것을 총대주교가 전 세계에 대한 관할권을 주장하는 것으로 간주하고 황제 포카스에게 금지하도록 압력을 가했다. 하지만 이 칭호는 사실 교황의 생각만큼 별다른 의미를 갖지 않았다. 비잔티움 사람들에게 오이쿠메네(Oecumene)는 문자적으로 '온 세상'을 뜻했으나 실제로는 기독교 제국 전체를 가리키는 말이었다. 콘스탄티노플은 세계적 수도였기 때문에 그곳 총대주교는 당연히 세계 총대주교였다. 이것은 명예뿐인 수식어였고, 다른 총대주교들 위에 군림하는 권위와는 무관했다. 마치 중세 영국 대학에서 세계 교수(Oecumenical Professor, 전공과 무관하게 공통으로 이수하는 과목을 담당하는 교수)라고 부르는 철학 교수가 다른 학부 교수들을 지배하지 않는 것과 마찬가지였다.[22]

아랍 세력의 정복으로 시리아와 이집트의 네스토리오스파와 단성론파 공동체의 분열은 더욱 확고해졌다. 무슬림에게는 그리스도인이 분열된 상태를 유지하는 게 유리했다. 그들은 이단을 별도의 공동체로 구분하고 그들 나름의 교계 제도를 유지하도록 장려했다. 알렉산드리아, 안티오키아, 예루살렘 교회의 총대주교좌는 명맥을 이어 갔으나 회중의 숫자는 줄었고, 이교도 지배자들의 세속적 통제 아래 놓이게 되었다. 콘스탄티노플의 황제는 여전히 전 세계 정교회의 안전을 책임지고 있다고 자임했고, 정교회 신자들 역시 칼리프의 통치를 받으면서도 황제를 진정한 주권자로 여겼다. 하지만 동방의 총대주교들이 비잔티움 제국 궁정과 정기적으로 소통하는 것은 사실상 불가능했다. 이후 3세기 동안 새로 선출된 총대주교 가운데 콘스탄티노플의 총대주교 형제에게 자신의 선출 사실을 알리는 편지(Synodic Letter)를 보낸 경우는 거의 없었다.[23] 로마와의 연락은 더욱 어려웠고 서방에서 드문드문 오는 순례자들을 통해 간신히 연결될 수 있었다.

오랜 경쟁자들이 사실상 제거되면서 콘스탄티노플 총대주교는

동방 기독교 세계에서 의심할 여지가 없는 지도자가 되었다. 총대주
교 간의 경쟁은 결국 로마와 콘스탄티노플 간의 경쟁으로 단순화되
었다. 한편 로마라는 도시는 이탈리아가 겪은 전쟁과 침략으로 쇠퇴
하고 있었으나 제국의 수도 콘스탄티노플은 기독교 세계에서 가장
부유하고 인구가 많고 문명화된 도시가 되었다. 콘스탄티노플의 교
계 지도자들이 로마 주교의 오래된 주장에 분개하거나 무시하는 일
은 불가피했다. 하지만 동시에 서방의 혼란은 유일하게 존속하는 기
관의 수장으로서 교황의 위신을 높이는 역할을 했다. 대(大) 그레고
리오 교황(590-604 재임)의 활약은 능력 있고 강력한 행정가 손에
서 교황직이 얼마나 광범위하게 영향력을 발휘할 수 있는지 잘 보여
주었다.

　더구나 로마는 여전히 콘스탄티노플 정치에서 일정한 역할을 담
당했다. 8세기 초반 소아시아 남부 이사우리아 출신 황제들(Isaur-
ian Emperors)이 제국 전역에 성상 파괴 교리를 강제로 부과하고
총대주교들에게 협력을 강요하자 반대 세력은 다마스쿠스의 요안네
스 같은 제국 밖 저명한 신학자들에게 호소했다. 그들은 황제와 총대
주교를 난처하게 만들려고 교황의 권위를 강조했다. 교황은 성상 파
괴를 오류라고 정중히 비난하면서도 주도적으로 반대하지는 않았다.
오히려 교황의 분노를 자극한 것은 황제 레오 3세가 시칠리아와 일
리리쿰 속주(현재 알바니아)를 로마 총대주교 관할권에서 콘스탄티
노플 총대주교에게로 이관한 조치였다. 이것은 로마가 성상 파괴 칙
령을 거부했기 때문이 아니었다. 사실 황제는 두 속주에 성상 파괴를
강제로 시행하려고 하지 않았다. 그것은 제국의 행정 체계를 정비하

려는 이사우리아 왕조의 일반적 구상에 불과했다. 황제는 로마와 이 탈리아를 더는 실질적으로 장악하지 못했고, 라벤나에만 불안정한 영향력을 행사할 뿐이었다. 그렇지만 시칠리아와 일리리쿰은 여전히 제국의 직할 속주였다. 따라서 콘스탄티노플 총대주교의 관할권을 제국 권력이 미치는 범위와 일치시키는 것은 당연히 논리적이었다. 로마는 항의하면서도 콘스탄티노플과의 관계를 단절하진 않았다.

로마 교황의 정치적 지위는 롬바르드족의 위협 때문에 비잔티움 황제의 지원 없이는 단독으로 움직일 수 있을 정도로 안정적이지 않 았다. 20년이 지난 753년, 황제 콘스탄티노스 5세가 대규모 성상 파 괴 공의회를 개최할 무렵(Council of Hieria, 또는 콘스탄티노플 공 의회)에 교황 스테파노 2세가 콘스탄티노플에 긴급히 군사 지원을 요청했다. 콘스탄티노스가 거부하자 교황은 프랑크족에게 의지했고, 그렇게 해서 샤를마뉴(Charlemagne, 카롤루스 대제, 768-814 재 위)를 위한 황제 대관식의 첫 단추가 끼워졌다.[24] 교황은 얼마 뒤에 카롤루스 왕조의 신학이 이사우리아 황제들만큼 성상 파괴적이라는 사실을 깨달았다. 카롤루스 왕조는 비잔티움 제국 보다 로마의 종교 문제에 훨씬 더 적극적으로 개입했다. 교황 레오 3세가 샤를마뉴에 게 직접 황제관을 씌워주었을 때도 콘스탄티노플과의 관계는 단절되 지 않았다. 하지만 그런 행동은 콘스탄티노플은 물론이고 로마에서 까지 많은 사람의 반발을 샀다.[25]

1차 성상 파괴 시대는 787년, 그러니까 2차 니케아 공의회(7차 보편 공의회)를 기점으로 종결되었다. 이 공의회를 소집한 이레네 황 후가 로마 대표들을 초청했다. 칼케돈 공의회처럼 교황의 신앙 고백

을 기반으로 논의를 진행했고 일부 수정을 거쳐 채택했다. 전반적으로 화해가 이루어졌으나 황후는 시칠리아와 일리리쿰을 로마에 돌려주겠다는 의사를 밝히지 않았다.[26] 아르메니아 출신 레오 황제가 815년 성상 파괴 운동을 또다시 시작했다. 스투디움 수도원 수도사들이 주도하는 반대 세력은 교회가 황제의 통제를 벗어나기를 열망했다. 그들은 황제의 통제를 받지 않는 교황이 비상시에 최고 권위를 행사해야 한다고 주장했다. 스투디움 수도사들의 신학이 승리를 거두었지만, 그들이 내세운 교회론은 부풀려지고 신중하지 않다고 생각해 비잔티움 사람들은 대부분 받아들이지 않았다. 테오도라 황후는 843년 로마와 별다른 상의 없이 성상 숭배를 복원했다.[27]

총대주교 포티오스

얼마 지나지 않아 콘스탄티노플 총대주교 포티오스(858-867,

877-886 재위)의 경력과 관련된 논쟁이 불거졌다. 얼마 전까지만
해도 서방의 역사학자들은 포티오스를 로마 교회의 최대 적으로 간
주했지만, 동유럽에서는 교회 민족주의의 옹호자로 떠받들었다. 최
근 연구는 이런 단순한 관점이 오류라는 사실을 밝혀냈다. 포티오스
를 로마 주교좌(Holy See)를 존경한 고결한 인물로 간주하면서 교황
니콜라오 1세가 서툴러 그의 소신이 꺾였다는 현재 역사학계의 연구
경향을 그대로 수용하기는 어렵다. 하지만 서방과 콘스탄티노플은
그런 논쟁 덕분에 적어도 논쟁이 시작될 무렵보다는 잠시나마 한층
더 우호적인 관계를 유지할 수 있었다. 그런데 그 과정에서 콘스탄티
노플 총대주교는 미래에 무한한 갈등을 초래하게 되는 문제를 제기
했다.[28]

　　테오도라 황후는 847년 황제 미카엘 랑가베의 아들인 이그나티
오스(847-858, 867-877 재위)를 콘스탄티노플 총대주교로 임명했
다. 이그나티오스는 아버지가 폐위될 때 거세당하고 스투디움 수도
원에서 수도사로 자랐다. 그는 엄격하고 편협한 도덕주의자였고 학
문적 업적을 경멸하는 듯한 태도를 보였다. 임명 직후 그는 시라쿠사
대주교 그레고리 아스베스타스를 부정행위를 이유로 정직시켰다. 그
러자 그레고리는 곧장 로마에 항소하면서 이그나티오스의 선출이 정
당했는지 의문을 제기했다. 시라쿠사는 한 세기 전 임의로 로마에서
콘스탄티노플로 이관된 속주이다 보니 이 항소는 문제가 될 소지가
컸다. 교황은 그레고리를 정죄한 공의회 회의록을 제시하도록 요구
했다. 이그나티오스는 수도원에서 교육받았으면서도 로마가 간섭할
수 있는 권리를 인정하려 들지 않았다. 분쟁은 계속되었고, 그 사이

황후가 섭정직에서 물러났다. 황후의 아들 미카엘 3세는 어머니의 친구이고 자신의 사생활을 노골적으로 비난하는 이그나티오스를 달가워하지 않았다.

미카엘 3세는 858년 이그나티오스를 내쫓고 그 자리에 저명한 평신도 학자인 포티오스를 임명했다. 서품에 필요한 절차를 서둘러 마치고 총대주교직에 오른 포티오스는 전통을 바로잡는 일에 착수했다. 총대주교 선출을 알리는 편지를 보내는 관행은 자취를 감춘 지 이미 오래였다. 동방 교회들과의 소통은 오랫동안 이루어지지 않았고, 로마와 콘스탄티노플이 서로 신앙 고백을 주고받는 것 역시 성상 파괴 논쟁이 진행되는 동안 중단된 상태였다. 하지만 포티오스는 동방의 여러 총대주교는 물론 로마에까지 편지를 보내는 데 성공했다. 이것을 통해 다른 교회들의 동정을 사서 여전히 비잔티움 교회 내부에서 상당한 지지를 받는 이그나티오스 세력을 약화하려고 했던 게 분명하다. 게다가 성상 파괴 운동이 반복되는 것을 경계하려는 의도도 함께 있었던 듯하다. 만일 그가 교황과 이그나티오스 간의 불화 때문에 저절로 교황의 지지를 확보할 것이라고 기대했다면 실망할 수밖에 없었다.

교황 니콜라오 1세(858-867 재위)는 평신도가 순식간에 총대주교직에 올랐다는 소식에 충격을 받았다. 그는 이 두 총대주교(이그나티오스와 포티오스) 간의 논쟁을 로마가 콘스탄티노플을 상대로 권위를 행사하도록 하나님이 허락한 기회로 여겼다. 그는 포티오스가 보낸 교서를 거부했지만, 3년이 지난 861년에 사절들을 콘스탄티노플에 파견해 일리리쿰과 시칠리아를 로마에 반환하면 임명 과정의 불법을 모두 눈감아 주겠다고 알렸다. 이것을 요구한 시점은 아주 적절했다. 당시 중부와 동부 유럽 지역의 두 강대국은 모라비아와 불가리아였다. 두 나라 모두 이교 지역으로, 통치자들이 기독교로 개종을 검토하고 있었다. 불가리아 절반과 모라비아의 상당 부분이 옛 일리리쿰 속주였다. 따라서 그 속주들을 다시 로마에 귀속하면 제국 영토의 행정 질서를 뒤흔들 수 있을 뿐 아니라 비잔티움 제국이 선교 활동으로 영향력을 확장하는 것까지 막아낼 수 있었다.

포티오스나 황제 모두 교황의 요구를 수용할 수 없었다. 대신에 호의의 표시로 포티오스는 교황 이름으로 파견된 사절들이 자신과 이그나티오스 간의 분쟁을 중재하도록 제안하면서 자신은 그 판결에 복종하겠다고 밝혔다. 사절들은 로마에 지시를 구하지도 않은 채 곧장 동의했다. 그들은 자신들이 교황이 바라는 승리를 거두었다고 생각했다. 예상대로 그들은 포티오스의 손을 들어주었고, 이그나티오스의 파직을 확정했다. 이그나티오스는 본인이 동의하지 않은 중재 판결을 따를 수 없다고 항의했다. 하지만 포티오스는 자발적으로 판결을 수용한 것이지 로마 교회의 중재권을 인정한 게 아니라고 분명하게 밝혔다. 니콜라오 교황은 돌아가는 사정을 충분히 파악하고 있었다. 사절들이 돌아와 성공했다고 보고하자 격분하면서 그들의 조치를 무효화 했고 포티오스를 총대주교로 인정하지도 않았다. 그렇게 해서 두 교회의 분열이 시작되었다.

바로 이 분열의 시기에 모라비아와 불가리아가 콘스탄티노플이 파견한 선교사들을 통해 기독교로 개종했다. 모라비아의 선교사들은 지리와 정치적 이유로 자신들이 세운 교회들이 로마에 소속해야 한

▲ 포티오스의 재판(마드리드 스카일리츠 필사본, 12세기)

다고 판단했다. 그들의 활동은 처음에는 교황들에게 뜨거운 지지를 받았으나, 나중에는 독일 왕국 교회의 견제로 지원을 철회했다. 불가리아에서는 보리스 국왕이 처음으로 비잔티움 교회의 지배를 받아들였다가 나중에는 로마로부터 더 나은 조건을 얻어낼 수 있는지 알아보려고 방향을 선회했다. 니콜라오 교황은 자신이 가장 신임하는 주교 가운데 한 사람인 포르토의 포르모소를 신생 교회를 재조직하도록 불가리아에 파견했다. 이것은 비잔티움 제국이 외교에서 맛본 몹시 충격적인 좌절이었다. 얼마 지나지 않아 포르모소가 불가리아에 도입된 성직자의 혼인 규정과 사순절 금식 규정을 맹렬하게 공격하고, 니케아 신경에 필리오케(Filioque, '그리고 아들로부터')라는 표현을 추가하라고 주장한다는 보고가 콘스탄티노플에 전해졌다.

포티오스는 편협한 인물이 아니었다. 그는 교회마다 고유한 관습을 따를 권리를 가지고 있고 동시에 다른 교회의 관습을 존중해야 한다고 생각했다. 게다가 그는 신학적인 논의까지 즐겼다. 성직에 입문하기 전에는 이그나티오스가 논리를 구사하는 것을 경멸한다는 말을 들고는 간단한 이단을 조직해 훌륭한 총대주교가 그런 도구 없이 어떻게 처리하는지 시험하기도 했었다.[29] 이제 그는 포르모소가 불가리아에서 기독교와 무관하게 불관용을 노골적으로 드러낼 뿐만 아니라 신학적으로 오류가 있고 역사적으로나 교회적으로 근거 없는 낱말을 니케아 신경에 추가하려 한다는 것과 그것이 로마에서 게르만족의 영향력이 승리한 결과라는 사실을 알게 되었다. 그는 펜을 들어 이런 중대한 잘못을 동방 지역의 다른 총대주교들에게 열정적으로 전파했다.[30]

867년 9월, 마케도니아인 바실레이오스가 공동 황제 미카엘 3세를 살해하고 단독으로 제위를 장악했다. 바실레이오스 1세(867-886 재위)는 포티오스를 곧장 파직하고 이그나티오스를 총대주교직에 복귀시켰다. 거의 같은 시기에 교황 니콜라오 1세가 세상을 떠나고 하드리아노 2세가 후임이 되었다. 신임 교황은 개인적으로 포르모소와 그가 대표하는 독일 왕국 세력을 싫어했다. 이그나티오스가 로마와 화해를 모색하자 하드리아노는 기꺼이 응하고 대표단을 869년 콘스탄티노플에서 열린 공의회에 파견했다. 공의회는 순조롭게 진행되지 않았다. 로마 대표단은 참석한 주교들에게 신앙이 거룩한 주교좌(로마 교황좌)에 의해 온전히 보존된다는 선언문(libellus)에 서명하게 하려고 했지만 제국 당국이 직접 개입해 서명을 막았다. 공의회는 로마 대표단의 의견에 반대하고 신학적 문제는 총대주교 다섯 명의 동의가 모두 필요하다고 결의했다.

불가리아 교회의 소속 문제가 제기되었을 때도 로마 대표단은 또다시 표결에서 패했다. 공의회는 불가리아가 어느 총대주교 관할권에 속할지는 황제가 결정할 일이라고 결의했고 황제는 당연히 콘스탄티노플에 귀속시켰다. 불가리아 국왕 보리스가 로마는 자기 입맛에는 너무 엄격한 주인이라고 결론지은 것을 잘 알고 있었기 때문이다. 물론 포티오스에게는 찬탈자라는 낙인이 찍혔으나 이그나티오스는 훨씬 더 다루기 어려운 인물이라는 게 드러났다. 따라서 교황과 총대주교는 공식적으로 교류를 회복했어도 둘 사이의 관계는 아주 많이 냉랭했다. 교황이 이그나티오스를 파문하려는 순간, 그러니까 877년에 그의 사망 소식이 날아들었다.

놀랍게도 바실레이오스 황제는 이그나티오스 후임으로 포티오스를 또다시 임명했다. 그의 역량을 인정한 것이었다. 포티오스는 로마와의 화해를 열망했고 872년에 선출된 교황 요한 8세도 마찬가지였다. 그렇게 해서 879년 콘스탄티노플에서 공의회가 열렸다. 이 공의회에서 869년에 내려진 공의회의 결정이 무효가 되었고 포티오스는 정당하게 총대주교로 인정받았다. 로마의 정통성이 완벽하게 선언되었지만, 만일 교황의 사절단이 그리스어를 더 잘했다면 니케아 신경에 무엇이든 추가하면 파문한다는 조항에 이의를 제기했을지 모른다. 황제는 애도 중이라 공의회에 참석하지 않았으나 포티오스가 불가리아 교회를 로마에 귀속한다는 황제의 우호적 소식을 전했다. 공의회는 서로에게 호의를 표명하고 쟁점이 되는 관습에는 신중하게 침묵하는 것으로 마무리했다. 포티오스가 교황에게 구사한 언어는 로마 전통이 요구했던 만큼 공손했다. 불가리아의 국왕 보리스가 자신의 교회를 로마에 복속하는 것을 거절한 게 유일한 아쉬움으로 남았다. 하지만 황제나 포티오스 모두 그가 결국 콘스탄티노플 관할권에 속하려 한다는 사실을 잘 알고 있다 보니 굳이 이 결정을 비난해야 할 이유가 없었다.

포티오스 사건은 결국 교황과 콘스탄티노플 총대주교 간의 완전한 화해로 마무리되었다. 이그나티오스 지지자들이 서둘러 로마로 가서 독일 세력과 함께 엄청난 선전 활동을 하는 바람에 시간이 흐르면서 또 다른 분열이 발생했고, 그렇게 해서 포티오스가 파문당했다고 생각하게 된 것은 분명한 사실이다. 나중에 포르모소가 교황이 되었을 때 이 합의를 뒤집어보려고 했으나 그의 교황직은 짧고 불운하게 끝나버렸다. 그 뒤로부터 수십 년 동안 보편 교회는 평화를 유지했다. 10세기 초반 황제 레오 6세의 네 번째 결혼을 둘러싸고 비잔티움 교회에 분열이 발생했을 때도 승리를 거두었던 총대주교의 신중한 처신과 교황의 자제력은 누구든 감탄하지 않을 수 없을 정도였다.[31]

한편 이 무렵 카롤루스 왕조는 몰락하는 중이었고 로마에 대한 독일 왕국의 영향력 역시 사그라들었다. 비잔티움 제국은 9세기 말 시칠리아를 무슬림에게 뺏겼지만, 남부 이탈리아에 대한 영향력은 회복했다. 904년부터 962년 사이에 로마 자체는 토착 귀족 가문들(The-ophylact)이 지배했다. 그들의 정책은 비잔티움 제국과 우호 관계를 유지하는 것이라서 꼭두각시 교황들이 동맹을 위태롭게 할 수 없었다. 이런 우호적인 분위기에서 비잔티움 제국 황제는 924년에 라틴어를 구사하는 교회들이 있는 달마티아 속주를 로마 주교좌에 이양하도록 기꺼이 허락했다. 물론 그곳은 행정적으로는 여전히 일리리쿰의 일부였다.

계속되는 평화의 전망은 밝아 보였다. 그렇지만 실제로는 오래된 논쟁과 문제 가운데 무엇 하나 제대로 해결된 게 없었다. 포티오스가 지적했던 새로운 문제가 대두했다. 점점 더 많은 서방 그리스도인이 그가 비난했던 니케아 신경의 추가 내용('필리오케')을 받아들이고 있었다. 이탈리아에서 정치 혁명이 일어나기만 하면 이 모든 갈등은 이전보다 더 격렬하고 운명적인 형태로 또다시 불붙을 수 있었다. 서로마 제국의 회복이 불씨가 되었다.

【 Section 1. 주 】

1) St. Augustine of Hippo, De Fide et Symbolo(「신앙과 신경에 관하여」), 21, M.P.L., vol. xl, col. 193. Greenslade, Schism in the Early Church(「초기 교회의 분열」), pp.19-20 볼 것.

2) Greenslade, op. cit., pp.19-20.

3) 명판(diptychs)이 갖는 중요성은 다음 자료를 볼 것. Every, The Byzantine Patriarchate(「비잔티움 총대주교청」), p.31; Langford-James, A Dictionary of the Eastern Orthodox Church(「동방 정교회 사전」), p.46.

4) 오이코노미아(이코노미, Economy)의 원리는 Langford-James, op. cit., pp.47-50 볼 것.

5) Bury, Selected Essays, pp.113-118("The Constitution of the Later Roman Empire") 볼 것.

6) Bury, History of the Later Roman Empire from Arcadius to Irene(「아르카디우스에서 이레네까지의 후기 로마 제국사」), ii, p.415, Leo Ⅲ's Ecloga(「레오 3세의 선집」)에서 인용; Basil I, Epanagoge(「신법전」), iii. 7, in Zachariae von Lingenthal, Collectio Librorum Juris Graeco-Romani ineditorum(미간행 그리스-로마법 전집), p.68.

7) 491년 총대주교 에우페미오스(Euphemius)는 동로마 제국 황제 아나스타시오스 1세의 정통성을 의심해서 그가 자신의 신앙을 만족스럽게 진술할 때까지 대관식 진행을 거절

했다. Bury, Later Roman Empire, ⅰ, p.431. 총대주교 폴리에욱토스는 969년 요안네스 치미스케스가 테오파노 황후와의 불륜 관계를 정리할 때까지 황제 즉위식을 거부했다. Cedrenus, Synopsis Historiarum(『역사의 개요』), ⅱ, pp.380-381.

8) 가장 학식이 높았던 총대주교들, 예를 들어 니케포로스 1세와 포티오스 같은 인물들은 콘스탄티노플 총대주교직에 임명될 때까지 평신도였다.

9) Every, op. cit., pp.27-31.

10) Baynes, The Byzantine Empire(『비잔티움 제국』), p.95; Jugie, Le Schisme byzantin(『비잔티움의 분열』), pp.39-42. 포티오스 논쟁에서 발생한 많은 문제는 기존의 공식 문서를 잘못 번역하거나 오해한 데서 비롯되었다. 교황 니콜라오 1세는 자신을 '옛 로마 주교'(Bishop of Old Rome)라고 부르는 것을 불쾌해했지만, 비잔티움에서는 높여서 부르는 경칭이었다. Dvornik, The Photian Schism(『포티오스 분열』), pp.104-105.

11) Jugie, op. cit., pp.57-100. 쥐지(M. Jugie)는 4세기 이후 동방 교회 성직자들이 로마의 우위를 인정한 사례를 다수 제시한다. 그렇지만 나는 그가 이런 사례에서 지나치게 법적 의미를 도출하려고 시도하는 동시에 우위(primality)와 수위(supremacy) 간의 경계를 제대로 구분하지 못했다고 본다.

12) 관련된 교회 규범(3조 및 5조)은 Hefele-Leclercq, Histoire des Conciles(『공의회사』), ⅱ, Ⅰ, pp.762-766, 769-777에 수록되어 있다.

13) Hefele-Leclercq, op. cit. ⅱ. 2, pp.24-27(콘스탄티노플 공의회 규범 3조와 주석), pp.815-818(칼케돈 공의회 규범 28조), pp.840-841(교황의 규범 거부). 총대주교 아나톨리오스의 답변(ibid., p.855)은 교황이 승인하지 않는 이상 자신이 그 규범을 포기할 의향이 있는 것처럼 보이지만 동방 교회들은 실제로 유효성을 인정했다.

14) Hefele-Leclercq, op. cit. ⅱ. 2, pp.735, 740. Vailhe, "L' Erection du Patriarche de Jerusalem en 451," Revue de l' Orient chretien, vol. ⅳ(1896), pp.44-57.

15) 레오 교황의 토무스 또는 교리 편지(Epistola Dogmatica)는 다음 자료를 참고할 것. Hefele-Leclerca, op. cit. ⅱ. 2, pp.567-580. 이 문서는 안티오키아의 플라비아노스(Flavian of Antioch, 381-404년 재위) 총대주교에게 보낸 것이었다.

16) Hefele-Leclercq, op. cit. ⅱ. 2, pp.865-868, 그리고 주석을 볼 것.

17) Duchesne, L' Eglise au sixieme siecle(『6세기의 교회』), pp.113-128; Liber Pontificals(『교황 연대기』), ed. Duchesne, 1, p.258; Dante, Inferno, ⅸ. 8-9.

18) 유스티노스 1세와 로마의 서신 왕래는 다음 자료에 수록되어 있다. Collectio

Avellana, letters 141-8I, ed. Gunther, ii, pp.586-638.

19) Hefele-Leclercq, op. cit. iii. Ⅰ, pp.511-512.

20) Gregory I, Epistolae, xiii. 31, M.P.L., vol. lxxvii, coll. 1281-1282.

21) Hefele-Leclerca, op. cit. iii. Ⅰ, pp.578-580.

22) Jugie, op. cit., pp.22-24. 칼케돈 공의회는 교황 레오 1세에게 그 호칭을 부여했으나 받아들이지 않았다(Hefele-Leclerca, op. cit. ii. 2, pp.834-835).

23) 알렉산드리아의 에우티키오스에 따르면(M.P.G., vol. cxi, col. 1156), 아랍 정복 이후 937년까지 예루살렘이나 알렉산드리아 명판에 콘스탄티노플 총대주교의 이름이 기록되지 않았다고 한다. 안티오키아의 야히아 역시 이것을 확인하면서 교황마저 683년부터 999년까지 정보가 부족해 이름이 기록되지 않았다고 덧붙인다(Patrologia Orientalis, vol. xviii, pp.706-708). 그런데 이런 진술은 과장된 것으로 보인다. 실제로 성상 파괴 논쟁 시기와 포티오스 시대에는 콘스탄티노플과 동방 지역 총대주교들이 서로 교류한 게 분명했고, 로마 역시 샤를마뉴 시대 이후로 간헐적으로 예루살렘과 접촉하고 있었기 때문이다. 하지만 즉위를 알리는 서한이 도착하지 않는 등의 이유로 명판에 상당한 공백이 있었을 가능성이 크다.

24) Ostrogorsky, Geschichte des Byzantinischen Staates(「비잔티움 제국사」), pp.125-33.

25) Ostrogorsky, op. cit., pp.148-151, 160-162.

26) Hefele Leclercq, op. cit. iii. 2, pp.741-798.

27) Hefele-Leclercq, op. cit. iv. Ⅰ, pp.110-115; Bury, Eastern Roman Empire(「동로마 제국」), pp.147-153. 스투디움 수도원장 테오도로스의 견해는 늘 일관되지 않았다. 그는 로마에 보낸 편지에서 교황을 교리와 규율 문제에서 최고의 중재자로 여기는 듯한 태도를 보인다. 하지만 황제에게 보낸 편지에서는 콘스탄티노플이 직접 문제를 해결할 수 없어 로마에 상소해야 한다고 말한다(letter ii. 86, M.P.G., vol. xcix, col. 1332). 한편 사적인 편지(ⅰ. 28, ibid., col. 1001)에서는 "로마가 무엇을 하든 우리와 무슨 상관인가?"라고 언급하기도 한다. 이런 태도의 차이는, 교황이 자기 입장을 충분히 지지해 주지 않았던 일이 테오도로스의 생각에 영향을 미쳤을 수도 있다. 그의 또 다른 편지(ⅰ. 34, ibid., col. 1021)를 볼 것.

28) 다음의 설명은 불가피하게 드보르닉(F. Dvornik)의 저서(Photius Schism[포티오스 분열], 1948)에 근거한다. 드보르닉은 특히 필리오케 문제와 그것이 로마에서 게르만족 세력이 끼친 영향과 직접 관련이 있는 포티오스와 교황 간의 견해차를 축소하는 경

향이 있다고 본다. 하지만 드보르닉의 핵심적인 논지, 그러니까 2차 '포티오스 분열' (Photian Schism)이 존재하지 않았다는 주장은 의심할 여지 없이 타당하다. 이와 관련해 그뤼멜(Grumel)이 발표한 여러 편의 논문을 볼 것. Echos d' Orient, vols, xxix, xxxiii, xxxiv, xxxvii, xxxix(1930, 1934, 1935, 1938, 1940).

29) 콘스탄티노스-키릴로스(Constantine-Cyril)가 교황청 사서 아나스타시우스에게 보고했다는 일화가 기록으로 남아있다(Mansi, Sacrorum Conciliorum Collectio〔거룩한 공의회 전집〕, vol. xvi, col. 6). 그런데 드보르닉은 이 이야기를 포티오스의 반대자들이 꾸며냈다고 간주한다(Dvornik, op. cit., pp.32-33).

30) Photius, letter ⅰ. 13; M.P.G., vol. cii, coll. 722-741. 포티오스의 태도는 분명히 콘스탄티노플인 주민이 로마와 발칸 지역에서의 게르만 세력의 영향에 대해 느꼈던 두려움으로 설명할 수 있다.

31) Ostrogorsky, op. cit., pp.208-209, 219; Dvornik, op. cit., p.275 ff.

02

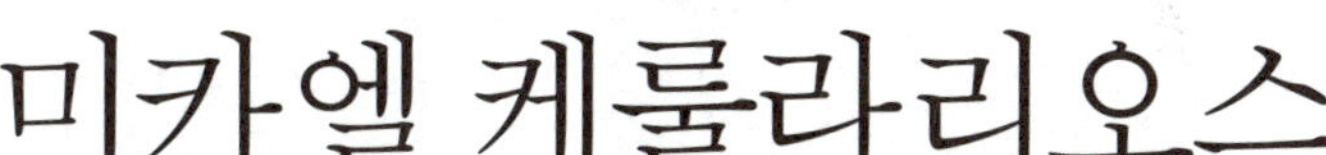

미카엘 케룰라리오스

962년, 작센 출신 독일 국왕 오토 1세가 군대를 이끌고 이탈리아를 가로질러 로마에 들어가 교황 요한 12세에게 강제로 황제의 관을 받아냈다. 이후 40년 동안 로마는 독일인들과 토착 귀족들이 투쟁하는 무대가 되었다. 귀족 세력은 토착 귀족 가문들과 친분이 깊은 크레센티우스(Crescentius) 가문이 주도했고 비잔티움 제국으로부터 지지를 받았다.[1] 그런데 당시 비잔티움 제국은 내전과 함께 동방과 발칸 지역을 재정복하는 전쟁에 골몰하고 있었다. 독일인이 남부 속주를 침공하려 들 때를 제외하고는 이탈리아 문제에 적극적으로 끼어들지 않았다. 결국 독일인이 로마 안에서 상당한 영향력을 구축했다. 그들이 거둔 승리는 알프스 북쪽에서 출발한 교회 개혁 사상이 로마에서 시험적으로 시행되기 시작했고 독일인의 신학이 우위를 점하게 되었다는 뜻이었다.

서방 교회에서는 대규모 개혁 운동이 두 차례 있었다. 첫째는 로렌(Lorraine, 프랑스 동북부 지역)을 중심으로 진행된 운동이었다. 지도자들은 주교직 정화에 집중했다. 성직 매매와 자격 없는 주교 임명을 폐지했고 성직자의 독신 생활을 강조하면서 전반적으로 교회 규율을 강화했다. 로렌 지역 개혁자들은 세속 권력의 도움을 기꺼이 활용했고 얼마 지나지 않아 게르만족 황제들의 지지를 얻어냈다. 황제들은 교회의 효율적인 위계질서가 통치에 상당한 도움이 된다는 사실을 알고 있었다. 그들은 로마를 장악할 목적으로 로마 주교좌의 규율 집행 권한을 강화하려고 했다. 두 번째 개혁의 중심지는 클뤼니 (Cluny) 수도원이었다. 그곳의 목표는 수도원 생활에 필요한 높은 기준을 회복하는 것이었다. 클뤼니 수도원의 노력은 지역적 이해관계 때문에 줄곧 좌절을 겪었다. 따라서 수도회는 직접 로마 주교의 통제를 받았다. 그들에게는 교황의 권위가 다른 어떤 교회의 권위보다 우선하는 게 필수적이었다. 두 차례 개혁 운동 모두 로마 주교좌가 역사적으로 주장해 온 모든 권리를 다시 확립하는 데 관심을 가졌다.[2]

필리오케 논쟁

독일인들의 신학이 승리를 거두자 니케아 신경에 필리오케(Filioque, '그리고 아들로부터')라는 표현이 추가되었다. 니케아 공의회에 참석한 교부들은 성령이 성부에게 나온다고 선언했지만 서방에서는 여러 세기에 걸쳐 성령이 성부와 성자에게 나온다고 말하는 게 훨씬 더 정확하다고 믿는 회중들이 존재했다. 이 낯선 표현은 스페인에서 역사상 최초로 제기된 것으로 보인다. 그것은 당시 스페인 가톨릭과 아리오스파 서고트족(Arian Visigoths) 사이의 분쟁 과정에서 등장했다. 스페인에서 7세기에 제정된 이른바 아타나시오스 신경("성령은 성부와 성자로부터(a Patre et Filio) 나오시니, 만들어지지도 않았고 창조되지도 않았으며 태어나지도 않으셨으나 발출하시느니라.")에 이 표현이 들어갔고, 훗날 스페인이 니케아 신경을 채택할 때도 변함없이 유지되었다.[3]

스페인에서 또다시 카롤루스 왕조의 궁정으로 전해졌다. 샤를마뉴는 교황에게 직접 나서 강요할 정도로 열렬한 지지자가 되었다.[4] 예루살렘 총대주교는 808년 교황 레오 3세에게 독일 출신 베네딕토회 수도사들이 예루살렘 올리브산에서 신경에 필리오케를 추가하고 있다고 항의하는 편지를 보냈다. 샤를마뉴가 이 수도사들의 비용을 지불하고 있다 보니 교황은 그에게 불만을 전달하며 이렇게 덧붙였다. "신학적으로 볼 때 그것을 추가해도 문제가 될 게 없고 서방의 전통에도 부합한다고 생각하지만 기독교 세계에서 보편적으로 인정하고 있는 신경의 원문을 벗어나는 것은 잘못입니다."[5]

교황 레오 3세는 성 베드로 대성당 내부에 설치하는 은판(銀板)에 신경을 새기면서 필리오케를 생략했다.[6] 이 표현은 9세기 내내 게르만과 로렌 지역 교회, 서프랑크(현 프랑스)의 여러 교회가 흔하게 채택했지만, 파리에서는 본래 형태의 신경을 두 세기 동안 더 유지했다.[7] 게르만족 성직자들이 이것을 로마에 들여오자 포르모소를 비롯한 일부 교황들이 받아들였다. 계속해서 포르모소가 불가리아에 전파했는데 그 소식을 접한 포티오스가 즉각 반발했다. 교황 요한 8세 역시 레오 3세와 동일한 입장을 따랐다. 그는 신경을 변경하는 것을 정치적으로 바람직하지 않게 보면서도 표현 자체는 신학적으로 문제될 게 없다고 판단했다.[8] 10세기 후반 로마에서 독일인들의 영향력이 되살아나자 필리오케가 또다시 로마에서 등장했고 점차 공식 교리로 인정받았다. 실제로 1014년 진행된 황제 하인리히 2세 대관식에서 공개적으로 노래한 신경에도 이미 포함되었다는 게 확인되고 있다.[9]

필리오케를 둘러싼 논쟁은 방대한 분량의 열정이 넘치는 상당히 논쟁적인 설교와 저술을 생산했지만, 오늘날 우리에게는 대부분 비현실적이거나 본질과 무관해 보인다. 실제로 논쟁 주역들은 상대방의 주장에 공정하게 응답하는 경우가 거의 없었다. 사실 이것은 불가피했다. 동방과 서방 신학 간의 근본적인 차이가 그보다 훨씬 깊었기 때문이다. 서방 교회는 필리오케라는 표현이 이미 신경에 내재하는 교리를 제대로 표현한 것에 불과하다고 주장했다. 이것은 의심의 여지 없이 옳았고 고트족의 아리오스주의를 언제나 주적으로 규정하던 서방 신학의 전통과도 일치했다. 서방에서는 삼위일체를 단일하고 호환이 가능한 실체(hypostasis)로 간주하는 경향이 있었다. 하지만 동방 신학의 전통은 5세기와 6세기에 진행된 격렬한 기독론 논쟁 과정에서 발전했다.

동방에서는 한편으로는 네스토리오스파, 또 다른 한편으로는 에우티케스파라는 이단에 맞서 삼위일체를 세 위격이 저마다 속성을 유지하면서 하나의 실체적 연합(hypostatic union)을 지속하는 존재로 이해했고, 이것을 바탕으로 니케아 신경을 해석했다. 그리고 동방에서는 성령의 편재성과 충만성을 강조했다. 필리오케의 도입은 삼위일체 내부의 섬세한 속성의 균형을 무너뜨렸다. 성령이 아들에게 나온다고 발언할 수는 있어도 그 이상은 불가했다. 따라서 새롭게 추가된 내용이 창조주를 두 가지 원리로 나누었다는 점에서 포티오스가 마니교(마니가 3세기에 빛과 어둠의 영원한 투쟁을 중심 교리로 삼아 창시한 이원론적 종교)의 색채를 띠고 있다거나, 신적 존재의

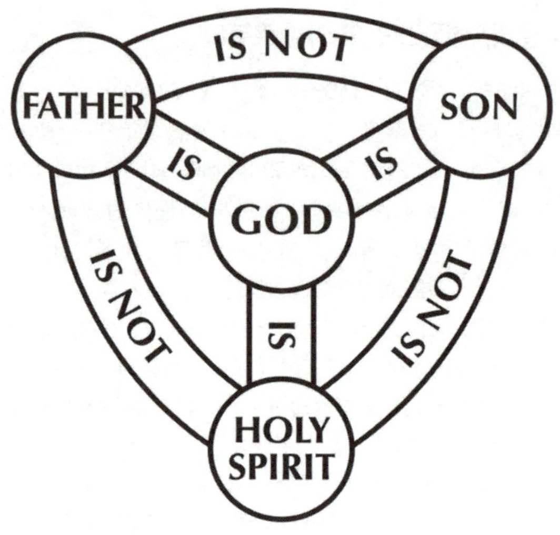

▲　아타나시오스 신경의 삼위일체를 설명할 때 사용하는 삼위일체 방패(Scutum Fidei, 12세기). 삼각형의 각 꼭짓점(성부, 성자, 성령)은 외곽선을 따라서는 '아니다'(is not)로 연결되지만 중심(하나님)을 향해서는 모두 '이다'(is)로 연결된다.

사다리를 도입하는 신플라톤주의 성격을 갖고 있다고 주장한 것은 당연했다. 하지만 반대자들에게는 그런 주장이 본질과 전혀 무관해 보였다. 안타깝게도 논쟁자들 대부분은 진정한 쟁점이 삼위일체의 본질이라는 것을 깨닫지 못했다.[10] 만일 서로에 대한 이해가 조금만 더 깊었더라면 신학적 차이를 어느 정도 덮어 두었을지도 모른다.

서방 교회는 논쟁의 성격상 어떤 교회가 논란이 되는 표현을 생략해도 이의를 제기할 처지가 아니었다. 반면에 동방 교회는 교리가 달라도 명백하게 이단으로 확정되지 않은 그리스도인들에게는 자비를 베푸는 게 당연하다고 생각했다. 그런데 신학 논쟁의 이면에는 동방 교회가 훨씬 더 예민하게 받아들이는 또 다른 문제가 도사리고 있었다. 신경은 공의회가 제정한 것이었고, 따라서 동방 교회가 보기에는 그것이 곧 영감을 받은 교리적 권위였다. 신경에 무엇을 추가한다는 것은 교회 교부의 권위와 영감을 문제 삼는 행위였다. 후속 공의회는 이미 내려진 결정을 변경하는 게 아니라 그것을 보충하고 해설하는 권리를 가질 수 있었다. 그 때문에 서방 교회가 공의회의 신경을 일방적으로 변경하면 저절로 이단이 될 수밖에 없었고 교황이 어떻게든 그들을 두둔하는 선언을 해도 정당화될 수 없었다. 동방 교회는 이 논쟁을 교회 질서와 교리에 대한 직접적인 공격으로 받아들였다.

로마와 콘스탄티노플 간의 최종 분열을 콘스탄티노플 교회의 명판에 로마 교황이 마지막으로 기록된 시점으로 잡게 되면 분열은 1009년에 발생했다. 콘스탄티노플이 이름을 기록한 마지막 교황은 그해에 사망한 요한 18세였다. 후임자였던 세르지오 4세(1009-1012 재위)가 콘스탄티노플에 신앙 고백을 담은 편지를 보냈다. 그런데 신앙 고백에 포함된 신경에 필리오케가 들어가 있어 때마침 같은 이름을 가진 콘스탄티노플 총대주교 세르기우스 2세는 편지를 거부하고 로마 주교의 이름을 명판에 기록하지 않았다.[11] 이후로는 어떤 교황도 명판에 두 번 다시 이름이 올라가지 않았다. 그렇다고 이것이 가진 의미를 지나치게 과장할 필요는 없다. 명판에 실린 명단은 본디 불완전했다. 여러 세대에 걸쳐 콘스탄티노플은 다른 동방 지역 총대주교들에게 신앙을 고백하는 편지를 받지 못했다. 서로 완벽하게 교제를 유지하고 있는데도 그랬다. 9세기 말에서야 국가 간 통신이 발전하고 교회 수장끼리 정기적으로 연락을 취할 수 있게 되었다.

교황들의 이름은 포티오스 논쟁 시기부터 10세기 말까지 콘스탄티노플에서 기념했지만, 세르지오 4세 이전에도 이미 몇 차례 공백이 있었다. 서방 황제 오토 3세는 996년 어린 사촌 브루노를 로마 교황에 앉혔다. 그가 바로 로마 최초의 독일인 교황 그레고리오 5세(996-999 재위)였다. 그런데 콘스탄티노플에서는 신임 교황을 인정하지 않았다. 아마도 독일 출신에다가 필리오케를 사용했기 때문으로 보인다. 어리석은 소년이었던 그레고리오는 곧장 로마 사람들에 의해 축출되었고, 대신 오토의 옛 스승인 그리스 출신 요안네스 필라가토스가 교황에 선출되었다. 교황 요한 16세가 된 그는 콘스탄티노플에 신앙 고백을 기록한 편지를 보냈고, 그곳 명판에 이름이 기록되었다. 분노한 오토가 돌아와 요한을 붙잡아 신체를 잔혹하게 훼손하고 그레고리오를 복위시켰다. 그레고리오가 죽자 오토 황제는 로마에 최초로 프랑스인 교황을 세웠다. 그는 오리약 출신 제르베르였고, 교황 실베스테르 2세(999-1003 재위)가 되었다. 그런데 그의 이름 역시 콘스탄티노플의 명판에 기록되지 않았다.

요한 18세가 요한 16세처럼 크레센티우스 가문의 추천으로 교황 자리에 올랐다.[12] 독일 왕국의 영향으로 임명된 교황들은 콘스탄티노플에서 기념하지 않았다. 이것은 아마도 그들이 독일인 신학을 유지했기 때문일 수 있다. 그게 아니라면 단순히 그들이 신앙 고백을 담은 편지를 보낼 생각을 하지 않았을 수도 있다. 교황 세르지오 4세는 편지를 보낸 게 분명했지만, 거부당했다. 한 세기가 지나자 콘스탄티노플에서는 '두 세르기우스의 분열'(schism of the two Sergii)을 기억하면서도 이유가 무엇인지 제대로 아는 사람이 거의 없었다. 분열은 단기간이었다고 생각했다. 여기서 우리는 동방 교회의 관점에 주목할

〉〉〉 교황과 대립 교황

10세기 후반부터 11세기 초반에 신성 로마 제국과 로마 귀족 가문, 그리고 세력을 정비한 비잔티움 제국이 이탈리아반도의 주도권을 놓고 격렬하게 충돌했다. 신성 로마 제국 황제가 특정 인물을 교황으로 지목하면 로마 귀족들이 반발해 자신들의 후보를 내세우는 양상이 일정한 패턴으로 자리 잡을 정도였다. 이렇게 황제 승인 없이 옹립된 이들을 대립 교황(antipope)이라 부르지만, 정통 교황과 대립 교황을 명확하게 구분하기는 쉽지 않다. 당시의 극심한 혼란상은 교황청 공식 목록인 '요한'이라는 이름을 가진 교황들의 순서에서 명확하게 드러난다. 목록을 보면 요한 15세 다음이 곧바로 요한 17세로 이어지고, 요한 16세라는 숫자는 비어 있다. 요한 16세는 997년 비잔티움 제국의 지원으로 옹립된 대립 교황으로, 훗날 기록상 착오로 잠시 공식 번호를 부여받았다가 이후 명단에서 제명되었다. 그는 치열한 권력 다툼의 비극적 희생양이 되었다. 998년 오토 3세의 군대에 붙잡혀 눈이 뽑히고 혀가 잘리는 참혹한 형벌을 당하고 폐위되었다. 사실 이 무렵에는 정통 교황이나 대립 교황이나 도덕적으로 큰 차이가 없었을 만큼 로마 가톨릭교회 전체가 극도로 타락했었다. 외부적으로는 976년 즉위해 제국을 이끌던 비잔티움의 '불가르족 학살자' 바실리우스 2세가 세력을 확장해 이탈리아 정세에 깊숙이 관여했었다. 오토 2세가 그에 맞섰지만, 982년 7월 스틸로 전투에서 비잔티움과 사라센 연합군에 완전히 궤멸했다.

필요가 있다. 동방 교회는 주교직과 주교 개인을 별도로 구분했다. 로마 교황 세르지오 4세가 이단이라고 자인했지만 추가 증거가 없는 한 그의 이단성은 죽음과 함께 끝났다고 볼 수 있다. 후임 교황들은 의도적으로 콘스탄티노플에 신앙 고백을 보내지 않았지만, 그들의 정통성은 부정되지 않았다. 단지 형식적인 절차를 밟지 않는 바람에 콘스탄티노플의 형제들이 그들을 기념하지 못했을 뿐이었다.

신경을 둘러싼 이견은 훗날 발생할 위험을 알리는 첫 번째 징후였다. 하지만 11세기 초반에는 기독교 세계의 일치가 깨졌다는 생각이나 분열을 바라는 의도를 조금도 찾아볼 수 없었다. 오히려 기독교 세계에 속한 민족들은 최초의 야만인, 그러니까 무슬림 침입 이후 어느 때보다도 긴밀하게 접촉을 유지했다. 이런 낯선 친밀함은 시간이 흐르면서 민족마다 수 세기 동안 서로 다른 관습과 신학을 발전시켜 왔다는 게 드러나면서 문제가 되었지만, 당시는 불편한 감정이 일부 고위 성직자들에게 국한되었다. 순례자들의 이동이 절정으로 향하고 있었다. 961년 비잔티움 제국이 크레타섬을 탈환하면서 동지중해는 기독교 선박들에 안전해졌다. 969년에는 안티오키아를 되찾았고 곧이어 북부 시리아를 장악했다. 시리아 남부와 팔레스타인은 이집트 파티마 칼리프들의 지배하에 놓였다. 미치광이 칼리프 하킴(재위 996-1021)을 제외하면 모두 관용적이고 우호적이었고 기독교 상인과 순례자들이 가져오는 경제적 이익을 충분히 이해하고 있었다. 이탈리아 상인 집단들은 동방 여러 지역에 식민지를 건설했다.

바랑기아 근위대(Varangian Guard, 황제 경호를 맡은 북유럽 출신 정예 부대)의 창설로 비잔티움 제국 황제는 서방인들과 영구적이고 긴밀한 관계를 맺게 되었다. 해마다 점점 더 많은 서방 지역 그리스도인이 성지를 참배하러 길을 떠났고, 그중 상당수가 콘스탄티노플에 들러서 그곳에 소장된 방대한 성 유물을 감상했다. 11세기 초 비잔티움 제국의 발칸반도 재정복으로 값싼 육로가 열렸다. 헝가리나 크로아티아를 통과한 순례자는 중부 유럽에서 팔레스타인까지 국경을 두 차례만 넘으면 되었다. 안티오키아와 예루살렘은 이제 서방과 지속적인 관계를 유지했고 정교회 총대주교구 가운데 가장 약하고 고립되었던 알렉산드리아조차 오랫동안 끊어졌던 관계를 회복할 수 있었다.[13] 이탈리아 안에서도 남부 칼라브리아 출신 그리스계 수도사들이 비잔티움 교회와 로마 사이에서 연결 고리 역할을 했다. 그 가운데 가장 뛰어난 인물이 수도원장 그로타페라타의 닐로스였고 가장 불운한 인물은 요안네스 필라가토스(대립 교황)였다.[14]

불행히도 동방 교회들을 위한 교통망이 회복된 시기는 로마에서 개혁 운동이 성장한 시기와 겹쳤다. 특히 클뤼니 수도사들은 순례에 필요한 교통망에 상당한 관심을 기울였고 그것을 조직하는 데 크게 이바지했을 뿐 아니라 누구보다 로마의 보편 권위를 강력히 옹호했다. 비잔티움 제국은 이 문제를 심각하게 주시하고 있었다. 1024년 콘스탄티노플 총대주교 에우스타티오스는 황제 바실레이오스 2세를 등에 업고 교황 요한 19세에게 두 교회의 관계를 일거에 정리할 때가 되었다고 편지를 보냈다. 그러고는 이런 신앙 고백을 제안했다. "로마 주교의 동의를 얻어 콘스탄티노플 교회는 로마 교회가 전 세계에서 그렇듯이 영향력이 미치는 지역에서 보편 교회라고 부르고 대접받아야 한다." 그리스어 원문은 현재까지 남아 있지 않지만, 총대주교의 의도는 분명해 보인다. 그러니까 콘스탄티노플 교회는 자급하면서 자율적 지위를 유지하고, 로마 교회는 수위권을 인정받고 중재나 정보를 제공하는 적절한 재판소로 남기를 기대한 것이다. 일각에서는 총대주교의 의도가 두 세르기우스 간의 분열을 치유하려는 것이었다고 간주하기도 하지만, 더 큰 가능성은 분쟁이 발생하기 시작한 남부 이탈리아 비잔티움 속주 교회들을 상대로 권위를 확립하려고 한 것이다.

당시 비잔티움 제국은 국력이 절정에 달했고 교황권은 크게 쇠퇴해 총대주교는 자신의 제안이 관대하다고 여겼을 것이다. 교황 요한 19세 역시 그 제안을 수락했던 것 같다. 하지만 클뤼니 수도회가 즉시 거세게 반발했다. 디종의 생베니뉴스 수도원 원장이 교황에게 분노에 찬 편지를 보냈다. 그는 교황이 보편 교회를 의욕적으로 다스리지 않는다고 거듭 지적하면서 세속 제국은 여러 군주에게 분할될 수 있어도 사도 베드로에게 위임된 영역은 분리할 수 없다는 사실을 상기시켰다. 베드로의 계승자는 매고 푸는 권세를 공유할 수 없다는 뜻이었다. 교황은 동의를 철회했다. 결국 그의 이름은 콘스탄티노플의 명판과 1025년 그곳에서 간행된 공식 문서(Synodicon)에 한 번도 등장하지 않았다.[15] 아마도 이렇게 무산된 외교적 시도(demarche)와 알프스 너머에서 격분한 소식이 1028년, 그러니까 교황 요한 19세가 살리안 가문의 콘라트를 황제로 대관한 그 이듬해에 멀리 떨어진 어느 독일 연대기 작가에게까지 전해졌고, 그래서 이런 기록이 전해지는 것 같다. "동방 교회는 거룩한 주교좌에 복종하고 스스로 물러났다."[16]

연대기 작가의 발언은 부정확할뿐더러 오해의 소지가 있다. 물론 이 사건이 콘스탄티노플에 교황의 주장에 대한 경각심을 불러일으킨 게 사실이지만, 실제로는 아무것도 바뀌지 않았다. 교황과 콘스탄티노플 총대주교는 여전히 상대방의 이름을 명판에서 서로 생략했다. 그런데 비잔티움 황제 신하였던 안티오키아 총대주교는 필리오케 문제는 아랑곳하지 않은 채 여전히 교황을 기념했고 예루살렘 총대주교 역시 그랬을 가능성이 크다.[17] 바랑기아 근위대나 서방 순례자들이 이용하는 라틴계 교회들은 콘스탄티노플에서 여전히 제약 없이 개방되어 있었다. 서방 사람들은 비잔티움의 성지에서 자유롭게 예배했다. 그리스 마케도니아 지방 아토스산에는 로마 가톨릭 계열의 아말피(Amalfi) 수도원이 있었다.[18] 두 교회 수장 사이에서만 냉랭한 분위기가 감돌고 있었을 뿐이었다. 하지만 상황은 몹시 긴장된 상태였고, 그로부터 얼마 지나지 않아 정치적 사건이 아주 위험한 또 다른 불씨를 추가하게 된다.

비잔티움 제국은 이제 공식적으로 티레니아해 테라치나에서 아드리아해 테르몰리까지를 경계선으로 삼아 이탈리아 남부 전역을 지배했다. 이 지역에는 살레르노와 카푸아-베네벤토라는 두 개의 롬바르드 공국이 있었다. 이 공국 통치자들은 비잔티움 제국의 종주권을 거의 존중하지 않았다. 가에타, 나폴리, 아말피라는 세 개의 자치 상업 도시들이 있었는데, 오직 아말피만 일관되게 충실한 봉신으로 제후국 신분을 유지하며 상당한 상업적 이익을 누리고 있었다. 그밖에 비잔티움 제국이 직접 지배하는 두 지방이 더 있었다. 한 곳은 주민 전체가 그리스 사람이었던 칼라브리아였고 다른 한 곳은 아풀리아 또는 랑고바르디아(Langobardia)라고 부르는 곳이었다. 이 지역 도시들, 가령 바리(Bari)라는 대도시는 대부분 그리스계 주민들이었으나 시골 지역은 대체로 롬바르드와 라틴계였다. 콘스탄티노플 총대주교는 나폴리와 아말피에 그리스 교회가 있었음에도 라틴계 봉신 국가들을 상대로 권위를 주장하려 들지 않았다. 하지만 아풀리아(Apulia)의 상황은 달랐다. 그곳에는 그리스 교회와 라틴 교회가 나란히 존재했다. 그리스인들은 콘스탄티노플에 지침을 구했으나 라틴계 주민들은 국경

바로 맞은편에 있는 로마를 바라보지 않을 수 없었다.[19]

아풀리아 출신 멜로가 1020년 이탈리아 남부에서 비잔티움 제국에 맞서 반란을 일으켰다. 그 과정에서 몬테 가르가노(Monte Gargano)에 있는 성 미카엘 성소로 순례하러 온 노르만족 기사들을 고용했다. 멜로의 반란은 서방 황제의 지원을 받았으나 진압되었다. 그 땅에 남은 노르만족이 프랑스 북부에서 친구와 친척을 불러들였다. 1040년부터 오트빌이라는 대단한 가문이 비잔티움 제국과 롬바르디아 영토를 가리지 않고 남부 이탈리아 전역을 체계적으로 정복하기 시작했다. 그들이 성공하면 콘스탄티노플뿐 아니라 로마 역시 결과를 심각하게 고려하지 않을 수 없었다. 당시 서방 황제는 하인리히 3세(1046-1056 재위)였다. 엄청난 정력과 능력, 깊은 신앙심, 그리고 교회 개혁을 완수하려는 간절한 열망을 가진 인물이었다. 1046년 이탈리아에 도착한 하인리히는 로마 지배권을 놓고 무려 세 명의 교황이 경쟁하는 것을 목격했다. 그는 교황을 모두 폐위하고 존경받는 독일 사람 클레멘스 2세를 교황으로 세웠다. 클레멘스와 후임 다마소 2세는 오래 살지 못했다. 그래서 하인리히는 1048년 로렌 출신으로 명망이 높은 툴(Toul)의 주교 브루노를 교황 자리에 앉혔다. 브루노는 교황 레오 9세(1049-1054 재위)가 되었다. 하인리히는 곧 독일 문제에 전념해야 해서 다시는 이탈리아로 돌아올 수 없었다. 그래서 레오 교황이 이탈리아 문제들을 자신의 판단에 따라 처리했다.

한편 노르만족은 남부 지역에서 꾸준히 세력을 확장하고 있었다. 로마 교황청은 그들이 비잔티움 제국을 상대로 처음으로 거둔 승리를 그다지 문제 삼지 않았다. 비록 그들이 약탈자이기는 해도 라틴 교회의 일원이었기 때문이다. 하지만 노르만족이 롬바르드 공국들을 휩쓸고 로마 국경에 접근하기 시작하자 독일 왕국의 지원이 불가능하다는 사실을 잘 알고 있던 레오 교황은 그들을 진압하려면 비잔티움 황제와 동맹을 맺는 게 현명하다고 판단했다. 때마침 황제는 과거 반란군이었던 멜로의 아들이고 명망 있는 롬바르드인 아르기로스를 이탈리아 주둔 제국군 사령관에 임명했다. 라틴계였던 그는 로마와의 동맹에 당연히 공감했고, 정치적으로도 현명한 일로 간주했다.[20] 그렇지만 극복해야 할 어려움은 여전했다. 노르만족은 어쨌든 라틴계라 점령 지역은 서방 교회의 지배를 받았다. 교황은 그곳이 또다시 비잔티움 제국의 지배를 받게 버려둘 생각이 전혀 없었다. 게다가 그 지역의 모든 교회가 로마 관습을 따르도록 확실하게 해두고 싶었다. 지금껏 기독교 세계에 속한 주요 교회들은 관습 때문에 별다른 어려움을 겪지 않았다. 비잔티움 사람들은 자신들의 예배 의식에 헌신적이었지만 다른 지역 교회들의 관습이 다를 수 있다는 것을 인정했다. 서방의 전체 교구 안에서도 과거에는 아주 다양한 관습이 존재했었다. 그런데 개혁된 교황권은 규율과 질서 유지를 위해 통일된 관습을 도입하려는 열망이 있었고, 콘스탄티노플에도 유사한 조짐이 나타났다. 따라서 서방에서 그리스식 관습을 공격하면 동방에서 반격을 불러올 수도 있었다.

공무원, 케룰라리오스

비잔티움 제국의 황제 콘스탄티노스 9세(1042-1055 재위)는 아르기로스를 신뢰했고, 로마와의 동맹에도 호의적이었다. 그렇지만 콘스탄티노플 총대주교의 생각은 달랐다. 이제 갓 등장한 미카엘 케룰라리오스가 1043년 총대주교 자리에 임명되었다. 그는 은퇴한 공무원으로 말년에야 성직을 맡았다. 유능하고 활력 넘치는 행정가였으나 공무원 특유의 고지식한 사고방식을 소유하고 있었다. 신학이나 교회 역사에 정통하지도 않았다. 포티오스처럼 주술(occultism)에 관심이 컸지만 포티오스의 섬세함이나 재치, 폭넓은 교양은 갖추지 못했다. 거만하고 야심이 많았던 그는 주교좌에 상당한 야심을 품고 있었다. 역사가의 눈에는 매력적인 인물이 아니었지만 실제로는 콘스탄티노플에서 엄청난 인기를 누렸다. 그는 성품이 온화해서 다소 기이한 성격을 가진 황제의 영향력을 단연 능가했다.[21]

케룰라리오스가 맡았던 역할을 이해하려면 먼저 몇 가지 사실을 기억해야 한다. 첫째, 그는 로마에서 일어난 최근 사건들에 대해 어느 정도 알고 있었고 덕분에 자연스레 교황권에 대한 경멸감을 품게 되었다. 둘째, 그는 개인적으로 아르기로스를 싫어하고 불신했다. 그가 황제에게 미치는 영향력을 마뜩찮게 여겼고 출신과 과거 경력에도 의구심을 가졌다. 셋째, 그는 깔끔한 관료적 성향이라 어떤 개혁주의자들 못지않게 자신의 총대주교 관할 지역에 통일된 관습을 도입하려고 했다. 이 점에서는 서방의 사례들로부터 영감을 얻었을지 모르지만 그의 주된 관심사는 라틴 세계가 아니었다. 비잔티움 제국은 최근에 마지막까지 독립을 유지하던 아르메니아 소공국들까지 합병했고 콘스탄티노플에서는 아르메니아교회를 제국의 공식교회에 통합하려는 분위기가 감돌았다.

아르메니아인들은 약간 이단적이었다. 그들은 칼케돈 공의회의 결정을 거부했지만 신학에서는 단성론보다는 단의론(그리스도의 본성은 둘이어도 의지는 신적인 것 하나뿐이라는 주장)에 가까웠다. 그들의 관습은 대부분 그리스인과 전혀 달랐다. 동물 제사를 가끔 선호하는 것을 제외하면 사순절을 셉투아게시마(Septuagesima, 교회력으로 재의 수요일 전 셋째 주일)에 시작했고 토요일 금식을 지지했고 무엇보다 성찬식에 무교병을 사용했다. 그리스 신학자들은 이것을 분명히 유대교식으로 간주했으나 불행히도 서방 교회 역시 거의 비슷한 관습을 좇고 있었다. 따라서 콘스탄티노플의 라틴계 교회에서 이런 관습이 일반적인 상황에서 아르메니아인들에게 금지한다는 것은 무의미했다.[22] 때문에 케룰라리오스는 라틴계 교회에 관습의 일치를 강제할 구실을 찾고 싶어 했다. 그는 노르만족이 로마의 승인 아래 그들이 지배하는 지역에서 그리스식 관습을 금지했고, 이탈리아 전역에서 개혁 지향적인 지역 공의회들 역시 무슨 이유에서인지 그 관습을 고수하는 적잖은 교회를 비난한다는 사실을 알게 되었다. 그는 즉시 콘스탄티노플의 라틴계 교회들을 상대로 그리스식 관습을 따르도록 지시했다. 지시를 거부하자 1052년 말 그 교회들을 폐쇄해 버렸다.[23] 그리고는 오크리다(Ochrida, 북마케도니아 남서부 도시)의 대주교이고 불가리아 교회 수장인 레오에게 그리스계 도시 아풀리아와 트라니의 주교이자 신켈루스(syncellus, 이탈리아 총대주교 대리인)였던 요한에게 편지를 보내도록 권유했다.

요한은 이 편지를 '지극히 존경하는 교황'과 '프랑크 왕국의 모든 주교'에게 전달해야 했다. 편지의 주요 내용은 성찬식에 무교병(az-yma, 또는 azymes) 사용을 강력하게 비판하는 것이었고, 첨부된 내용에는 토요일 금식, 목 졸려 죽은 고기 섭취, 70일(셉투아게시마) 이후 며칠간 알렐루야 찬송을 부르지 않는 관습을 비난하는 내용이 전부 들어가 있었다.[24] 이 공격적인 문서는 불행히도 이탈리아 도착 시점이 좋지 않았다. 아르기로스와 교황은 동맹을 체결하려 했지만, 군대가 서로 만나기도 전에 아르기로스가 1053년 2월 노르만족에게 패하고 말았다. 6월에는 레오 교황이 이끄는 병력이 치비타테에서 참패했고 교황은 베네벤토로 끌려가 품위 있는 포로 생활을 하게 되었다. 노르만족은 교회 운영을 방해할 생각이 없다 보니 교황의 수석 비서인 훔베르토 추기경이 자기 주인과 합류하는 것을 막지 않았다.

두 통의 편지

훔베르토는 로마에서 베네벤토로 곧장 가지 않고 먼저 아풀리아로 갔다. 아마도 아르기로스를 만나볼 생각이었던 것으로 보인다. 그는 트라니를 지나다가 오크리다의 레오가 요한 주교에게 보낸 편지를 받았다. 훔베르토는 그리스어를 조금 알고 있어 서둘러 번역했으나 내용은 부정확했고, 이미 불쾌감을 풍기는 편지의 어조를 한층 더 과장한 것 같다. 베네벤토에 도착하자 편지와 번역본을 레오 교황에

〉〉〉 무교병 vs 유교병

성찬식 원형은 최후의 만찬이다. 최후의 만찬에서 예수 그리스도는 자신의 몸을 빵에 비유했다. "받아서 먹으라. 이것은 내 몸이니라"(마 26:26). 성찬식에 사용하는 빵은 교파마다 다르다. 가톨릭과 루터 교회는 누룩 없는 빵, 동방 교회는 누룩 있는 빵, 그리고 성공회는 빵 종류를 가리지 않는다. 동방 교회는 부활한 그리스도의 생명력을 상징하기 위해 누룩이 들어가 부풀어 오른 유교병을 사용해야 한다고 주장하면서 무교병을 사용하는 서방 교회를 "유대교 관습을 따르는 자들"이라고 비난했다. 중세 신학자 토마스 아퀴나스는 성찬 빵을 굳이 구분할 필요는 없으나 유월절 첫날 최초의 성찬식이 있었으니 누룩 없는 빵이 옳다고 주장했다. 일각에서는 빵에 대한 혼란의 원인을 만찬 날짜에서 찾는다. 유월절에 만찬을 했으면 발효시키지 않은 빵, 유월절 전이라면 발효 빵이라고 구분하는 것이다. 네 복음서 모두 십자가 사건을 금요일로 간주한다(막 15:42, 마 27:62, 눅 23:54, 요 19:31,42). 그런데 그날이 유월절 첫날인지, 아니면 전날인지 논란이 크다. 첫날이면 만찬은 당연히 유월절 식사이다. 반면에 유월절 준비일이면 일상적인 식사로 보는 게 옳다. 후자를 고수하는 쪽에서는 공관복음서가 만찬의 빵을 무교병(azyma, 아지마)이 아니라 유교병(artos, 아르토스)이라고 부르니 준비일이 당연하다고 주장한다. 참고로 '아지마'는 서구(라틴어권)로 넘어갔다가 프랑스어를 거쳐 '아지메스'(azymes)로 굳어졌다.

게 제출했다. 교황은 어쩔 수 없이 남아도는 시간을 그리스어 공부에 쓰고 있었지만 훔베르토의 번역을 검토할 수 있을 만큼 그리스어를 제대로 익혔는지는 의문이다. 어쨌든 교황은 크게 분노했다. 비잔티움과의 우호적인 협력을 기대했을 뿐 자기 교회의 관습에 대한 무례한 공격은 전혀 예상하지 못했다. 그는 훔베르토에게 본인 명의로 답장을 두 통 작성하라고 지시했다. 한 통은 콘스탄티노플의 미카엘과 오크리다의 레오라는 '주교'에게 무례하게 보낸 편지였고 '콘스탄티누스의 증여'라는 문서에서 발췌한 주장을 바탕으로 로마 교황의 수위권을 강조하는 내용을 담고 있었다. 수신자 이름을 명시하지 않은 두 번째 편지는 서방 교회 관습을 상세하게 변호했다.[25]

교황은 훔베르토의 글이 지나치게 과격하다고 생각했던 것 같다. 편지가 곧바로 발송되지 않았기 때문이다. 한편 콘스탄티노플에서 전령이 도착했는데 이전에 받은 편지와는 어조가 전혀 달랐다. 황제가 서명한 편지는 한층 더 긴밀한 정치 동맹을 열정적으로 호소했다. 케룰라리오스가 서명한 또 다른 편지에는 교회 간 일치를 한층 더 기원한다는 내용이 담겨있었다. 논란이 되는 관습은 전혀 언급하지 않았다. 만일 로마 교회가 본인 이름을 명판에 올리면 교황의 이름을 비잔티움 제국의 전체 명판에 기록하겠다고 약속했다. 그런데 아주 유감스럽게도 케룰라리오스는 과거 총대주교들이 대부분 교황의 우위를 인정하면서 사용한 아버지(Father)가 아니라 형제(Brother)라고 교황을 호칭했다. 그는 서명하면서 '세계 총대주교'라고 적어넣었다. 그리고 레오 교황의 측근은 총대주교가 사용한 '제국'이라는 말을 '우주'로 번역했다.[26]

콘스탄티노플 총대주교의 놀라운 변화를 일반적으로 황제의 영향 탓으로 간주한다. 하지만 이것을 받아들이기는 어렵다. 케룰라리오스가 최고 권력자의 뜻에 조금도 순응한 적이 없었기 때문이다. 화해를 중재한 것은 주교 트라니의 요한이 확실했다. 아르기로스가 이탈리아의 정세를 보고하도록 콘스탄티노플에 파견했던 인물이었다. 총대주교는 요한 주교의 충성심을 조금도 의심하지 않았다. 트라니의 요한은 교황이 명망 있고 합리적인 인물이며 이탈리아에서 무엇인가 수습할 생각이라면 그와의 우정이 불가피하다고 케룰라리오스를 설득했다. 레오 교황은 화해를 청하는 글에 응답하면서 총대주교의 오만한 표현은 무시하는 편이 현명했을지 모른다. 하지만 건강이 악화하자 그는 이 모든 일을 훔베르토 추기경 손에 맡겼다.[27]

만일 그 뒤에 발생한 사건들로 케룰라리오스를 비난해야 한다면 훔베르토에게도 똑같이, 아니 그보다 더 큰 비난이 돌아가야 하는 게 당연하다. 훔베르토는 어느 정도 학식이 있었고 비록 편협하기는 해도 순수했지만 성격이 거칠고 급했고 그리스인을 싫어했다. 그는 콘스탄티노플에 사절단을 보내기로 하고 사절들이 가져갈 편지 두 통을 교황 이름으로 작성했다. 첫째 편지는 케룰라리오스에게 보내는 것이었다. 편지는 교황좌의 수위권을 거듭 주장했다. 총대주교가 '세계 총대주교'라는 칭호를 사용한 것을 꾸짖었다. 케룰라리오스가 선출된 정통성에 의문을 제기했으나 근거가 없는 것 같다. 그리고 알렉산드리아와 안티오키아 교회의 특권을 침해했다고 비난했는데 후자의 경우는 어느 정도 타당한 것 같다. 라틴 교회의 관습, 특히 누룩을 넣지 않은 빵(무교병)을 사용한다고 비판한 것은 무례하다고 지적했다. 그리고 교황이 콘스탄티노플에 파견하는 사절들이 총대주교가 진정으로 회개한 상태에서 만나기를 기대한다는 말로 마무리했다. 황제에게 보내는 두 번째 편지는 총대주교의 행동을 비난하며 황제가 그를 제지하지 않으면 보복이 뒤따를 것이라고 경고했다. 아울러서 사절단에게 가능한 모든 지원을 제공해 달라고 요청했다.[28]

교황의 사절단

교황이 임명한 특사는 홈베르토 자신과 로마 교황청 수석 서기관이었던 로렌의 프리드리히, 아말피의 대주교 피에트로였다. 아말피는 비잔티움 제국의 봉신국이었고 그리스인이 많이 거주했다. 사절들은 1054년 초에 출발해 아풀리아에서 잠시 머무르면서 아르기로스와 면담했다. 아르기로스는 그들에게 총대주교는 무시하고 황제만 상대하도록 충고했다. 하지만 이것은 어리석은 조언이었다. 케룰라리오스가 훨씬 영향력이 크고 대중에게 인기 높은 인물이었기 때문이다. 그들은 교황의 이름으로 작성한 두 통의 편지와 이전에 발송되지 않은 또 다른 두 통의 편지, 그리고 예루살렘 총대주교좌에서 보내온 보고서가 포함된 서류를 소지한 채 같은 해 4월 콘스탄티노플에 도착했다. 보고서는 예루살렘의 관행이 콘스탄티노플과는 다르다는 사실을 보여주고 있었다.[29]

특사들은 콘스탄티노플에 도착하자마자 총대주교를 방문했다. 그들은 접견 의전에 불만을 품고 총대주교에게 교황의 편지를 내밀고는 인사도 건네지 않은 채 물러갔다. 케룰라리오스는 편지를 뜯어보고 경악했다. 그는 트라니의 요한에게 교황이 고결하고 우호적인 인물이라 호의에 반드시 성심껏 응답할 것이라는 보장을 받았기 때문이다. 그런데 실제로 돌아온 것은 무례함과 모욕이었다. 그는 편지 봉인을 살펴보고 나서 누군가 손댄 게 분명하다고 확신했다. 그는 특사들이 편지를 아르기로스에게 보여주었고 아르기로스가 그들의 묵인하에 편지를 고쳤다고 바로 단정했다. 첫째 가정은 그럴듯했다. 편지가 다시 봉해진 이유를 설명할 수 있었기 때문이다. 아르기로스가 편지를 건드렸을 가능성은 크지 않았지만, 총대주교가 아르기로스를 싫어하고 불신하다 보니 의심을 피하지 못했다. 결국 케룰라리오스는 이렇게 생각했다. '교황은 지금 감금 상태에 있다. 그가 어떻게 특사들을 파견할 수 있었을까? 그들이 교황의 의도를 대변하고 있다고 보장할 수 있을까?'

케룰라리오스는 특사들의 권한을 인정하지 않았다. 그의 신중함은 나름대로 정당했다. 특사들이 콘스탄티노플에 도착한 지 며칠 뒤인 4월 15일, 교황 레오 9세가 세상을 떠났다. 교회법의 관례에 따르면 특사는 이미 사망한 교황을 대리할 수 없었다. 교황이 죽었다는 소식이 전해지자 케룰라리오스는 자신의 신중함을 다행으로 여겼다. 이제 특사들은 법적으로 아무런 지위를 갖지 못했다.[30] 같은 해 9월 하인리히 3세는 새로운 교황으로 빅토르 2세(1055-1057 재위)를 임명했다. 하지만 빅토르는 그 당시 신성 로마 제국에 머물고 있었고 이듬해 4월이 되어서야 로마에 도착했다. 그는 특사들과 접촉하지 않았는데 사실 그들의 존재를 알고 있었는지조차 확실하지 않다.[31]

총대주교는 특사들을 무시했으나 황제는 호의적이었다. 황제의 따뜻한 태도에 고무된 특사들은 소지한 문서를 공개했다. 하지만 예루살렘의 보고서는 중요하지 않았다. 콘스탄티노플에서는 예루살렘 교회의 관습에 누구도 문제를 제기하지 않았기 때문이다. 그렇지만 훔베르토가 그리스어로 번역하게 만든, 오크리다의 레오가 보낸 편지에 대한 두 통의 답장 초안이 비잔티움 사람들의 반발을 샀다. 한때 교황의 권리를 열렬히 옹호했던 스투디움 수도원의 수도사 니케타스 스테타토스가 곧장 답변을 제기했다. 로마 교회에 아주 정중하게 호소하면서도 무교병과 토요일 금식에 대한 관행을 비판했고 거기에 기혼 사제의 금지와 사순절 미사 중 미리 축성된 미사가 아닌 일반 미사를 거행하는 것에 대한 비판까지 덧붙였다. 스테타토스의 주장은 다소 조잡했고 성경을 인용하는 방식 역시 일관되지 않았다. 훔베르토는 아마 간단히, 그러면서도 효과적으로 반박할 수 있었을 것이다.

하지만 훔베르토는 수도사의 글을 읽고 라틴어로 번역하고는 분노를 주체하지 못한 채 욕설이 넘쳐나는 반박문을 내놓았다. 스테타토스(Stethatus)라는 이름을 펙토라투스(Pectoratus)라고 번역했는데, 그것은 곧 '배로 기어다니는 짐승'을 뜻한다고 비아냥거렸다. 스테타토스는 수도원이 아니라 창녀촌 출신이 분명하다고까지 조롱했다. 반박문에는 수도사의 비판에 대한 진지한 답변을 전혀 찾아볼 수 없었다. 대신 훔베르토는 성찬 포도주에 따뜻한 물을 섞는 것 같은 그리스 교회의 특정 관습을 공격하며 끝냈다.[32]

케룰라리오스는 여전히 거리를 유지하고 있었다. 반면에 황제는 훔베르토의 분노 때문에 자신이 기대하는 정치 동맹이 위태로워지는 것을 두려워했다. 황제는 스테타토스에게 반박문을 철회하고 특사들에게 직접 사과하도록 강요했다. 이 성공에 한껏 고무된 훔베르토는 한 걸음 더 나가 필리오케에 대한 문제까지 제기했다.[33] 그는 레오 교황 역시 그렇게 하도록 바랬을 것이라고 확신한 듯했다. 실제로 교황은 특사들이 이탈리아를 떠나기 직전에 노르만족의 허락을 받고 바리에 가서 소규모 지역 주교회의에서 필리오케라는 표현의 필요성

▲ 콘스탄티노플 총대주교 미카엘 케룰라리우스(왼쪽)와 교황 레오 9세

에 관해 직접 견해를 밝히기까지 했었다.[34] 이렇게 비잔티움의 대중
을 자극하는 도발에도 불구하고 케룰라리오스는 침묵하며 특사들의
존재를 무시했다. 마침내 훔베르토의 인내심이 완전히 바닥을 드러
내고 말았다.

파국

1054년 7월 16일 토요일 오후, 예배 의식이 막 시작되려는 순간
훔베르토와 동료 사절들이 하기아 소피아 대성당으로 거침없이 들어
가 미카엘 케룰라리오스, 오크리다의 레오, 총대주교 비서 미카엘 콘
스탄티노스와 추종자 전부를 파문하는 교황의 교서(Bull)를 제단에
올려놓았다. 그러고는 밖으로 나가면서 굳이 성당 먼지를 발에서 털
어내는 의식을 수행했다. 어느 부제가 황급히 뒤따라가 그들에게 파
문장을 거두어 달라고 요청했다. 그들이 거부하자 부제는 파문장을
길바닥에 팽개쳤다. 결국 누군가 주워다가 케룰라리오스에게 전달했
다. 헬라어로 번역된 문서를 보고 그는 아마 비웃었을지 모른다. 중
대한 문서에 그토록 명백한 오류가 많은 경우는 드물었기 때문이다.

훔베르토처럼 학식 있는 인물이 그토록 한심한 글을 썼다는 것은
정말 있을 수 없는 일이었다. 칙서는 케룰라리오스 개인이나 콘스탄
티노플 주교로서 마땅한, 총대주교라는 칭호를 거부하며 시작했다.
이 칙서는 비잔티움 제국과 콘스탄티노플 시민들을 비난할 수 없었지
만, 케룰라리오스를 지지하는 사람이라면 누구든지 성직매매(훔베르

토가 잘 알듯이 당시 서방 교회에 만연했던 악덕), 거세 조장(로마에
서도 있었던 관행), 라틴계 신자들에게 재 세례 강요(당시는 사실이
아니었음), 사제들의 결혼 허용(사실과 달랐음. 기혼 남성은 사제가
될 수 있었으나 서품된 사람은 결혼할 수 없었음), 출산 중인 여성, 심
지어 출산하다 죽어가는 여성에게 세례를 베푸는 것(이것은 초기 기
독교가 인정한 훌륭한 관행)과 모세 율법의 폐기(사실과 달랐음), 수
염 깎은 남성에게 성찬을 거부하는 것(이것 역시 사실이 아니었음. 그
리스인은 수염 깎은 사제를 못마땅하게 여겼음), 신경 가운데 한 구절
을 누락한 것(사실이 아니었음)을 인정하고 따르는 것이라고 비난했
다. 이런 비난을 제기하고 난 뒤로는 콘스탄티노플에서 라틴계 교회

들이 폐쇄된 것과 교황청에 대한 불복종 문제에 대한 불만이 설득력을 잃어버렸다. 끝으로 아나테마 마라나타(anathema maranatha), 그러니까 '주님이 오실 때 저주 아래 있으라' 라는 발언과 함께 케룰라리오스와 지지자들은 프로지미테(prozymite, '발효된 빵을 사용하는') 이단자들로 알려지게 될 것이라고 선언했다.[35]

케룰라리오스는 파문 교서의 그리스어 번역본을 들고 서둘러 황제에게 달려갔다. 그때 콘스탄티노스 9세는 사절단과 우호적인 작별 인사를 나누고 정치 동맹이 성사된 것으로 기대하고 있었고 사절들은 이미 떠난 뒤였다. 황제는 문서를 읽고 나서 큰 충격을 받았다. 하지만 케룰라리오스를 의심해서 곧바로 사절단을 소환해 그들의 행동을 해명하게 하자는 제안에는 동의하지 않았다. 대신 그는 사절단에게 사람을 보내 칙서의 라틴어 원본을 요구했다. 전령이 셀림브리아(콘스탄티노플 서쪽 항구 도시)에서 사절단을 따라잡아 사본을 가지고 돌아왔다. 총대주교의 번역본이 사실이라는 것을 확인한 황제가 사절들에게 콘스탄티노플로 돌아와 지역 공의회(synod)에서 해명하라는 내용의 전갈을 또다시 보냈다. 하지만 그들은 지시를 거부한 채 항해를 이어갔다.

한편 총대주교 측근들은 교황의 교서 내용을 콘스탄티노플 전역에 알렸다. 이미 로마인들의 거만함에 불쾌감을 느끼고 황제가 그들에게 보인 우호적 태도에 반감을 품은 시민들이 격분해 시위와 폭동을 일으켰다. 콘스탄티누스 황제는 크게 분노하면서 교황 사절단과 협력한 번역자들을 처벌하겠다고 선언하고는 콘스탄티노플에 거주하는 아르기로스의 친척들을 체포했다. 그리고 문제가 된 칙서를 불태우라고 지시했다. 그제야 폭동이 진정되었다.

1054년 7월 24일 일요일, 사건 전체를 기록하기 위해 지역 공의회가 열렸다. 지역 공의회는 서방에서 무책임한 자들이 찾아와 총대주교를 비롯해 성령의 교리와 수염 깎기, 그리고 사제 독신제 관습을 거부하는 사람들을 모두 파문했다고 선언했다. 교황의 교서 전문과 그것을 불태우라는 비잔티움 황제 칙령이 함께 공개되었다. 특사들이 가져온 편지가 공개되었고 결국 아르기로스의 작품으로 판명되었다. 훔베르토와 동료들은 절차를 좇아 파문했다. 관련 내용은 교황청이나 서방 교회 전체에 어떤 식으로든 영향을 미치지 않도록 신중하게 문서로 작성했다. 희생양은 세 명의 특사, 그리고 훌륭하기는 해도 인기 없는 관리, 아르기로스였다. 훔베르토가 권한 밖(act ultra vires) 행동을 했다는 것을 인정하는 교황이라면 누가 되었든지 우호적 협상을 재개할 길은 열려 있었다.[36]

1054년의 사건들을 계기로 로마 교회와 동방 교회가 최종 결별을 했다고 전통적으로 알려져 왔기 때문에 자세하게 검토할 필요가 있다. 실제로 1009년 이후로는 콘스탄티노플 교회 명판에 교황 이름이 등재되지 않았고 지위를 정리하기 위한 1024년의 협상마저 실패로 끝났다. 하지만 로마와 콘스탄티노플 간의 접촉은 완벽하게 단절되지 않았다. 이탈리아의 정치 상황과 함께 콘스탄티노플 총대주교가 자신이 관할하는 교구의 내부 정책과 이탈리아에서 로마가 고수하는 정책을 근거로 서방 교회의 특정 관습을 공격하는 바람에 새롭게 협상이 시작되었으나 1054년에 참혹하게 실패하고 말았다. 그렇다고 이 실패가 교황권에 반드시 위협이 되지는 않았다. 1054년 파송된

▲ 1054년 대분열 이후 로마 가톨릭과 동방 교회

교황의 특사들은 법적 지위를 갖지 못했기 때문이다. 후임 교황이 특사들의 행동을 부인하더라도 권위에 손상을 가할 수 없었다. 악감정이 커진 것을 제외한다면 상황은 1052년과 별반 다르지 않았다. 그렇다면 어째서 이 사건에 그토록 과장된 의미를 부여하는 것일까?

당시 콘스탄티노플에서는 총대주교가 황제를 상대로 승리를 거둔 내부적 위기였다는 평가를 제외하면 거의 별다른 주목을 받지 못했다. 하지만 서방에서는 사정이 크게 달랐다. 부분적으로는, 교황청의 개혁 덕분에 로마와 관련된 사건들이 서방 교회 전체에서 상당한 관심을 끌었기 때문이었다. 따라서 라틴 지역의 관습에 대한 그리스인들의 돌발적 공격은 과거 비잔티움과의 그 어떤 논쟁보다 더 널리,

또 더욱더 적대적으로 알려지게 되었다. 게다가 관련된 인물들의 영향력 역시 크게 작용했다. 훔베르토는 사건을 잘못 처리했으면서도 조금도 주눅 들지 않았다. 그의 보고서는 마치 승리의 찬가처럼 쓰여 있었다. 서방 교회는 곧이곧대로 그 기록의 내용을 받아들였다. 그는 1061년 사망할 때까지 교황청에서 누구보다 큰 영향력을 행사했다. 함께 특사로 파견되었던 로렌의 프리드리히는 나중에 교황 스테파노 9세가 되었다. 그리고 훔베르토의 가장 가까운 친구는 훗날 교황 그레고리오 7세가 되는 힐데브란트였다.

로마는 사절단의 행동을 부정할 생각조차 하지 않았고 오히려 정당성을 강조했다. 마침내 서방에서는 오만한 총대주교가 근거 없이 자신들을 공격하다가 파문된 것은 적법한 처벌이라고 믿게 되었다. 콘스탄티노플 총대주교와 후계자들이 사면을 구하지 않아 동방과 서방 교회가 그 이후로 분열 상태에 놓였다. 훔베르토는 파문을 총대주교 개인에게 국한하고 콘스탄티노플 교회 전체를 포함하지 않으려고 조심했다. 하지만 교회가 줄곧 분열을 조장하는 주교들을 선출하고 지지하는 바람에 결국 교회 역시 분열 상태에 놓이게 되었다는 것이었다.[37] 이런 식의 해석이 서방 교회 내부에 확고하게 자리 잡는 데는 한 세기가 넘게 걸렸다. 14세기에 이르러 그리스인들마저 케룰라리오스 치하에서 분열이 시작되었다고 믿게 되었다. 전승에 따르면, 케룰라리오스가 교황의 공격에 맞서 교황을 파문하고 동방 총대주교들에게 자신을 선임자로 인정하라고 요구했다고 한다. 아마도 케룰라리오스에 대한 서방 교회의 공격이 그를 정교회의 민족적 영웅으로 만들어준 것으로 보인다.[38]

당시 가장 중요하면서도 불행한 결과는 양측의 적개심이 고조된 것이었다. 사절단이 떠난 직후 콘스탄티노플에서는 「프랑크인들을 반박함」(Against the Franks)이라는 제목의 소책자가 출판되었다. 이 소책자 수준은 아주 형편없었다. 라틴 사람들의 28개 악습을 나열했는데, 일부는 사실이었지만 나머지는 대부분 터무니없었고 현실과 분명히 거리가 멀었다. 케룰라리오스가 이것을 자극했을 수도 있지만 그가 서방의 라틴 사람들이 늑대 고기를 먹는다거나 침을 뱉어 유아에게 세례를 준다고 진심으로 믿었을 가능성은 크지 않다. 이 소책자는 내부 배포용으로 제작된 게 분명했고 총대주교의 친구들이 황제를 상대로 거둔 승리에 이어 황제가 기꺼이 묵인한 끔찍한 오류들을 나열하려는 시도였다. 교육은 받았지만 합리적인 사고가 불가능했던 콘스탄티노플 대중의 분노를 자극하는 데 목적이 있었다.[39]

분열의 주모자

더 심각한 것은 총대주교가 동방 동료들의 지지를 얻으려 한 일이었다. 사절단이 떠나자마자 케룰라리오스는 친구이자 자신처럼 황제의 신민이었던 안티오키아의 총대주교 페트로스(1052–1056/57 재위)에게 사절단 방문을 놓고 간략한 보고문을 작성했다. 편지는 정교회 전체가 파문된 것처럼 암시하는 편향된 내용을 담고 있었다. 얼마 뒤 총대주교는 그 사건에 대해 더 자세하고 정확하게 서술하면서 자신이 잘못이라고 간주하는 서방 교회의 신앙과 관습 목록을 덧붙였다. 주로 문제 삼은 것은 필리오케와 누룩 넣지 않은 빵을 사용한 것이었지만, 그 외에도 사소하고 상상에 불과한 그릇된 관행을 언급했다. 라틴 사람들이 성유물을 숭배하지 않는다고 비난했는데, 이것은 명백히 사실과 달랐다. 서방의 순례자들이 동방에서 성유물을 확보하는 데 얼마나 열성적이었는지, 그리고 그것을 위해 얼마가 되었든지 값을 치르려 했다는 것을 보면 쉽게 알 수 있었다. 게다가 라틴 사람들이 성화 숭배 역시 거부한다고 주장했는데 이것은 아마도 샤를마뉴의 궁정 신학자 중 일부가 성상 파괴적 견해를 가졌다는 소식을 어렴풋이 들었기 때문일 것이다. 그는 서방 교회 사람들이 신학자 나지안조스의 그레고리오스와 대(大) 바실레이오스, 요안네스 크리소스토모스를 성인으로 인정하지 않는다고 말했다. 이것은 아마도 어떤 논쟁에서 비롯된 것으로 보인다.

어느 그리스인이 누룩 들어간 빵을 사용하는 것을 옹호하려고 이 성인들의 말을 인용했으나 라틴 사람들은 그런 주장을 최종 증거로 인정하려고 하지 않았다. 케룰라리오스는 이런 신앙은 분명히 이단이라고 단정하면서 "신자들이 어떻게 이런 사람들과 교제할 수 있는가?"라고 말했다. 계속해서 그는 콘스탄티노플에서는 교황 비질리오 이후로 어떤 교황도 기념하지 않았다고 주장했다. 안티오키아 총대주교 페트로스는 즉시 그 주장이 사실과 다르다고 지적했다. 더구나 케룰라리오스는 동방의 다른 총대주교들이 여전히 예식에서 교황들을 기념하는 것을 유감스럽게 간주했다. 그는 이어서 페트로스에게 예루살렘과 알렉산드리아에서 누룩 없는 빵(무교병)을 사용하는 관행을 실제로 허용하는지 알아보도록 요구했다. 페트로스의 답장은 다소 불분명했으나 실제로 예루살렘에는 많은 라틴계 성직자들과 순례자 공동체가 있었고 알렉산드리아에는 상인과 사제들이 거주했다. 그들 모두가 이용하는 예배당에서는 서방의 관행, 그러니까 무교병을 줄곧 사용하고 있었다.[40]

안티오키아의 페트로스가 콘스탄티노플의 형제 케룰라리오스에게 보낸 답장의 내용은 그저 호의적이지 않았다.[41] 하지만 케룰라리오스는 얼마 지나지 않아 자기 문제로 바빠지는 바람에 새롭게 논쟁을 시작할 여유가 없었다. 그는 황제 콘스탄티노스 9세가 이듬해 1월에 사망할 때까지 여전히 나라에서 가장 영향력이 있는 인물이었다. 황제를 승계한 인물은 그의 처제 테오도라였다. 그녀는 나이 든 동정녀였고 위대한 마케도니아 왕조의 마지막 후계자였다. 콘스탄티노플에서 그녀가 누리는 인기는 총대주교보다 더 높았다. 총대주교가 전임 황제 콘스탄티노스에게 그랬던 것처럼 간섭하려고 들자, 그녀는 자기가 해야 할 일에나 신경 쓰고 교회 업무에 집중하라고 잘라 말했다. 그녀가 통치한 기간은 고작 18개월에 불과했다.

그 뒤를 이은 미카엘 황제는 테오도라를 따라 하려고 했으나, 나약한 노인에 불과했다. 케룰라리오스는 주저하지 않고 몰아낼 음모를 꾸몄다. 교회의 영향력을 이용해 황제를 폐위하고는 총사령관 이사키오스 콤네노스(Isaac I Comnenus)를 옹립했다. 그런데 케룰라리오스는 이사키오스의 충성심에 기대어 또다시 정치 문제에 간섭하기 시작했고, 심지어 황제의 위엄을 알리는 자주색 장화(purple buskins)까지 신고 다녔다. 그 덕분에 황제를 자처하는 총대주교를 용납할 수 없는 콘스탄티노플 시민들 사이에서 인기가 급락했다. 군대의 확고한 지지를 받는 이사키오스가 조용히 그를 해임했다. 케룰라리오스는 굴욕을 당한 뒤 오래 살지 못하고 1058년 세상을 떠났다. 그가 동서 교회 대분열(Schism)의 주모자라는 비난을 모두 감당할 필요는 없다. 1054년에 발생한 사건의 책임은 적어도 절반은 훔베르토 추기경의 몫이 분명하다. 두 사람 모두 기독교의 화합이라는 대의에는 전혀 도움이 되지 않는 길을 걸었다.[42]

【 Section 2. 주 】

1) Gay, L' Italie meridionale et l' Empire byzantin(「남부 이탈리아와 비잔티움 제국」), pp.218-228.

2) 서방 교회 개혁에 관한 가장 현대적인 연구는 다음의 자료에서 확인할 수 있다. A. Dumas in Fliche et Martin, Histoire de l' Eglise(「교회사」), vol. vii, book iii, and by A. Fliche, ibid., vol. viii, chapters i -iii. 교황의 보편 통치 사상은 이미 6세기 초 교황 심마코의 추종자들이 내놓은 선전 자료와 8세기 '콘스탄티누스 증여' 라는 문서에 포함되어 있고, 9세기에는 발라프리트 슈트라보(Walafrid Strabo)가 확실하게 제시했다(M.P.L., vol. cxiv, coll. 963-966).

3) Palmieri, article 'Filioque,' in Vacant et Mangenot, Dictionnaire de Theologie Catholique(「가톨릭 신학 사전」), vol. v. 2, coll. 2309 ff. 이 조항이 1차 톨레도 공의회 (Council of Toledo, 400) 회의록에 포함되었는지는 의심스럽지만, 4차 톨레도 공의회 (633) 회의록에는 확실하게 등장한다.

4) 프랑크푸르트 공의회(Council of Frankfort, 794)가 이 조항을 채택했고, 콘스탄티노플의 총대주교 타라시오스는 '아들로부터' (per Filium)라는 표현의 사용을 비판했다. Hefele-Leclercq, Histoire des Conciles(「공의회사」), iii. 2, pp.1061-1091.

5) 레오 교황의 이 주제에 관한 편지는 M.P.L., vol. cxxix, coll. 1257-1260, 프랑크 사절단에 대한 그의 답신은 Smaragdus, M.P.L., vol. cii, coll. 971-976 볼 것. 다음 자료역시 그 일화를 소개하고 있다. M.P.G., vol. xciv, coll. 205-208, Dissertationes

Damascenicae(「다마스쿠스 논고」), i; Hefele Leclercq, op. cit. iii. 2, pp.1127-1131.

6) Liber Pontificalis(「교황 연대기」), ed. Duchesne, ii, p.26.

7) 파리의 상황은 다음 자료를 볼 것. Alexander of Hales, Summa Theologica(「신학대전」, Cologne edition), i, p.218.

8) 앞 주석 5와 6을 참고할 것. Dvornik, The Photian Schism(「포티오스 분열」), pp.122, 196, 444.

9) 콘스탄티노플 총대주교구 문서고 책임자를 지낸 니케타스에 따르면 크리스토포로 교황(903-904 재위)이 니콜라오스 미스티코스 총대주교에게 보낸 편지(Systatic Letter)에서 신경에 '필리오케'를 추가했다고 한다. 그 때문에 니콜라오스 미스티코스는 그를 교황으로 인정하지 않았다. 1014년에 필리오케가 등장한 사례는 Berno of Reichenau, M.P.L., vol. cxlii,coll. 1060-1061 볼 것. 베르노(Berno)는 당시 대관식에 직접 참석했다.

10) 아우구스티누스는 이미 동방과 서방의 삼위일체 개념이 서로 다르다는 것을 파악하고 있었다(De Trinitate〔삼위일체론〕, vii. 4, M.P.L., vol. xlii, coll. 939-942). 안셀무스는 조금 더 단순하게 라틴 사람들은 한 실체(Substance)와 세 위격(Persons)을 말하고, 그리스 사람들은 한 위격(Person)과 세 실체(Substances)를 말한다고 설명했다(letter to Rainald, M.P.L., vol. clviii, col. 1144; De Fide Trinitatis, ibid., col. 284). 서방의 관점은 하나님의 통일성이 절대적이고 그 안에서 세 위격이 상대적이라는 것이고, 동방의 관점은 세 위격이 독특한 속성을 가지면서도 하나의 실체적 연합(hypostatic union)을 이루고 있다고 말하는 편이 어쩌면 사실에 더 가까울 수 있다. 에브리는 그리스 신학자들이 위격별로 자신만의 실체(hypostasis)를 갖는다고 가르쳤다고 주장했지만(Every, The Byzantine Patriarchate, p.9) 다소 과장된 설명이다. 실제로 그들은 하나의 실체를 강조했다. 예를 들어, 안티오키아의 페트로스는 동료 총대주교들에게 보내는 신앙 고백에 이것을 명시했다(그의 편지는 Michel, Humbert und Kerullarios, Ⅱ, pp.432-454 볼 것). 11세기 말 필리오케에 관한 실제 교리를 공정하게 설명한 자료는 Leib, Rome, Kiev et Byzance(「키예프와 비잔티움」), pp.331-344에서 확인할 수 있다.

11) 니케아의 문서고 책임자를 지낸 니케타스의 저작으로 알려진 문서는 판본이 둘이다. 첫번째 문서는 교황 크리스토포로가 필리오케를 삽입했고, 이후로 교황 세르기오 3세와 4세가 계속 채택했다는 내용을 담고 있다. 반면 또 다른 문서는 더 모호하게 '두 세르기우스 사이의 분열'을 언급하고, 그것에 대해 "나는 그 원인을 알지 못한다"라고 말한다. 두 가지 모두 Michel, Humbert und Kerullarius(「훔베르토와 케룰라리오스」), ii,

pp.20-40에 수록되어 있고, 두 번째 문서는 M.P.G., vol. cxx, coll. 713 ff.에도 실려 있다. 로마와 콘스탄티노플의 분열을 다룬 이 글은 전반적으로 그리스인들에게 비판적이다. 이 글을 니케아의 니케타스가 작성했다고 보기는 어렵다. 그의 기존 작품들이 확실하게 반라틴적이기 때문이다. Krumbacher, Geschichte der Byzantinischen Literatur(「비잔티움 문학사」), pp.81-82 볼 것. 나는 훗날 테살로니카 대주교가 되어 황제 마누엘 콤네노스의 화해 정책을 지지한 마로네아의 니케타스가 문서고 책임자 시절에 작성한 초기 작품이고, 필사본 제목을 표기하는 과정에서 오류가 있었다고 추정한다. 쥐지(Jugie)는 Le Schisme Byzantin(「비잔티움의 분열」), pp.166-167에서 '두 세르기우스 사이의 분열'이 필리오케와 무관하다고 보았으나, 니케타스의 첫 번째 문서는 그 관련성을 시사하는 것 같다. 이것에 대해서는 Michel, op. cit., i, pp.20-23 볼 것.

12) Michel, op. cit. i, p. 16; Gay, op. cit., pp.387-398.

13) 순례자의 통행에 대해서는 Runciman, History of the Crusades(「십자군 전쟁사」), i, pp.38 ff. 볼 것.

14) 칼라브리아(그로타페라타)의 닐로스의 생애는 M.P.G., vol. cxx.에 수록되어 있다. 요안네스 필라가토스에 대해서는 Gay, op. cit., pp.39I-395 볼 것.

15) 비잔티움 측 외교 사절(demarche)에 관한 일화는 Radulf Glaber, M.P.L., vol. cxlii, col. 671 볼 것. 1025년의 종교회의록(Synodicon)은 Michel, op. cit., i, p.25에 수록되어 있다.

16) Chronica S. Petri Erphordensis moderna, M.G.H.Ss., vol. xxx, p.407; Chronica minor autore minorita Erphordensis, ibid., vol. xxiv, p.189.

17) 3장 볼 것.

18) Leib, op. cit., pp.82-83, 100-101.

19) Gay, op. cit., pp.414-29.

20) Gay, op. cit., pp.433 ff.; Chalandon, La Domination normande en Sicile(「노르만의 시칠리아 지배」), i, pp.1-188.

21) 미카엘 케룰라리오스의 생애와 성격은 Amann, 'Michel Cerulaire' in Vacant et Mangenot, Dictionnaire de Theologie Catholique(「가톨릭 신학 사전」), vol. x. 2, coll. 1677 ff.; Jugie, Le Schisme byzantin(「비잔티움의 분열」), pp.187 ff. 볼 것. 두 저자 모두 몹시 비판적으로 평가한다. Gay, op. cit., pp.498-499는 케룰라리오스가 과거 주장만큼 불성실하지 않았다는 것을 보여준다. 그에 대한 신뢰할 만한 동시대 기

록은 없다. 프셀로스는 1059년 공의회에서 그를 비난하는 연설을 했고, 몇 달이 지난 뒤에는 그를 찬양하는 장례 추도사를 했다. 두 연설 모두 충분한 설득력이 없다(전자는 ed. Brehier in Revue des Etudes grecques, vol. xvi[1903], pp.375-416, and vol. xvii[1904], pp.35-76, 후자는 Sathas, Medieval Library(Mesaionike Bibliotheke), vol. iv, pp.303-387에 수록). 기록된 행적이 주는 인상은 오만하고 그다지 호감이 가지 않는 인물이지만, 그가 콘스탄티노플 주민 사이에서 상당한 인기를 누렸다는 것에는 의문의 여지가 없다. 하지만 네스토리오스파 이븐 부틀란은 조금 더 호의적인 모습을 전한다. 그는 케룰라리오스를 위해 무교병파(Azymites)에 반대하는 논문을 저술하기도 했다. 이 문제는 Graf, 'Die Eucharistielehre des Nestorianers al-Muhtar ibn Butlan,' in Orient Christianus, vol. xxxv (1938), pp.44-70 볼 것.

22) 에브리는 케룰라리오스가 무교병 문제에 집착한 게 아르메니아교회에 일치를 강요하려고 했기 때문이었다고 주장한다(Every, op. cit., p.166). 참고로, 아르메니아의 가톨리코스 페트로스는 1049년 황제에게 콘스탄티노플로 소환되었다. 그는 황제와 총대주교에게 호의적으로 환대받았지만, 비잔티움인들과 아르메니아인들 사이의 전반적인 관계는 곧 악화되었다(Michael of Edessa, i. 74, trans. Dulaurier, pp.85-87.).

23) Leo IX, letters 19 and 29, M.P.L., vol. xliii, coll. 758, 764; Humbert of Silva Candida, Brevis et succincta Commemoratio(「짧고 간략한 보고서」), ibid., col. 1002. 훔베르토는 교회들을 폐쇄할 때 그리스 당국이 폭동을 유발했고 성체를 짓밟았다고 비난한다.

24) Leo of Ochrida, Epistola ad Ioannem Episcopum Tranensem, M.P.G., vol. cxx, coll. 836 ff. Michel, op. cit. ii, pp.282-291 볼 것.

25) Leo IX, Epistola C ad Michaelem Constantinopolitanum, M.P.L., vol. cxliii, coll. 744-69; Adversus Graecorum Calumnias, ibid., coll. 931-74('Dialogus inter Romanum et Constantinopolitanum' 라는 제목은 정확하지 않다). 훔베르토가 썼다고 소개하는 자료는 Michael, op. cit. i, pp.43-76 볼 것.

26) 이 편지들은 교황의 답신과 케룰라리오스가 안티오키아의 페트로스에게 보낸 서한(M.P.G., vol. cxx, coll. 781-796)에서만 등장한다. 교황은 상당한 충격을 받았는데(Jugie, op. cit., p.188), 케룰라리오스가 로마 교회에서 자신의 이름을 기념해 주는 대가로 교황의 이름을 전 세계 교회들(in toto orbe terrarum)에서 기념하도록 하겠다고 제안했기 때문이다. 그렇지만 케룰라리오스조차 전 세계 교회들을 통제하고 있다고 주장했을 가능성은 아주 낮다. 이것은 분명히 또 다른 오역의 사례로 보인다. 케룰라리오

스는 비잔티움의 관점에서 오이쿠메네(oikoumene)를 '제국(帝國)'을 뜻하는 말로 사용했고, 로마 측은 이것을 문자 그대로 '전체 거주 세계'로 번역했다. '오이쿠메니코스'(Oikoumenikos, 세계적)라는 칭호를 둘러싼 분쟁도 이와 유사한 오해에서 비롯되었다.

27) 게이(Gay, op. cit., pp.492-500)는 트라니의 요한이 수행한 역할을 설득력 있게 소개한다. 케룰라리오스는 교황의 상황과 인품에 대해 요한과 소통하고 있었다(letter to Peter of Antioch, col. 788). 그의 갑작스러운 태도 변화와 그 이후의 반응은 요한이 전달한 보고에 의존했기 때문임이 분명하다.

28) Jugie, op. cit., pp.197-198; Gay, loc. cit. 이 자료들은 루이 브레이에(Louis Brehier)의 견해와는 반대로 교황의 편지들을 사절단이 콘스탄티노플에 가져왔다는 것을 보여준다(Le Schisme oriental, pp.97 ff.). 나중에 작성된 편지들의 내용은 M.P.L., vol. cliii, coll. 773-781 볼 것.

29) 케룰라리오스는 안티오키아의 페트로스에게 보낸 편지에서 자신의 의심을 설명한다(coll. 784-785). 그는 황제가 교황에게 전달하라고 보낸 자금 가운데 일부를 아르기로스가 가로채 병사들의 급료를 지급하는 데 사용했다는 사실에 큰 충격을 받았다.

30) 교황이 죽었다는 소식이 콘스탄티노플에 도달하는 데 두 달 이상 걸렸을 가능성은 없다. 케룰라리오스가 교황의 죽음을 직접 거론하지 않고 암시만 한 것은 주목할 만하다. 그런데 이것은 교황청을 가능한 한 개입시키지 않으려는 그의 전략이었다. 아마도 그는 이후에 즉위하게 될 어떤 교황이든지 사절단(훔베르토 일행)의 행동을 분명히 지지할 것을 알고 있었기 때문일 것이다. 레오 교황은 세상을 뜨기 며칠 전에 로마에 돌아와 있었다(Watterich, PontificumRomanorum Vitae, i, pp.171 ff.).

31) 빅토르 교황은 1055년 4월 3일 로마에 도착했다. 그는 비잔티움과 동맹을 맺으려고 했던 교황 레오 9세의 열망을 못마땅하게 여겼고, 교황의 최근 정책에 대해서도 전혀 자문받지 못한 상태였다. Jugie, op. cit., p.199, n. 4 볼 것.

32) 스테타토스의 원본은 Michel, op. cit. ii, pp.322-342에 실려 있다. 이것은 다음의 판본보다 더 낫다. Demetracopoulos, Bibliotheque ecclesiastique(「교회 총서」), i, pp.18-36. 훔베르토의 번역본은 M.P.L., vol. cliii, coll. 973-983, and in M.P.G., vol. cxx, coll. 1012-1022, 그리고 답변은 Contra Nicetam, in M.P.L., vol. cxiii, coll. 983-985 볼 것.

33) 훔베르토가 황제의 요청에 따라 작성했다고 밝힌 보고서는 Michel, op. cit. i, pp.97-111 볼 것.

34) 훔베르토는 위에서 언급한 보고서에서 이 지역 공의회를 참조하고 있다. 이 지역 공의
회는 안셀무스가 자신의 논문 De Spiritus Sancti Processione("성령의 발출에 관하
여")에서 레오 9세가 당시 제시한 일부 주장을 인용한 것으로 보이는 내용 외에는 알려
진 게 없다.

35) 파문 교서(Bull of Excommunication) 전문은 M.P.L., vol. cliti, coll. 1002-1004,
그리고 매우 훌륭하게 번역된 그리스어 번역본은 총대주교의 지역 공의회 칙령
(Synodal Edict)과 함께 M.P.G., vol. cxx, coll. 741-746에 실려 있다. 번역 작업은
고위 관리 코스마스(Protospatharius Cosmas), 로마인 피루스(Pyrus), 그리고 스페
인 출신 수도사 요한이 담당했다.

36) Synodal Edict, loc. cit.; Jugie, op. cit., pp.208-211.

37) 보소가 기록한 교황 레오 9세의 전기(Boso's Life of Leo IX, in Liber Pontificalis
〔교황 연대기〕, ed. Duchesne, 11, p.355)는 1054년의 사절단 활동이 우호적으로 받아
들여지고 상당히 성공적이었던 것처럼 서술한다. 보소는 황제 콘스탄티노스 9세 모노
마코스는 언급하면서도 총대주교에 대해서는 침묵한다. 그러나 비베르토는 자신의 글
(Wibet's Life, in M.P.L., vol. cliii, coll. 498-499)에서 케룰라리오스의 파문을 만족
스럽게 보고한다. 이 기록이 널리 유포되었던 훔베르토의 보고서와 결합하면서 비잔티
움 교회가 분열 때문에 단죄되었다는 일반적인 믿음을 낳았다. 그것에 대한 예로
Sigebert of Gembloux, Chronicon(「연대기」), M.G.H.Ss., vol. vi, pp.359-
360(1054년 기록), Annalista Saxo, ibid., p.689(1051년으로 잘못 기록됨) 볼 것. 두
기록은 모두 훔베르토가 그리스인들을 파문한 것을 칭송하는 내용을 담고 있다. 1252
년 콘스탄티노플에서 작성된 어느 도미니코회 논문은 포티오스를 분열의 시조로, 케룰
라리오스는 교황에 맞선 주요 계승자로 규정한다. Dvornik, The Photian
Schism(「포티오스 분열」), p.348 볼 것.

38) 1054년의 사건들에 대한 프셀로스의 의견은 다음 장(3장) 내용을 참고할 것. 프셀로스
가 기여한 케룰라리오스의 명예 회복은 결과적으로 그를 성인으로 추대하는 계기가 되
었고, 라틴인들에 맞서 취했던 행동들의 의미가 점차 점차 과장되는 결과를 초래했다.

39) 소책자는 Hergenoether, Monumenta Graeca ad Photium Pertinentia(「포티오스
에 관한 그리스 사료집」), pp.62-71 볼 것.

40) Michael Cerularius, letter 6 to Peter of Antioch, M.P.G., vol. cxx, coll. 781-
796.

41) 페트로스의 답장 내용은 3장 볼 것.

42) 케룰라리오스의 후기 생애에 대해서는 다음 자료를 참고할 것. Bury, Selected
Essays(「논문 선집」), pp.198, 202, 213-214("Roman Emperors from Basil Ⅱ to
Issac Comnenos"); Amann, art. cit., coll. 1678-80; Hussey, Church and
Learning in the Byzantine Empire, pp.155-156. 케룰라리오스가 안티오키아의 페
트로스에게 보낸 편지에서 암시한 것만큼 1054년에 일어난 사건들을 반겼던 게 아니
라는 사실이 이븐 부틀란의 기록에서 드러난다. 이븐 부틀란은 사절단이 하기아 소피
아 대성당에 파문 교서를 남기고 떠난 지 나흘 뒤인 7월 20일 케룰라리오스를 만났을
때, 그가 분명히 근심에 싸여 있는 것을 목격했다. (서방과의) 관계 단절에 괴로워하고
있었고, 황실의 반응에 대해서도 불안해했던 것 같다. Graf, loc. cit. 볼 것.

03

1054년부터
1차 십자군까지

1054년의 사건들이 당시에는 별다른 영향을 미치지 못했다는 것은 동로마 제국과 교황청 간의 협상이 계속되었다는 사실에서도 확인할 수 있다. 로마와의 화해는 황제가 이탈리아에서 영향력을 확보할 유일한 기회였다. 노르만족의 진격을 막아내는 것은 불가능했다. 노르만족 지도자인 로베르 기스카르는 1071년 비잔티움 제국에 속한 도시 바리를 함락하고 이탈리아반도 남부의 절반을 차지했다. 곧이어 발칸반도와 그리스를 위협하기 시작했다. 비잔티움 제국은 서방으로부터의 침입에 맞설 만한 처지가 아니었다. 같은 해 벌어진 만지케르트 전투(Manzikert, 1071)의 참패로 소아시아 전체가 이미 셀주크 튀르크에게 개방된 상태였다. 비잔티움 제국의 전체 군사 조직과 막대한 경제력의 근간인 아나톨리아 속주를 서서히 상실하면서 행정 체계는 거의 붕괴를 눈앞에 두고 있었다. 이런 상황에서 어떤 황제도 서방에 불필요하게 적을 만들어 어려움을 가중하려고 하지 않았다.

교황만이 노르만족을 제지할 수 있는 유일한 권력자였다.

한편 비잔티움 제국이 대부분 라틴계인 외국 용병에 점차 의존하면서 황제에게는 콘스탄티노플 총대주교의 의견과 무관하게 로마 교회와 우호적 관계를 유지하는 게 무척 바람직해졌다. 그런데 바로 같은 해 교황권의 지위에 변화가 있었다. 11세기 초반 교황청은 무기력하고 부패했었다. 신성 로마 제국 황제들이 추진한 개혁으로 교황청은 행정의 효율성과 도덕적 영향력을 회복했다. 황제 하인리히 3세가 1056년 세상을 떠나고 하인리히 4세(1056-1105 재위)가 어린 나이에 황제로 즉위하면서 교황은 신성 로마 제국의 속박에서 벗어났다. 1059년의 선출령(decree)은 교황 선출권을 로마 추기경단의 손에 전적으로 맡겼다. 로마 주교는 이제 로마의 귀족이나 알프스 너머 군주들에게 조종당하는 하찮은 존재가 아니라 서방 세계에서 최고 권위를 가진 독립적 인물, 그러니까 누구든지 존경하지 않을 수 없는 인물이 되었다.

새로운 돌파구

테오도라 황후 치하에서 케룰라리오스 총대주교가 몰락하자, 새로운 협상의 문이 열렸다. 신성 로마 제국 황제의 총애를 회복한 아르기로스가 임종을 앞둔 하인리히 3세에게 도움을 청하는 사절단을 파견했으나 비잔티움 제국의 이탈리아 영토를 보존하기에는 이미 늦은 뒤였다.[1] 한동안 폐쇄된 콘스탄티노플 지역 라틴계 교회들이 다시 문을 열었다. 레오 9세의 후임자였던 교황 빅토르 2세는 황후에게 매우 우호적인 편지를 보내 예루살렘을 찾는 서방 순례자들의 세금을 줄여주도록 요청했다.[2] 그러면서 동시에 빅토르는 노르만족과 휴전하는 게 현명하다고 생각했다.[3] 빅토르 2세를 계승한 스테파노 9세는 훔베르토와 함께 불운한 사절단(1054년 사건)에 참여했던 로렌의 프리드리히였다. 그는 비잔티움 제국과의 동맹 정책으로 회귀했는데, 아마도 케룰라리오스 총대주교가 파면된 소식을 듣고 몬테카시노 수도원장으로 지명된 데시데리우스를 새로운 콘스탄티노플 사절단 대표로 임명했던 것 같다. 사절단은 1058년 1월에 이미 바리에 도착해 있었고 그곳에서 교황의 사망 소식을 접했다. 사절단은 1054년의 사건을 떠올리며 신중하게 로마로 돌아갔다.[4]

교황 니콜라오 2세는 1059년 멜피에서 노르만족과 조약을 체결했다. 로베르 기스카르는 아풀리아와 칼라브리아, 롬바르드 공국의 통치자로 인정받았지만, 교황청의 종주권(宗主權)을 좇아 통치해야 했다.[5] 이 조약은 비잔티움 제국의 영유권 주장에 대한 직접적 공격이었기 때문에 콘스탄티노플의 분노를 샀다. 황제 콘스탄티노스 10세(1059-1067 재위)는 1062년 서방의 황후이자 섭정인 아그네스와 공모해 합법적인 교황 알렉산데르 2세에 맞서 파르마의 주교 카달루스를 교황으로 옹립하려는 음모를 꾸몄다. 하지만 호노리오 2세를 자처하던 카달루스는 로마에서 자리를 유지하지 못했고 그에 대한 인정 역시 곧장 철회되었다.[6] 비잔티움 제국은 다른 문제들로도 분주했다. 그렇지만 알렉산데르 2세는 비잔티움 제국과 신성 로마 제국 간의 동맹 가능성을 경계했다. 따라서 1072년 황제 미카엘 7세가 즉위하는 것을 계기로 아나니의 페트루스를 통해 축하 사절단을 콘스탄티노플에 파견했다. 사절단은 교회 연합 문제를 신중하게 제기하라는 지시를 받았다.[7)]

불행히도 로마와 콘스탄티노플은 교회 연합의 의미를 서로 다르게 이해하고 있었다. 로마에서는 곧 교황 그레고리오 7세가 될 힐데브란트의 영향력이 지배적이었다. 그는 교황의 영적 권위가 황제와 국왕들의 세속 권위에 대해 태양이 달에 대해 갖는 관계와 같다고 보는 이론을 개발하고 있었다. 교황청 법학자들은 이것을 법과 실질적인 체계로 정립하기 시작했다. 콘스탄티누스 대제의 후계자를 자처하는 콘스탄티노플 황제에게 이런 주장이 달가울 리 없었다. 게다가 이런 식의 이론은 교황이 기독교 세계의 모든 교회에 대해 절대적이고 의심받지 않는 권위를 소유해야 한다는 전제가 필요했다. 동방에서는 교회의 교리적 권위가 보편 공의회(Ecumenical Council)에 있고 교회 주도권은 로마, 콘스탄티노플, 알렉산드리아, 안티오키아, 예루살렘이라는 다섯 개의 총대주교좌에 속한다고 보았다. 황제는 단지 지상에서 하나님의 대리자(Viceroy of God), 그러니까 막연한 종주권만을 가진 존재였다. 따라서 로마인들에게 교회 연합은 동방의 교회가 모두 로마에 복종한다는 뜻이었지만, 비잔티움인들에게는 로마 주교가 다섯 명의 대주교 가운데 수석 지위를 회복하고, 명판에 다시 이름이 기록되고, 합당한 존경과 명예로운 칭호를 갖는다는 의미였다. 이런 차이를 조율하는 것은 간단하지 않았다. 그래서 교황 알렉산데르 2세의 사절단이 이 문제를 제기하려고 하자 총대주교 요안네스 크시필리노스는 황실 서기관 미카엘 프셀로스의 지원을 등에

업고 논의를 무기한 연기하도록 조치했다.[8]

1073년, 노르만족 통치자 로베르 기스카르가 발칸반도를 침공하려 한다는 소식이 콘스탄티노플에 날아들었다. 신뢰할 수 없는 비잔티움 제국군이 소아시아에서 튀르크족과 싸우느라 완전히 묶인 상황에서 미카엘 황제는 새롭게 교황으로 선출된 그레고리오 7세(1073-1085 재위)가 노르만족을 유일하게 막아줄 수 있다고 판단했다. 황제는 교회 연합을 조건으로 교황이 기스카르를 저지하도록 제안하는 사절단을 로마에 보냈다. 교황은 이 협약에서 맡은 자기 몫을 충실하게 이행했다. 기스카르는 비잔티움 제국과 화해하는 쪽으로 설득되었고 딸 헬레나를 황제의 아들이자 후계자와 약혼하도록 콘스탄티노플에 보냈다. 그런데 교황이 직접 대군을 이끌고 동방에서 이교도를 격퇴하고 종교 문제를 단숨에 해결하는 공의회를 콘스탄티노플에서 개최하겠다고 발표하자 비잔티움 주민들은 경악했다. 콘스탄티노플 총대주교 요안네스는 교황이 로마의 내정 문제에 정신이 팔릴 때까지 협상을 지연하고 시간을 끌었다.[9]

교양은 있지만 무능했던 황제 미카엘 7세가 1078년 궁정 반란으로 폐위되고 얼마 지나지 않아 사망했다. 새로 즉위한 황제 니케포로스 3세 보테니아테스(1078-1081 재위)는 미카엘의 아들을 감금하고 노르만족 공주와의 약혼을 취소해 버렸다. 기스카르는 격노했다. 얼마 지나지 않아 그는 로마에서 어느 그리스인 사내를 데려다가 폐위된 미카엘 황제라고 주장했다. 교황 그레고리오 7세가 사기극에 걸려들었다. 교황은 가짜 미카엘이 복위하도록 기스카르에게 비잔티움 제국을 상대로 전쟁할 수 있는 권한을 부여하고는 니케포로스 황제를 정식으로 파문했다. 수 세기 만에 처음으로 로마 교황청과 비잔티움 황실 사이에 공식적으로 단절이 발생했다.[10] 이것은 전술적으로 중대한 실책이었다. 지금껏 교황은 언제나 비잔티움의 황제와 총대주교를 서로 견제하게 해서 자기 입지를 유지해 왔다. 이제 두 세력은 어쩔 수 없이 동맹을 맺게 되었다. 그로부터 얼마 지나지 않아 비잔티움 제국에서 격렬한 내전이 벌어지는 바람에 이 단절은 크게 주목받지 못했다. 그런데 1081년 알렉시오스 콤네노스가 황위를 차지하고 질서를 회복하자 교황은 경솔하게 그마저 파문하고 말았다. 그 사이에 노르만족은 이미 에피루스를 침공한 상태였다.[11]

황제 알렉시오스

알렉시오스 콤네노스(1081-1118 재위)는 여러 세대에 걸쳐 비잔티움 제국이 배출한 인물 가운데 가장 걸출한 정치가였다. 지혜롭고 부지런하고 진정으로 신앙심이 깊고 열렬한 애국자였다. 그는 훌륭한 교육을 받았고 세련된 취향과 폭넓은 학식을 갖추고 있었다. 개인적으로는 인자하고 관대하며 포용력이 있었지만, 의무라고 판단되면 냉혹하고 단호할 수 있었다. 황제로서 그가 가진 유일한 목표는 제국의 번영이었다. 스스로 높은 도덕 기준을 지녔으나 백성에게 도움이 되면 어떤 책략이나 음모도 용인할 준비가 되어 있었다. 신중한 비잔티움의 전통에 따라 그는 전쟁보다 외교를 선호했는데, 그것이 덜 비기독교적이고 비용이 덜 들고 덜 파괴적이라고 생각했기 때문이다.

그는 행정 조직과 교회 모두가 혼란과 부패에 빠진 것을 확인하고는 개혁을 자신의 임무로 삼았다. 하나님의 기름 부음을 받은 자로서 자신을 교회의 모든 문제에 대해 최종적인 권한을 가진 책임자로 여겼다. 총대주교는 그의 명령에 복종해야 했다. 알렉시오스는 신학적인 논쟁을 즐기면서도 교리의 판정이 아니라, 교회 내 질서를 유지하고 이단을 억제할 목적으로 신앙 문제에 개입했다. 새로운 교황청의 이념은 그의 통치 이념과 전혀 맞지 않았다. 그는 단지 외교상 이유가 아니라 진정한 기독교적 화합에 대한 열망 때문에 로마와의 단절을 진심으로 개탄했다.

그레고리오 교황이 내린 파문 선고는 알렉시오스 황제에게 충격이었고, 백성들은 모욕으로 받아들였다. 그에 대한 보복으로 알렉시오스는 베네치아 사람들의 교회를 제외한 콘스탄티노플 지역 라틴계 교회를 모두 폐쇄해 버렸다. 베네치아는 노르만족과의 전쟁에서 알렉시오스의 동맹국이었다.[12] 그는 교황의 최대 숙적인 신성 로마 제국의 황제 하인리히 4세와 줄곧 연락을 주고받으면서도 하인리히가 내세운 반(反) 교황, 그러니까 클레멘스 3세를 자처하는 라벤나의 기베르트를 공식적으로 인정하지 않았다. 이 때문에 기베르트는 무척 놀라고 실망했다. 이런 교착 상태는 1085년 그레고리오가 사망할 때까지 계속되었다. 한편 노르만족의 에피루스 침공은 끝내 실패로 돌아갔지만 그들은 로마를 약탈해 교황청에 대한 자신들의 태도를 노골적으로 드러냈다.

빅토르 3세의 짧은 교황 재위 기간 역시 상황을 바꾸지 못했다. 라주리의 오도가 1088년 교황 우르바노 2세(1088-1099 재위)로 즉위했다. 외교 감각이 탁월한 우르바노는 비잔티움의 문제를 처리하는 방식이 잘못되었다는 것을 간파했다. 알렉시오스 황제는 이제 즉위 당시보다 훨씬 더 유리한 입장이었다. 제위는 안정적이었고 노르만족은 물러갔다. 게다가 다뉴브강 너머에서 침입한 야만족을 물리쳤고 튀르크족까지 막아내고 있었다. 우르바노는 화해를 위한 첫걸음을 내딛는 게 교황청의 몫이라고 생각했다. 그는 1089년 훗날 레지오의 대주교가 되는 랑지에 추기경과 그로타페라타의 그리스-이탈리아 수도원장 니콜라오스(또는 닐로스)를 사절로 보내어 알렉시오스 황제에게 파문을 해제한다는 서한을 전달하고는 비잔티움 제국의 라틴계 교회들을 다시 개방하고 고유의 전례를 사용하게 해달라고 요청했다. 알렉시오스는 이 우호적 태도에 곧장 응답했다. 그는 콘스탄티노플에서 공의회를 소집해 교회 명판에 교황들의 이름이 빠진 것은 단순한 부주의 때문이고, 공의회 결정 없이 명단을 삭제하는 것은 교회법에 어긋나는 일이라고 선언했다.

콘스탄티노플 총대주교 니콜라오스 3세(1084-1111 재위)가 교황에게 편지를 보내 라틴계 교회들이 다시 문을 열었고 원하는 대로 전례를 자유롭게 사용할 수 있다고 알렸다. 그는 교황의 이름을 명판에 반드시 기록하겠다고 약속했지만, 교황이 직접 콘스탄티노플을 방문해 두 교회의 차이점을 논의하거나 불가능하다면 그것에 관한 상세한 논문으로 대신하도록 18개월간 유예를 제안했다. 교황이 즉위할 때 통상적으로 발송하는 편지(Systatic Letter, 신앙 진술서)를 보내오지 않은 것을 완곡하게 지적하고 직접 방문하거나 신앙 진술서를 보내면 누락 부분을 보완할 수 있다고 덧붙였다. 그리고 끝으로 이탈리아 남부의 일부 그리스계 주교들에게 교황이 직접 호의를 베풀어 달라고 요청했다. 이것은 이탈리아 남부가 다시 로마 교황청 관할권으로 돌아갔다고 암묵적으로 인정한 것이었다.[13]

계속되는 갈등

교황 우르바노 2세는 답변에 만족했다. 교황은 총대주교가 자신을 아버지(Father)가 아니라 형제(Brother)라고 부른 것을 외교적으로 넘겼다. 그는 자신이 결코 콘스탄티노플을 방문할 수 없다는 사실을 분명히 알고 있었을 것이다. 게다가 요청받은 신앙 진술서 역시 보내지 않았다. 필리오케 문제를 언급하고 싶지 않았기 때문일 것이다. 실제로 교황은 비잔티움 성직자들이 소중하게 여기는 오이코노미아(관용적 융통성)를 보여주었다. 신앙 진술서가 콘스탄티노플에 전달되지 않았기 때문에 그의 이름은 명판에 등재되지 않았다. 하지만 두 교회 사이에 존재하던 분열은 사실상 종결되었다고 할 수 있다. 이후로 10년 동안 평화와 우호적인 분위기가 계속되었다.

이런 태도는 당시 주요 논쟁적인 글에도 반영되었다. 케룰라리오스 시대에도 동방 교회 성직자 가운데 상당수가 기독교 세계의 분열 가능성을 안타까워했다. 케룰라리오스 역시 특히 안티오키아의 '형제' 페트로스의 지원을 간절히 기대했었다. 총대주교 페트로스 3세는 안티오키아 출신으로 콘스탄티노플에서 교육을 받았고 하기아 소피아 대성당의 대(大) 성물관리관(Grand Skevophylax)이 되었다.

황제 콘스탄티노스 9세가 1052년 그를 안티오키아 총대주교에 임명했다. 전해지는 바에 따르면, 성모 마리아가 꿈에서 직접 내린 명령을 그대로 따랐다고 한다. 케룰라리오스는 페트로스의 신앙 진술서를 직접 받고 축성을 집행했다. 안티오키아에 도착한 뒤에 페트로스는 자신의 신앙을 기록한 편지를 알렉산드리아와 예루살렘 총대주교뿐 아니라 로마 교황에게도 보냈다.

동방 총대주교들에게 보낸 편지에는 일반적인 신앙 고백과 형제애를 기록한 내용이 담겨있었다. 로마에 보낸 편지는 로마 교회가 동방 교회와 접촉하지 않는 까닭을 묻는 것으로 시작했다. 페트로스는 구체적으로 단절한 이유가 무엇인지 물었다. 콘스탄티노플의 명판에 교황 요한 18세가 언급된 것을 떠올리면서 '위대한 베드로의 위대한 후계자'가 다른 교회들과 거룩한 교제를 나누지 않고 우애 넘치는 논의에 참여하지 않는 것에 대해 유감을 표했다. 계속해서 그는 자신의 신앙 고백을 덧붙이면서 성령의 발출(Procession of the Holy Ghost, 필리오케) 문제는 외교적으로 애매하게 처리했다. 이 편지는 서방에서 방문한 순례자에게 맡겼다. 사내는 이탈리아에 있는 아르기로스에게 전달하겠다고 약속했다. 아르기로스는 이 편지를 교황에게 다시 전해달라는 요청을 받았다. 한편 페트로스 총대주교는 레오 교황의 이름을 안티오키아 교회 명판에 기록했다.

2년이 지났지만, 로마로부터 어떤 답변도 없었다. 1053년 말쯤 베네치아 교회의 수장이고 동방 교회와 인연이 많은 그라도의 총대주교 도미니코가 보낸 편지가 당도했다. 도미니코는 동방 교회 총대주교들이 누룩 없는 빵으로 성례를 집전하려는 베네치아 신부들을 방해하고 있다고 불평하며 자신도 총대주교 칭호를 갖고 있다고 강조했다. 페트로스는 답장과 함께 로마 교황에게 보내는 두 번째 편지를 동봉했다. 내용은 신앙 고백을 또다시 반복하는 수준이었다. 그런데 도미니코에게 보낸 내용에는 교회 운영에 관한 철학을 담고 있었다. 거룩한 공의회가 총대주교 인원을 다섯 명으로 결정했다. 그렇다면 여섯 번째 총대주교는 당연히 존재할 수 없었다. 마치 인간이 여섯 번째 감각을 가질 수 없는 것과 같다. 따라서 페트로스는 도미니코의 칭호를 명예직으로 간주해야 했다. 무교병 문제는, 교황이 네 명의 동방 총대주교들의 의견을 거스르는 것은 잘못이라고 판단했다. 그러니까 교황과 총대주교들은 동등한 위치에 있으니 만장일치가 불가능하면 다수 의견이 먼저라는 것이었다. 페트로스는 도미니코에게 예수님이 "두세 사람이 내 이름으로 모인 곳에는 나도 그들 중에 있느니라"(마 18:20)라고 약속한 것을 상기시켰다. 두세 명의 생각이 한 명보다 낫다는 뜻이었다.

마침내 교황이 훔베르토가 초안을 작성해 준 편지로 답장을 보내왔다. 예상대로 교황의 주장을 강경하게 재확인한 내용이었다. 로마는 모든 교회의 어머니이고 교황청은 지상 최고의 재판소라는 것이었다. 게다가 로마 주교는 베드로의 후계자로서 언제나 무오(infallible) 하다고 주장했다. 안티오키아의 총대주교는 동방의 악한 영향력과 탐욕스러운 이웃의 침략에 대해 경고를 받았다. 페트로스는 그 편지에 좋은 인상을 받지 못했다. 그가 늘 기억하듯이 안티오키아 역시 로마처럼 베드로가 설립한 교회였기 때문이다. 따라서 로마가 사도의 권위를 독점적으로 계승했다고 주장할 때마다 안티오키아 교회는 항상 어느 정도 반감을 느꼈다. 게다가 페트로스는 케룰라리오스를 누구보다 잘 알고 있다 보니 그에 대한 경고가 굳이 필요 없었다. 콘스탄티노플 총대주교는 이미 996년에 황제의 승인 아래 안티오키아 총대주교 임명권을 얻었고, 한 번은 페트로스의 허락 없이 안티오키아 교회 부제(deacon)를 임의로 서품한 적도 있었다. 그 일로 케룰라리오스는 페트로스에게 직접 사과해야 했다. 게다가 케룰라리오스는 본디 안티오키아 총대주교가 관할하는 아르메니아 속주를 장악하려 들었고, 교회 제도의 통일성(uniformity)을 강요하는 그의 정책은 안티오키아 교회가 받아들이기 어려웠고 실행도 불가능했다. 안티오키아 교회에는 여전히 이슬람의 지배를 받는 신자 공동체들이 포함되어 있었고 그곳에서는 시리아어나 아랍어 전례를 사용하고 있었기 때문이다.

1054년의 사건을 알리는 케룰라리오스의 편지를 받은 안티오키아 총대주교 페트로스는 주요 문제에 동조하면서 아르기로스가 모든 분쟁의 원흉이라는 주장에 예의상 동의했다. 하지만 페트로스는 케룰라리오스가 보낸 편지 가운데 여러 대목을 비판하지 않을 수 없었다. 그는 비질리우스 이후로 콘스탄티노플에서 교황이 기념되지 않았다는 진술은 거짓이라고 지적하면서 요한 18세의 사례를 인용했다. 최근 기억에 콘스탄티노플의 명판에 교황이 언급된 적이 있다면 안티오키아에서도 그 이름을 기념하지 못할 이유가 없다는 것이었다. 계속해서 서방 교회의 관습에 대한 케룰라리오스의 불만을 검토하고는 대개 허위거나 과장되었고 사소한 문제라고 지적했다. 그러면서도 페트로스는 무교병 사용이 바람직하지 않다는 데 동의했다.

그것은 아폴리나리우스주의(Apollinarianism, 예수 그리스도의 인성을 부정한 4세기의 이단)를 떠올리게 만들기 때문이었다. 그리스도의 몸은 살아있는 실체로 표현해야 했는데 누룩은 생명을 상징했다. 하지만 그는 이런 문제들에 대해 오이코노미아(관용적 융통성)를 적용하도록 조언했다. 특히 필리오케 논쟁에서는 더욱더 그럴 필요가 있었다. 필리오케를 주장하는 것은 당연히 잘못이지만 서방 사람들도 같은 형제들이고 무지해서 엇나갔을 뿐이고 교리의 미미한 정확성보다는 삼위일체와 성육신의 신비를 고백하는 것으로도 충분하다고 주장했다. 어쩌면 서방 사람들이 과거 공의회의 문서 사본들을 잃어버렸을지 모른다고 덧붙였다.[14]

동방의 상황

안티오키아의 페트로스가 내보인 태도는 아마도 교육 수준이 높은 동방 교회 지도자들과 대체로 비슷했을 것이다. 서방 사람들은 동료 그리스도인이었고 주변에 강요하려고 들지 않는 한 그들의 다른 점을 관대하게 받아들여야 했다. 하지만 동방 교회에 대한 교황의 지시는 용납할 수 없는 것이었다. 당시 동방에서는 '5대 총대주교구제'(Pentarchy) 이론이 널리 받아들여지고 있었다. 이것이 얼마나 새로운 것이었는지는 논란의 여지가 있지만, 다섯 개의 총대주교구(로마, 콘스탄티노플, 알렉산드리아, 안티오키아, 예루살렘)가 법적으로 확립된 5세기 이후로 동방의 일반 그리스도인 역시 이 교리를 지지했을 가능성은 상당하다. 이 사상은 성상 파괴 논쟁 당시에도 널리 주장되었지만, 그때는 주로 콘스탄티노플을 겨냥했다. 그때까지 교황은 동등한 자들 가운데 '첫 번째'(primus inter pares)로 존중받았고 다른 총대주교들보다 교황의 교리적 견해를 더 중시했지만 10세기와 11세기 초 교황권의 추락으로 로마 권위는 심각하게 훼손되었다. 동방에서 로마의 우위를 옹호하는 사람들이 있었더라도 그들은 그것이 실행 불가하다고 판단하고 결국 포기했다. 이제 로마는 놀라울 만큼 갑작스레, 그 어느 때보다도 더 강렬하고 정교하게 권위를 다시 주장하고 나섰다. 마찬가지로 동방에서는 총대주교들의 5대 총대주교구제를 명확하게 제시하고 응수했다.[15]

아직 동방이나 서방의 대중은 이런 논란에 별다른 관심을 보이지 않았다. 라틴계 순례자는 콘스탄티노플에서 언제든지 환영받았으나 이탈리아에서 노르만족과의 전쟁이 한창일 때는 비잔티움 제국 당국이 일부 제한을 두었고, 세기말에는 셀주크의 침입으로 여행이 어려워져 순례자 역시 줄어들었다. 제국 경찰이 엄격해서 가끔 불평이 제기되거나 무슬림 측 혼란으로 국경이 봉쇄될 때는 여행이 중단된 서방 순례자들로부터 격렬한 항의가 쏟아지기도 했다. 하지만 전반적으로 순례자들은 신분이 낮든, 귀족이든 친절한 대접을 받았다. 다만, 돈으로 살 수 없는 성유물을 훔치려 할 경우에는 문제가 발생했다. 미라에 있던 니콜라오 성인(산타클로스의 모델)의 유해를 바리 시민들이 탈취했던 사건은 거의 싸움으로 번질 뻔했다.[16] 다른 순례자들은 귀중한 선물을 받기도 했다. 랑그르의 주교가 콘스탄티노플 황궁에 보존된 마마스 성인의 팔에 몇 번씩 감탄을 표하자 황제 미카엘 7세는 마지못해 선물로 건넸다.[17] 한편 많은 그리스 순례자가 큰 볼거리였던 베드로와 바울의 무덤을 찾아서 로마를 방문했다. 이미 언급했듯이 기스카르는 폐위된 미카엘 황제를 흉내 낼 수 있는 그리스인을 물색할 당시 로마의 성소에 가면 곧장 그럴듯한 인물을 찾아낼 수 있다는 것을 알고 대리인을 그곳에 보내기도 했었다.[18]

당시 콘스탄티노플 황궁에는 라틴계 주민이 많이 살았고, 그곳에서는 종교적인 문제를 우호적인 분위기에서 논의하기도 했다. 하지만 이 논쟁을 심각하게 받아들이는 비잔티움 사람은 아직 그렇게 많지 않았다. 당대의 대표적 지식인이었던 프셀로스는 전해지는 작품에서 이 문제를 두 차례만 언급했을 뿐이었다. 한 번은 5대 총대교구제 주장을 집필하기 위해서였고, 또 한 번은 케룰라리오스를 추모하는 연설에서 서방 사람들의 잘못된 교리, 특히 신경에 추가한 내용에 맞서 그가 보여준 입장을 칭찬하기 위해서였다.[19]

프셀로스는 미카엘 7세가 교황청과 협상하는 것을 막는 데 일정한 역할을 했다. 그런데 콘스탄티노스 10세 재위 당시 조지아의 성인 아기오리테 게오르기우스가 콘스탄티노플을 방문하자 황제는 라틴계 신자가 다수 참석한 모임에서 접견하고 성찬 빵에 관해 의견을 물었다. 성인의 대답은 재치가 넘쳤다. 그는 그리스인들이 아폴리나리오스파(예수 그리스도의 육체를 인정하면서도 완전한 인성을 부정한 4세기 이단)에 반대하는 상징으로 누룩 든 빵을 사용하는 게 옳다고 말했다. 과거 그리스 교회는 이단에 자주 빠져 상징의 사용에 신중해야 했다. 반면에 로마 교회는 정통 교리의 길을 벗어난 적이 없으니 누룩이라는 상징을 사용할 필요가 없었다. 성인의 전기 작가는 그 발

언이 그동안 자신들의 관습을 어떻게 옹호할지 몰랐던 라틴계 주민
들에게 큰 기쁨을 안겼다고 전한다.[20]

안티오키아의 페트로스를 제외한 나머지 동방 총대주교들의 태
도에 대해서는 알려진 내용이 거의 없다. 후임자 테오도시오스 3세
는 케룰라리오스와는 막역한 친구였으면서도 라틴 교회들을 상대로
어떤 조치도 취하지 않았던 것 같다. 실제로 테오도시오스는 눈 밖에
났던 조지아의 국왕을 총대주교 네 명에게 고발하겠다고 위협한 적
이 있었다. 이것은 그가 로마 교회까지 포함하는 분열되지 않은 5대
총대교구제를 여전히 믿고 있었다는 것을 시사한다.[21] 알렉산드리아
교회에 대해서는 총대주교들의 이름 외에는 알 길이 없지만 적어도
11세기 중반까지는 명판에 교황을 기념했던 것으로 보인다.[22]

예루살렘과 러시아 교회

예루살렘 교회는 특별한 위치에 있었다. 비잔티움 제국은 셀주크
가 정복하기 전까지 팔레스타인을 지배한 파티마 왕조 칼리프들과
상당히 우호적인 관계를 유지했다. 비잔티움 제국의 황제 로마노스
3세는 조약을 통해 미치광이 칼리프 하킴에 의해 불타버린 예루살렘
성묘 교회를 재건할 수 있는 권리를 부여받았고 콘스탄티노스 10세
가 공사를 완수했다. 테오도라 시대에는 이 교회에 소속된 비잔티움
제국 관리들이 교회의 유지 보수를 위해 순례자들에게 통행료를 징
수하기도 했다. 당시 총대주교는 출생지는 달라도 교육만큼은 변함

없이 그리스식으로 받았고, 주요 교회들은 비잔티움 전례를 사용했으며, 지방 마을에서는 아랍어로 예배를 진행했다. 그렇지만 예루살렘은 동시에 서방 세계와도 긴밀하게 연결되어 있었다. 순례 행렬은 절정에 달했고, 예루살렘 총대주교는 서방에서 찾아온 수많은 방문객의 기분을 상하게 해서 성지에 바치는 선물과 기부금이 줄어드는 것을 감수하려고 하지 않았다. 관할권은 영토 기반이었고, 팔레스타인에 있는 다수의 라틴 교회 시설까지 포함했다. 총대주교는 그들에게 고유한 관습을 포기하도록 강요할 수 없었다.

당시 예루살렘 교회 명판에는 여전히 교황 이름이 언급되었을 가능성이 크다. 라틴계 순례자 가운데 누구도 예루살렘 총대주교와 자신들 사이에 어떤 분열이 존재한다고 생각하지 않은 게 분명했다.[23] 세기말 무렵에 셀주크 침략자들이 예루살렘 총대주교의 삶을 고단하게 만들자 콘스탄티노플로 거처를 옮기기도 했다. 하지만 그때도 여전히 서방과 특별한 관계를 지속했다. 1083년에는 알렉시오스 황제가 노르만족을 상대로 평화 협상을 벌이면서 당시 총대주교였던 예루살렘의 에우티미오스의 지위를 노르만족이 존중할 것을 예상하고 중재자로 선택하기도 했다.[24]

러시아 교회는 콘스탄티노플 교회를 의지했다. 11세기 중반에는 러시아 교회 수장에 해당하는 키예프 수도 대주교(Metropolitan of Kiev)를 콘스탄티노플 총대주교가 임명한 그리스인이 담당하게 되었다. 이런 식의 체제는 러시아인들에게도 잘 들어맞았다. 만약 러시아인을 임명했더라면 당시 러시아 정치의 특징이었던 권력 다툼과 음모에서 결코 자유롭지 못했을 것이다. 따라서 러시아인들은 교리 문제에서는 콘스탄티노플의 지침을 그대로 따랐다. 하지만 제어할 수 있는 황제가 가까이 있지 않다 보니 가끔은 총대주교보다 더 강경하게 나갈 때도 있었다.

1077년 키예프 수도 대주교가 된 이오안 2세는 대략 8년 뒤 라벤나의 대립 교황 기베르트에게 승인과 지지를 구하는 편지를 받았다. 기베르트는 콘스탄티노플에서 승인받지 못한 것에 실망해 키예프 수도 대주교가 유리한 쪽으로 영향력을 행사하기를 기대했던 것 같다. 이오안은 답장을 보내면서 기베르트를 호칭상 교황으로 예우하고 '가장 거룩하고 존경하는 형제'라고 불렀다. 기베르트를 교황으로 인정하면서도 현재 교황좌(Holy See)가 과거에 그 누구보다 로마가 앞장서서 수호한 일곱 공의회의 신앙에서 멀어진 것에 강한 유감을 표명했다. 그는 누룩 없는 빵의 부적절한 사용을 언급하고는 케룰라리오스가 아니라 포티오스가 비판했던 사순절 금식과 세례에 관한 네 가지 잘못된 관행을 지적했다. 마지막에 가서 필리오케 문제를 거론했다.

이오안은 누룩 없는 빵 문제를 제외하고 포티오스의 저서에서 인용한 내용으로 자신의 주장을 뒷받침했다. 그는 기베르트에게 콘스탄티노플에 직접 사절을 파견해 올바른 관행에 순응하겠다고 발표하도록 강력하게 권고했다. 편지 전반에 걸쳐 그의 어조는 우호적이면서 진지했고, 혹시 글이 무례했다면 사과한다는 말까지 덧붙였다. 그러면서도 자신의 정통성에 대해서는 조금도 의심하지 않았다.[25] 기베르트는 콘스탄티노플에 외교적 접근(demarche)을 시도하면서 이오안의 조언을 따르지 않았고, 덕분에 그곳에서 어떤 협력도 끌어내

지 못했다.[26)]

　그 직후 이오안은 어느 신자에게 러시아 그리스도인이 이교도, 유대인, 그리고 라틴인(서방인)을 어떻게 상대하는 게 옳은 태도인지 질문을 받았다. 라틴인에 관해서 이오안은 무교병을 사용하거나 금식을 규정한 교회법을 따르지 않는 자들과 성찬을 함께 나누는 것은 잘못이라고 선언했다. 그렇지만 신자들이 서방 사람들의 축제에 참여하지 않아 적대감이나 악의를 불러오게 될 상황이라면 동참도 가능하다고 보았다. 그런 불화의 발생을 더 큰 악으로 간주했기 때문이다. 그는 무교병 사용자들과의 혼인은 성사를 공유하는 일이라서 찬성하지 않았다. 특히 러시아 군주들은 그런 사람에게 딸을 시집보내면 안 된다고 강조했다. 이 문제에 대해서는 그의 입장이 당시 콘스탄티노플보다 훨씬 더 강경했다. 수도 대주교 이오안은 러시아 안에서 라틴계의 정치적 영향력이 커지는 것을 분명히 두려워하고 있었다. 혼인 관계가 결과적으로 영향력 확대로 이어질 수 있다고 본 것이다. 이것은 콘스탄티노플에서는 찾아볼 수 없는 유형의 위험이었다. 러시아 왕가는 스칸디나비아에 기원을 두고 있어 많은 러시아 공주가 라틴계 남성과 혼인했다. 실제로 하인리히 4세의 황후 역시 러시아 출신이었다. 이오안의 반대에도 불구하고 그런 혼인 동맹은 계속되고 있었다. 이오안은 아마도 러시아 군주에게 시집온 라틴계 출신 공주는 남편의 신앙을 따르게 되어 있어 별다른 문제가 되지 않는다고 생각한 것으로 보인다.[27)]

　콘스탄티노플은 알렉시오스 황제가 교황 우르바노 2세와 화해한 사건을 전폭적으로 환영하지 않았다. 그곳에는 황제를 파면하고 비잔티움 제국에 대항하도록 노르만족을 부추긴 그레고리오 7세의 행동 때문에 강렬하고 지속적인 적개심이 이미 뿌리 깊게 박혀 있었다. 하지만 계몽된 지식인들은 황제를 지지했다. 1090년경 불가리아의 주교직을 기대한 것으로 보이는 니콜라오스라는 이름의 콘스탄티노플 부제가 불가리아 교회 수장이었던 오크리다 대주교에게 서방인들의 오류에 대한 판결을 요구하는 편지를 보냈다. 부제의 의견에 따르면, 이런 오류들이 곧장 교회 분열로 이어지고 있었다.

오크리다 대주교는 당대 가장 뛰어난 학자 가운데 한 명인 테오필락토스였다. 그는 에우보이아(Euboea) 출신 그리스인이었다. 콘스탄티노플 대학에서는 프셀로스가 가장 아끼는 제자였고 미카엘 7세 아들 콘스탄티노스의 스승이었다. 하지만 안타깝게도 그의 능력을 높이 샀던, 친구이자 총대주교인 니콜라오스 3세가 불가리아 교회의 행정 책임자로 임명해 버렸다. 중요한 직책이었으나 마케도니아 외딴곳에 있는 작은 마을로 옮겨가야 했다. 테오필락토스는 그곳에서 여생을 보내며 제국 수도의 도서관과 강의실을 애틋하게 그리워했고, 많은 친구에게 헤아릴 수 없을 정도로 편지를 보냈다. 테오필락토스는 부제가 보내온 편지의 어조에 충격받았고, 그래서 길고 신중한 답장을 통해 더 관대하게 대하도록 권고했다.[28] 그의 글은 당시 유행하던 복잡하고 정교한 문체로 작성되었으나 논지만큼은 명확했다.

테오필락토스는 라틴인들에게 항상 제기하는 비난을 열거했다. 잘못된 시기에 금식하고, 목 졸라 죽인 고기를 먹고, 결혼식과 세례의식이 그리스인들과 다르다는 것 등이었다. 하지만 그는 이런 것들을 심각한 오류로 여기지 않았다. 사제들이 수염을 깎고 금반지를 끼고 화려한 비단옷을 입는다는 이유로, 또는 제단 앞에서 허리를 굽히는 대신 무릎을 꿇는다는 이유로 라틴인들을 파문하고 싶어 하는 사람들이 있다는 사실이 그에게는 우스꽝스러웠다. 사제의 독신제를 고집하는 것도 용서할 수 없는 범죄가 아니었다. 만약 이런 관습들이 진정한 경건에 근거하고, 서로의 차이에 대해 상호 관용이 존재한다면 달리 걱정해야 할 까닭이 있을까? 심지어 무교병을 사용하는 것 역시 성경이나 일곱 차례 개최된 공의회 규정 어디에서도 금지하지 않았다.

테오필락토스는 상징적으로 볼 때 누룩이 들어간 빵을 사용하는 게 더 적절하다고 믿었지만, 그것은 전통의 문제일 뿐이지 신성한 명령에 따른 사안은 아니라고 보았다. 토요일에 금식하는 관습 역시 사도들이나 교부들의 지지를 받지 못한다고 생각했지만, 그렇다고 누구도 불법으로 단죄한 적이 없었다. 계속해서 동포들(비잔티움인들)의 일부 관습 역시 의문의 여지가 있을 수 있다는 것을 암시했다. 타인을 비난하는 데 열중하면서도 자신들의 오류 가능성을 조금도 인정하려 하지 않는 비잔티움 사람들이 자주 노출하는 편협하고 흠잡기 좋아하는 태도를 신랄한 문장으로 비판했다.

테오필락토스가 판단하기에 제대로 주의하지 않으면 분열로 이어질 수 있는 쟁점은 두 가지뿐이었다. 하나는 니케아 신경에 '필리오케'를 추가한 문제였다. 그는 보편 공의회가 전체 기독교 세계의 공통된 신앙 고백으로 선포한 신경에 서방 사람들이 독자적인 권위로 내용을 추가한 것은 잘못이고 위험하다고 생각했다. 그런 행위는 분열을 초래하기 쉬웠다. 그리고 그는 첨부한 논거에 근거해서 서방 사람들이 추가한 표현은 신학적으로도 옳지 않다고 믿었지만, 어디까지나 그것은 개인적 견해일 뿐이라고 신중하게 덧붙였다 하지만 이 문제조차 지나치게 비판적일 필요는 없었다. 그는 분쟁 원인 중 상당 부분이 신학적으로 라틴어가 빈약하기 때문이라고 주장했다. 프로체데레(procedere, '발출하다')라는 라틴어 낱말 하나가 미묘하게 서로 의미가 다른 네 개의 그리스어 낱말 역할을 한꺼번에 수행하다 보니 라틴 신학은 그리스 신학보다 다소 투박할 수밖에 없었다.[29] 만약 서방 사람들이 내부적 해석을 목적으로 필리오케를 삽입했다면 전체 기독교 세계가 수용한 신경에는 그것이 존재하지 않는다는 사실만 기억하면 그다지 해가 되지 않는다고 보았다. 달리 말해서 서방 사람들이 공격적인 태도를 보이지만 않는다면 동방 교회의 '오이코노미아'(관용적 융통성)를 통해 너그러운 모습을 보여줄 수 있다는 것이었다.

하지만 서방의 라틴인들이 과연 그런 공격적 태도를 자제할 것인가? 테오필락토스는 교황의 '베드로 수위권'(Petrine claims) 주장을 아주 조심스럽게 언급한다. 그는 이미 자신의 다른 작품에서 로마 교구의 '명목상의 수위권'(titular primacy)을 기꺼이 인정하려는 태도를 드러낸 바 있었다. 하지만 단지 교황의 보좌(papal throne)에서 선포했다는 이유만으로 어떤 교리나 관습을 당연하게 받아들이지 않겠다고 분명히 밝힌다. 심지어 교황이 베드로의 음성으로 말하고 있다고 선언하고 눈앞에서 '천국 열쇠'를 흔들어도 달라질 수 없다는 것이다. 교회의 공의회로부터 승인받지 못한 교리를 내세우면서 베드로의 권위에 의지하는 것은 오히려 베드로를 모욕하는 일이라는 게 그의 지론이었다. 물론 공의회가 교황의 제안을 추인하면 전혀 문제 될 게 없었다.[30]

테오필락토스는 로마 교회와 콘스탄티노플 교회가 분열 상태에 있다고 생각하지 않은 게 분명했다. 게다가 한 교회가 상대방 교회의 관습을 간섭하지 않고, 교황청이 동방 총대주교구들을 상대로 군림하려 들지 않는다는 조건만 충족되면 분열할 이유가 전혀 없다고 보았다. 불행히도 당시 개혁을 단행한 교황청의 기세를 감안하면 이 두 번째 조건이 실현될 가능성은 아주 희박했다.

학문과 경건함에 대한 높은 명성은 테오필락토스에게 상당한 영향력을 부여했고 콘스탄티노플의 지식인들, 특히 황실 조정이 그의 견해에 공감했던 것 같다. 하지만 성직자 사이에서는 온건파들조차 무교병 사용에 대해 그토록 관용적인 모습에 어느 정도 거부감을 가졌다. 특히 서방 사람들이 이 문제를 놓고 기꺼이 논쟁에 뛰어들 준비를 하고 있었기 때문이다. 라이쿠스라는 이름의 라틴인이 동방 교회가 유교병을 사용하는 관습을 공격하는 글을 발표했다. 예루살렘 총대주교 시메온 2세가 그것에 자극받아 펜을 들었다. 그때까지 예루살렘 교회는 논쟁에서 비켜나 있었고 시메온 역시 라틴인에게 적대적인 인물이 아니었다. 시메온이 서방 순례자들을 환대했다는 사실은 은자 피에르와의 우호적 만남이라는 전설로 서방 전통에 남았을 정도였다. 하지만 그가 살았던 시대는 몹시 혼란스러웠다. 전임자 에우티미오스 치세 동안 튀르크인들이 파티마 왕조로부터 팔레스타인을 빼앗았고 튀르크 군벌 오르토크가 질서를 회복하기 전까지는 격렬한 전투가 이어졌다.

우르바노와 안셀무스

파티마 왕조의 패배는 비잔티움 제국이 예루살렘에서 누리던 모든 특권적 지위가 소멸했다는 뜻이었다. 1080년경 독점적 권리가 보장된 골고다 예배당을 라틴인들이 점거했다는 소문이 블랙 마운틴(Black Mountain, 안티오키아 인근에 수도원들이 밀집했던 아마노스산) 수도사들에게 전해졌다.[31] 한편 예루살렘 성지에서 세력을 확대한 아르메니아인 역시 라틴인들처럼 성찬식에 무교병을 사용했다.[32] 그때까지 예루살렘 총대주교구는 서로 다른 관습을 묵인해 왔다. 그런데 이탈리아 아말피 출신으로 추정이 되는 라이쿠스는 예루살렘에 거주하는 라틴인들과 직접적으로 관계를 맺고 있었던 것 같다. 예루살렘 총대주교는 교구의 오랜 관습이 도전받자 거기에 대응하지 않을 수 없었다. 에우티미오스와 마찬가지로 시메온 역시 콘스탄티노플에서 몇 년을 보냈다. 시메온은 1086년에 그곳에서 지내다가 1090년이 되기 전에 예루살렘으로 돌아왔다. 시메온의 짧은 논문은 아마도 콘스탄티노플에서 집필한 것으로 보인다. 글은 온화하고 정중한 어조였고 새로운 주장은 없었다. 하지만 시메온은 누룩 없는 빵을 사용하는 것은 완벽한 잘못이라고 확실하게 지적했고 그 문제만큼은 관용을 베풀 생각이 전혀 없다는 것을 분명히 했다.[33]

서방에서 교황 우르바노의 영향력은 평화와 이해를 추구했다. 가능한 한 논란이 되는 문제를 피했고 동방 교회에 대한 자신의 수위권 주장을 결코 직접 언급하지 않았다. 논쟁 해결을 위임받은 교황의 친구 캔터베리의 대주교 안셀무스 역시 테오필락토스와 유사한 입장이었다. 훔베르토 추기경 시대에 모습을 드러냈던 적대감은 이미 잊은 것처럼 보였다. 우르바노 교황은 1098년 이탈리아 남부와 시칠리아의 그리스계 교회들을 해당 지역 라틴 교회들과 통합할 목적으로 바리에서 공의회(Council of Bari)를 개최했다. 의례(儀禮)에 관한 문제는 별다른 어려움이 없었다. 그리스인들은 고유한 전례와 관습, 심지어 누룩 넣은 빵의 사용까지도 허용받을 것 같았다. 하지만 그들은 신경에 문구를 추가한 것에 항의했고, 이 주제에 대한 교황의 담화는 만족스럽지 못했다.

영국 국왕 윌리엄 2세와 격렬하게 대립하고 망명한 안셀무스가 우르바노와 함께 공의회에 참석했다가 교황의 요청으로 회중 앞에 나섰다. 안셀무스의 연설은 말 그대로 합리적이고 온건한 논증의 전형이었다. 그는 삼위일체에 대한 동서 교회의 주장이 미세하게 다르다는 것을 이해했고, 그래서 서방의 관점에서 '성자로부터의 발출'이 어떻게 논리적으로 부합하는지 제시했다. 그것은 새로운 혁신이 아니라 라틴식 신경 해석에 본래부터 내재한 교리였다. 그는 그리스인들에게 라틴 교회가 신경의 본래 형태를 존중한다고 장담하면서 동방 교회와 상의 없이 문구를 추가한 것은 그저 교리적 문제를 한층 더 명확히 하기 위한 것이었을 뿐이라고 설명했다.[34] 이것은 신경에 그 표현을 직접 덧붙일 필요는 없지만, 다른 사람들이 그렇게 한다고 해서 그리스인들이 그것을 잘못으로 치부해서는 안 된다는 뜻과 다름없었다. 그리스인들은 그 정도의 선에서 만족했다. 그리스 출신이었던 순례자 니콜라오스를 시성하고 논의를 이어갔기 때문이다.[35]

얼마 뒤에 안셀무스는 나움부르크의 주교로부터 그리스인들의 오류에 관해 질문받았다. 안셀무스는 자신의 견해를 확실하게 표명

〉〉〉 투사(鬪士) 안셀무스

1093년 영국 국왕 윌리엄 2세는 병상에서 죄를 참회하기 위해 공석인 캔터베리 대주교직에 '하나님 존재 증명'으로 유명한 안셀무스(1033-1109)를 임명했다. 안셀무스는 완강하게 거절했으나 왕의 강권과 교회의 압박에 못 이겨 결국 수락했다. 대주교가 된 안셀무스는 왕이 교회 재산을 횡령하고 성직 매매를 묵인하는 관행을 비판하며 국왕과 즉시 대립했다. 갈등의 핵심은 국왕이 주교에게 반지와 지팡이를 수여하며 영적 권위를 부여하던 '세속 서임' 관습이었다. 안셀무스는 주교가 국왕의 신하가 아닌 하나님의 종이라는 것을 강조하고 충성 서약을 거절했다. 1097년 국왕이 교황 우르바노 2세의 권위를 인정하지 않자 안셀무스는 로마로 떠나 첫 번째 망명을 시작했다. 1100년 윌리엄 2세가 사냥 중 사망하고 헨리 1세가 즉위하자 안셀무스는 왕의 요청으로 귀국했다. 하지만 헨리 1세 역시 주교 임명권을 포기하지 않았고 안셀무스에게 직접 서임을 받도록 요구했다. 안셀무스는 로마 공의회의 결정을 근거로 다시 거부했고, 협상이 결렬되자 1103년 두 번째 망명길에 올랐다. 유럽에 머물던 안셀무스는 국왕을 파문하겠다고 압박했고 교황청은 안셀무스를 강력히 지지했다. 정치적 고립을 우려한 헨리 1세는 결국 화해를 제안했고, 1107년 '런던 협약'(Compromise of London)이 체결되었다. 이 협약에서 국왕은 성직 서임권을 포기하기로 명문화했고, 교회는 신임 주교의 국왕에 대한 세속적 충성 선서를 허용했다. 이 사건은 영국에서 세속과 교회 권력의 영역을 역사상 최초로 구체화하여 분리한 계기가 되었다. 안셀무스는 1109년 사망할 때까지 이 협약을 통해 확보한 교회의 자율성을 지켜냈다.

하는 답신을 보냈다. 테오필락토스와 마찬가지로 이런 차이 때문에 분열해야 할 이유가 없다고 보았다. 안셀무스가 심각하게 받아들였던 단 한 가지 차이는 필리오케 문제였다. 그는 이 논쟁이 실제로는 삼위일체의 본질에 관한 것이고 라틴인들과 그리스인들은 근본적으로 다른 견해를 가지고 있다고 설명했다. 그는 그리스 측의 견해를 잘못으로 간주하면서 문구를 추가한 것을 반대할 권리가 없다고 보았다. 하지만 이런 차이를 서로 결별하게 할 정도로 대단하게 여기지도 않았다. 그는 그리스인들을 분명히 분열자(schismatics)가 아니라 동료 그리스도인으로 간주했다. 이 글에는 무례한 표현이 단 한 마디도 등장하지 않았다. 하지만 그는 교황의 수위권 문제에 대해서는 전혀 언급하지 않았다.[36]

11세기가 끝나갈 무렵 로마나 콘스탄티노플 지도층 가운데 누구도 서방과 동방 교회 사이에 분열이 존재한다고 믿는 사람이 없었던 게 분명하다. 만일 교황과 황제, 오크리다와 캔터베리 대주교가 보여준 기지와 절제, 관용을 추종자들과 후계자들이 유지하고 본받았다면 모든 게 원만하게 풀려나갔을지도 모른다. 하지만 안타깝게도 안셀무스가 글을 완성하기도 전에 이 모든 쟁점이 훨씬 더 격렬한 형태로 또다시 제기되었다. 게다가 가혹한 운명처럼 평화의 중재자 우르바노가 교회 간 일치를 강화하려고 했던 정책이 오히려 관계를 악화시키는 바람에 결국 최종적으로 결별하고 말았다.

【 Section 3. 주 】

1) Gay, L'Italie meridionale(「남부 이탈리아」), pp.508-509; Chalandon, La Domination normande en Sicile(「노르만의 시칠리아 지배」), i, p.160.

2) Letter in M.P.L., vol. cxlix, coll. 961-962에 수록된 이 편지는 본래 교황 빅토르 3세가 작성한 것으로 간주되었다. 리앙(P. Riant)은 자신의 저서(Inventaire critique des lettres historiques des Croisades, pp.50-53)에서 '황후 A.'에게 발송된 이 편지는 실제로는 빅토르 2세가 작성했고, 수신자는 '아우구스타'(Augusta, 황후)를 뜻하는 'A.'를 사용하던 당시 여제 테오도라(1042년 공동 여제, 1055-1056 단독 여제)였다고 주장한다. 반면에 베르나르 레브(Bernard Leib)는 필자가 빅토르 3세이고, 수신자는 아들 알렉시오스 1세가 전쟁으로 부재중일 때 주기적으로 섭정을 담당한 안나 달라세나라고 주장한다(Leib, Rome, Kiev et Byzance, p.87 & n. 3). 이 경우에 편지는 1086-1087년 사이에 작성된 것이어야 한다. 하지만 당시 황제는 교황청으로부터 파문된 상태라서 교황이 황제의 어머니에게 그토록 우호적인 어조로 편지를 작성했을 가능성은 희박하다. 게다가 이 편지는 순례자들 상당수가 정기적으로 팔레스타인을 여행하고 있었다고 암시한다. 이것은 1055-1056년 상황에는 부합하지만, 노르만 전쟁과 튀르크의 팔레스타인 침공으로 순례가 어려워진 1086-1087년에는 해당하지 않는다. 게다가 편지는 성묘 교회를 방문해 기도하고 비잔티움 관리들에게 세금을 내야 했던 순례자들을 언급한다. 교황이 단순히 예루살렘을 향하는 순례자들에게 세금이 부과된 것을 의미했을 수도 있지만, 테오도라 치하에서는 성묘 교회 구역 내에 성묘 유지비를 징수하는 비잔티움 관리들이 실제로 존재했을 수 있다. 콘스탄티노스 9세가 이집트 칼리프 왕조와의 조약을 통해 성묘 교회를 수리할 수 있는 권리를 얻어 당시 보수를 마친 상태였기 때문이다.

3) Gay, op. cit., p.509.

4) Leo of Ostia, Chronica Monasterii Casinensis, M.G.H.Ss., vol. vii, pp.702-703.

5) 멜피 조약에 대해서는 Gay, op. cit., pp.516-519; Chalandon, op. cit. i, pp.170-172 볼 것.

6) Benzo of Alba, M.G.H.Ss., vol. ix, col. 622에 인용된 편지. Regesten der Kaiserurkunden(「동로마 제국 황제 칙령집」), No. 952, ii, pp.14-15 볼 것. 콘스탄티노스 10세는 카달루스, 그러니까 호노리오 2세를 '황제의 권위로 보편 교회 위에 세워진 로마의 총대주교'로 승인했다고 전해진다.

7) Bruno of Segni, Vita S. Petri Ananiensis(「아나니의 페트루스 전기」), Aa. Ss., 8월 3일, p.230.

8) Bruno of Segni, loc. cit. 황제는 영감을 안겨준 꿈을 꾸고는 아나니의 성 마그누스 성당을 재건하도록 페트루스에게 일정 금액을 하사했다. 시필리노스와 프셀로스의 역할은 Salaville, 'Jean Xiphilin' in Vacant et Mangenot, Dictionnaire de Theologie Catholique(「가톨릭 신학 사전」), vol. xv. 2, coll. 3618-3620 볼 것.

9) Anna Comnena, Alexiad(「알렉시아스」), I. x, xii, ed. Leib, i, pp.37, 43; Aime, Ystoire de li Normant(「노르만의 역사」), ed. Delarc, p.297. 콘스탄티노스와 헬레나 사이의 혼인 계약서는 Bezobrazov, "Documents for the History of the Byzantine Empire"(in Russian), Journal of the Ministry of Public Instruction, vol. cclxv(1889), pp.23-32에 게재되었다.

10) Anna Comnena, op. cit. I. xii, ed. Leib, i, pp.43-47; Malaterra, Historia Sicula(「시칠리아사」), M.P.L., vol. cxlix, col. 1152; Jaffe, Monumenta Gregoriana(「그레고리오 사료집」), p.330; Taccone Gallucci, Regesti dei Pontifici Romani per le Chiese della Calabria(「칼라브리아 교회를 위한 로마 교황 등록부」), No. XLI, p.42(황제의 파문을 알리기 위해 남부 이탈리아 주교들에게 보낸 회람); Jaffe, Regesta, No. 5210, i, p. 640(베네치아인들이 파문당한 자와 동맹을 맺는 것을 금지함).

11) Chalandon, Essai sur le regne d'Alexis Comnene(「알렉시오스 1세 콤네노스 치세론」), pp.62-65 볼 것. 알렉시오스의 파문은 직접 기록되어 있지는 않지만, 교황이 베네치아인들에게 보낸 경고 문구(앞 주석 참조)와 이후 진행된 화해 교섭 과정에서 명확히 드러난다. 노르만족과 전쟁 중이었음에도 알렉시오스는 노르만 공주 헬레나를 예우했고, 결국 그녀를 숙부인 시칠리아의 로제르(Roger of Sicily)에게 보냈다(William of Apulia, Gesta Roberti Wiskardi〔로베르 기스카르의 업적〕, M.G.H.Ss., vol. ix, pp.153-155).

12) Malaterra, op. cit., col. 1192.

13) 이 협상에 관한 중요한 편지들은 발터 홀츠만((Walther Holtzmann)이 발굴 및 출간했다. "Unionsverhandlungen zwischen Kaiser Alexius I und Papst Urban II im Jahre 1089," in Byzantinische Zeitschrift, vol. xxviii (1928), pp.38-67 볼 것.

14) 안티오키아의 페트로스 3세가 콘스탄티노플, 그라도, 로마와 주고받은 편지들은 다음 자료에 수록되었다. M.P.G., vol. cxx, coll. 752-820. 그의 승인 서신(Systatic

Letters)은 Michel, Humbert und Kerullarios, ii, pp.432-457에 실려 있다. 아울러 Michel, "Die Botschaft Petros' Ⅲ von Antiocheia an seine Stadt uber seine Ernennung," Byzantinische Zeitschrift, vol. xxxvili(1938), pp.116-118, 그리고 "Die roemischen Angriffe auf Michael Kerullarios wegen Antiocheia," ibid., vol. xliv(1951), pp.419-427 볼 것. 콘스탄티노플의 서품권에 대해서는 Grumel, "Les Patriarches grecs d' Antioche du nom de Jean," Echos d' Orient, vol. xxxii(1933), pp.283-284, 그리고 부제(deacon)와 관련된 갈등은 Grumel, "Le Patriarcat d' Antioche," Echos d' Orient, vol. xxxiii(1934), pp.140-141 볼 것. 그 라도의 도미니코(Dominic of Grado)에게 보낸 편지에서 페트로스는 엄밀히 말해 안 티오키아 주교좌의 수장만이 총대주교(Patriarch)라고 지적한다. 로마와 알렉산드리 아의 주교는 교황(Popes)이고, 콘스탄티노플과 예루살렘의 주교는 대주교 (Archbishops)라는 것이다(M.P.G., vol. cxx, col. 757).

15) 콘스탄티노플의 니콜라오스 3세는 교황 우르바노 2세와 협상할 무렵 예루살렘의 시메 온에게 보낸 편지에서 5대 총대주교구제의 교리를 강조한다. Grumel, "Jerusalem entre Rome et Byzance: Une lettre inconnue du Patriarche de Constantinople a son collegue de Jerusalem," Echos d' Orient, vol. xxxviii(1939), pp.104-117.

16) 성 니콜라오스의 유해 이전(Translation)에 대해서는 Leib, Rome, Kiev et Byzance(「로마, 키예프 그리고 비잔티움」), pp.51-74 볼 것.

17) Historia Translationis Sancti Mamentis(「성 마마스 유해 이전사」), Aa.Ss., 8월 17 일, pp.444-445.

18) Anna Comnena, op. cit. i. xii, ed. Leib, i, p.45. 양방향에서 이루어진 그 밖의 순례 사례들에 대해서는 Leib, Rome, Kiev et Byzance(「로마, 키예프 그리고 비잔티움」), pp.84-99 볼 것.

19) Michael Psellus, letter to Cerularius, in Sathas, Mesaionike Bibliotheke, vol. v, p.509. 케룰라리오스 추도사는 ibid., vol. iv, pp.348 ff 볼 것. 관련 발췌문들은 Michel, Humbert und Kerullarios(「훔베르토와 케룰라리오스」), ii, pp.476-481 볼 것. Dematrocopoulos, Graecia Orthodoxa(「그리스 정교회」), p.8.

20) Peeters, "Vie de S. Georges l' Hagiorite," Analecta Bollandiana, vol. xxxvi-xxxvii(1917-1919), pp.137-138.

21) Grumel, "Le Patriarchat d' Antioche," Echos d' Orient, vol. xxxiii(1934), pp.142-144.

22) 케룰라리오스는 안티오키아의 페트로스에게 보낸 편지에서 알렉산드리아 측이 여전히 교황을 전례 중에 기념하고, 그곳의 총대주교가 무교병 사용을 허용하고 있다고 불만을 토로했다(M.P.G., vol. exx, coll. 787-790). 당시 알렉산드리아의 입장에 대한 또 다른 증거는 남아 있지 않다.

23) Michel, op. cit. ii, pp.24-40 볼 것. 미셸은 예루살렘과 로마 사이에 결별이 있었다는 어떤 증거도 찾지 못했다. Every, The Byzantine Patriarchate(「비잔티움 총대주교구」), pp.157-159 볼 것.

24) Doelger, Regesten(「칙령집」), No. 1087, ii, p.30.

25) Leib, op. cit., pp. 32-37. 키예프의 이오안(John of Kiev)과 기베르트(클레멘스 3세)가 주고받은 편지에 관한 참고문헌을 포함해서 상세한 설명이 실려 있다. 이오안이 보낸 편지의 전문은 Pavlov, Critical Essay on the History of Greco-Russian Polemic against the Latins(「라틴 교회에 대한 그리스-러시아 논쟁사에 관한 비판적 연구」), pp.167-186 볼 것.

26) 콘스탄티노플로부터 기대했던 공감을 얻지 못한 것에 대해 기베르트가 아쉬움을 표명하며 레기오의 바실레이오스에게 보낸 편지는 Holtzmann, art. cit., pp.59-60 볼 것. 레기오의 바실레이오스는 그의 입장에 공감했던 것으로 보인다. 총대주교에게 보낸 바실레이오스의 편지는 ibid., pp.64-67 볼 것.

27) 이오안의 '수도사 야고보에게 보낸 교회법적 답변'은 Goetz, Kirchenrechtliche und kulturgeschichtliche Denkmaeler Altrusslands(「고대 러시아의 교회법 및 문화사 자료집」), pp.98 ff., 그리고 Pavlov, "Fragments of the Greek Text of the Metropolitan John's Canonical Answers," in Additions, No. 22, to the Publications of the Russian Imperial Academy of Sciences, No. 5에 수록되어 있다. 이후 러시아 측 진술은 Golubinski, History of the Russian Church(「러시아 교회사」), I. ii, pp.820-828 볼 것.

28) Theophylact of Bulgaria, De lis in quibus Latini Accusantur(「라틴인들에 대한 비난에 관하여」), M.P.G., vol. cxxvi, coll. 221 ff.

29) Ibid., coll. 228-229. 그는 라틴인들에게는 그리스어 에크포레우에스타이(ekporeuesthai, '근원으로부터 나오다'), 케이스타이(keisthai, '존재하다'), 디아디도스타이(diadidosthai, '나누어지다'), 프로발레인(proballein, '내놓다')에 해당하는 낱말이 프로체데레(procedere, '발출하다') 하나뿐이라고 말한다.

30) Theophylact of Bulgaria, De lis in quibis Latini Accusantur(「라틴인들에 대한 비

난에 관하여」), M.P.G., vol. cxxvi, col. 241.

31) Leib, op. cit., p.29 볼 것.

32) 그리스인 총대주교와 다르게 예루살렘의 아르메니아인 총대주교는 십자군의 포위 공
격이 실제로 시작되기 전까지 도시를 떠날 필요가 없다고 생각했다는 점은 시사하는
바가 크다. Matthew of Edessa, Chronique(「연대기」), trans. E. Dulaurier, p.225.
당시 이집트의 와지르(vizier, '이슬람 통치자의 최고위 보좌직')였던 알 아프달은 배
교한 아르메니아인이었지만, 언제나 자신의 옛 교우들(아르메니아인)을 우대했다.

33) 시메온의 글은 Leib, "Deux Inedits byzantins sur les Azymites au debut du XII
siecle," Orientalia Christiana, vol. ix, pp.85-107에 수록되어 있다. 레브는 이 글이
1108년경 세니의 브루노가 쓴 글에 대한 답신으로 보인다는 점을 근거로 시메온의 작
품이라는 것을 의심했다. 그러나 미셸은 브루노가 라이쿠스(Laycus, 즉 '평신도')라고
불린 인물의 초기 글을 표절했고, 시메온이 반박하고자 했던 실제 대상도 바로 이 라이
쿠스의 글이었다는 사실을 밝혀냈다. 라이쿠스의 원문은 다음의 자료 볼 것. Michel,
"Amalfi und Ferusalem im griechischen Kirchenstreit"(Orientalia Christiana
Analecta, No.121), pp.34-47. 브루노의 De Axymis(「무교병에 관하여」)는 M.P.L.,
vol. clxv에 수록되어 있다.

34) Hefele-Leclerc, Histoire des Conciles(「공의회사」), v. I, pp.459-460; Leib,
Rome, Kiev et Byzance(「로마, 키예프, 그리고 비잔티움」), pp.287-294 볼 것.

35) Barthelemy, Vita S. Nicolai Pelegrini Tranensis(「트라니의 성 니콜라오스 펠레그
리노스전」), Aa.Ss., 6월 2일, I, p.249.

36) St. Anselm of Canterbury, De Azymo et Fermento(「무교병과 유교병에 관하여」,
발람(Walram)에게 보낸 편지) M.P.L., vol. clviii, coll. 541 ff., De Fide
Trinitatis(「삼위일체 신앙에 관하여」), ibid., coll. 259 ff., De Sancti Spiritus
Processione(「성령의 발출에 관하여」), ibid., coll. 285 ff.

당시 예루살렘 교회 명판에는 여전히 교황 이름이 언급되었을 가능성이 크다. 라틴계 순례자 가운데 누구도 예루살렘 총대주교와 자신들 사이에 어떤 분열이 존재한다고 생각하지 않은 게 분명했다. 세기말 무렵에 셀주크 침략자들이 예루살렘 총대주교의 삶을 고단하게 만들자 콘스탄티노플로 거처를 옮기기도 했다. 하지만 그때도 여전히 서방과 특별한 관계를 지속했다. 1083년에는 알렉시오스 황제가 노르만족을 상대로 평화 협상을 벌이면서 당시 총대주교였던 예루살렘의 에우티미오스의 지위를 노르만족이 존중할 것을 예상하고 중재자로 선택하기도 했다.

04

교회와 십자군

교황 우르바노 2세가 '십자군 전쟁' 이라고 부르는 대규모 모험을 감행한 가장 큰 동기는 동방 그리스도인을 도우려는 뜨거운 열정이었다. 그는 알렉시오스 황제와의 접촉을 통해 튀르크의 위협과 비잔티움 제국이 직면한 위험을 잘 알고 있었다. 게다가 돌아온 순례자들로부터 순례길 상황이 악화하고 있다는 소식을 전해 들었다. 예루살렘에서는 1091년 셀주크 군벌 오르토크가 세상을 떠나고 다투기 좋아하는 자식들이 자리를 승계하자 그리스도인에 대한 박해가 시작되었다. 총대주교 시메온은 곧장 고위 성직자들과 거룩한 도시를 떠나 키프로스 섬으로 피신해야 했다. 우르바노는 전체 기독교 세계의 이익을 위해 서방이 동방을 구하러 나서야 한다고 생각했다. 그리고 동방을 구출하게 되면 그 보답으로 과거의 모든 악감정은 사라지고, 결국 별다른 이의 없이 교황 자신이 기독교 세계 지도자로 인정받게 될 것으로 기대했다.

우르바노는 1095년 3월에 분열자들, 그러니까 대립 교황인 기베르트(클레멘스 3세)와 그를 지지하는 독일 국왕 하인리히 4세에 맞서(contra schismaticos) 피아첸차 공의회를 개최했다. 마침 그때 알렉시오스 황제가 보낸 두 명의 사절이 이탈리아에 체류 중이었다. 황제는 교묘한 외교 전략을 구사해 튀르크와의 전쟁을 유리하게 이끌었지만, 병력이 턱없이 부족해서 서방에 군사를 모집하러 사절을 보냈다. 사절들은 여러 지역의 고위 성직자와 많은 제후가 참석하는 공의회가 열린다는 소식을 듣고 비잔티움 황제에게 병력이 필요하다는 사실을 제대로 알릴 수 있는 적기로 판단했다. 교황은 사절들에게 공의회에서 연설하도록 허락했다. 그들은 동방 기독교 세계가 처한 문제를 아주 생생하게 소개했고 거기에 설득된 교황과 보좌진들은 대규모 군대를 동방에 파견해야 한다고 확신하게 되었다. 그런데 사실 이것은 알렉시오스 황제가 전혀 기대하지 않은 일이었다.[1]

십자군과 비잔티움의 갈등

우르바노는 여전히 동방에 병력을 보내는 문제를 놓고 생각에 잠긴 채 알프스를 넘어 마침내 클레르몽에 도착했다. 교황은 프랑스 교회의 현안들을 해결할 목적으로 클레르몽 공의회를 개최했고, 1095년 11월 27일 목요일 진행한 마지막 회기에서 서방 기독교 세계 전체를 상대로 성전에 나서도록 촉구하는 유명한 설교를 했다. 실제로 교황이 했던 설교는 현재까지 남아 있지 않다. 우르바노는 동방 교회가

▲ 클레르몽 공의회(1095)에서 십자군 원정을 촉구하는 교황 우르바노 2세

도움을 요청했으니 서방의 그리스도인들이 형제를 돕는 게 의무라는 선언으로 설교를 시작한 것으로 보인다. 반응은 예상한 것보다 훨씬 열광적이었다. 1년도 채 지나지 않아 교황이 집결지로 지정한 콘스탄티노플을 향해 많은 병력이 출발했다.[2]

세상 모든 민족이 서로 알기만 하면 영원한 평화와 선의가 깃들 것이라고 순진하게 믿는 이상주의자들이 있다. 이것은 비극적 망상에 지나지 않는다. 교양을 갖춘 남녀라면 외국인의 삶과 문화를 즐기

고 그들에게 공감하는 게 물론 가능하다. 하지만 언어와 관습을 전혀 이해하지 못하는 낯선 나라에 있게 된 평범한 사람들은 쉽게 당혹감과 불만을 느끼기 마련이다. 1096년과 1097년에 수천 명씩 비잔티움 제국을 통과한 십자군 병사와 순례자들이 바로 그랬다.

막상 동방 그리스도인들의 땅에 도착해보니 기대와 다르게 낯설고 불친절했다. 언어는 알아들을 수 없고 거대한 도시들은 생소하고 두려웠다. 교회 모습 역시 달랐다. 검은 수염을 기르고 머리를 땋아 올린 채 검은 사제복을 입은 사제들은 이전에 보았던 그 어떤 기독교 사제와도 달랐다. 현지인들도 자신들을 구원하러 온 사람들을 보고 기뻐하는 것 같지 않았다. 주민들은 서방인들이 아무렇지 않게 필요하면 가져다 쓰는 행태를 못마땅해했다. 농민들은 재산과 식량을 숨기려 했고 상인들은 항상 관대한 것도 정직한 것도 아닌 조건으로 거래했다. 길을 벗어나면 가차 없이 공격하는 사나운 헌병대도 있었다. 서방 병사들은 자신들의 행동이 적대감을 불러일으킨다는 사실을 조금도 의식하지 못했다. 십자군에 참가한 제후와 고위 성직자들은 외국 문명을 더 잘 이해할 수 있었을지 모른다. 교황이 주된 동기로 삼았던 동방 기독교의 구원과 달리 그들은 다른 목적도 가지고 있었다. 게다가 1차 십자군은 조직이 느슨한 원정이었고 대중 여론이 상당한 영향력을 발휘했다.

무엇보다 불운했던 것은 비잔티움 영토에 최초로 진입한 십자군이 가장 난폭하고 조직력을 갖추지 못한 군대였다는 사실이다. 은자 피에르와 고티에 생자부아는 자신들이 이끄는 격앙된 농민 군중을 제대로 통제하지 못했다. 피에르 자신은 비잔티움 농민 사이에서 어

〉〉〉 은자 피에르

모르긴 해도 십자군 가운데 누구보다 냄새가 역겨운 인물을 꼽으라면 단연 은자 피에르(Peter the Hermit, ?-1098?)였을 것이다. 프랑스 아미앵(Amiens) 출신의 거무튀튀한 이 순회 수도사는 수십 년간 한 차례도 목욕한 적이 없었다. 누군가의 증언에 따르면 자신과 얼굴이 무척 비슷한 노새를 타고 돌아다녔다고 한다. 하지만 피에르는 누가 무슨 말을 하더라도 십자군의 스타였다. 사람들이 성물을 만들려고 그가 타고 다니는 노새의 털을 뽑아갈 정도로 인기가 높았다. 피에르는 프랑스 북부와 독일 지역을 순회하면서 무슬림을 상대할 수 있는 십자군의 필요성을 역설했다. 피에르는 교황의 대리인 자격이 아님에도 직접 '하나님의 사자'로 자처하며 우르바노 교황을 좇아 "하나님이 그것을 원하신다!"(Deus vult)고 외치며 프랑스와 독일 곳곳을 누비고 돌아다녔다. 실제로 길거리에서 'Deus vult'를 가장 많이 외치고 다닌 사람들은 피에르와 그의 추종자들이었다. 덕분에 피에르는 9개월 만에 무려 4만 명의 추종자들을 끌어모았다. 아녀자가 다수 포함된 그 군중들은 피에르가 문자 그대로 젖과 꿀이 흐르는 가나안 땅으로 자신들을 인도할 것이라는 기대에 부풀어 민중 십자군에 나섰다.

느 정도 신망을 얻고 있었다. 피에르는 당시 사람들이 성인으로 여길만한 자질을 갖추고 있었다. 가난하고 못생기고 지저분한 모습에, 역시 못생기고 지저분한 나귀를 타고 다녔다. 발칸반도 곳곳에서 주민들이 잡다한 무리에 합류했고 많은 사람이 그를 후원했다. 황제마저 그의 성품에 깊은 인상을 받았다. 하지만 추종자들은 여정의 단계마다 물건을 훔치거나 소요를 일으켰다. 자신에게 주어지는 도움에 전혀 감사하지 않았다. 그들은 조언에도 귀 기울이지 않았다. 그러고는 전적으로 자신들의 탐욕과 어리석음 때문에 키보토스에서

대재앙(1096년 10월, 은자 피에르가 이끌던 민중 십자군이 셀주크 튀르크 군대에 사실상 전멸한 사건)을 자초했을 때도 모든 책임을 황제 탓으로 돌렸다.[3]

    제후들이 이끄는 군대의 행실도 그다지 나을 게 없었다. 황제가 기강을 잡으려고 하자 제후들은 대부분 거칠게 반발했다. 로렌의 고드프루아가 이끄는 군대는 콘스탄티노플 외곽 지역을 약탈했고, 성벽 부근 전투에서 패배한 뒤에야 고드프루아는 황제를 대면하기로 동의했다. 타란토의 보에몽(1054?-1111)이 이끄는 노르만족 군대는 어느 정도 규율을 유지했지만, 카스토리아 주민이 식량과 수송용 가축을 팔지 않자 보에몽은 병사들의 약탈을 방조했다. 바르다르강을 건널 때는 비잔티움 제국 헌병대와 무력 충돌을 빚기도 했다. 툴루즈의 레이몽 군대 역시 행군로에서 자주 이탈했다. 그 과정에서 동행하는 교황 사절이 제국의 페체네그족 용병대에게 상처를 입는 사고가 있었다. 사절은 그 일을 대수롭지 않게 넘겼다. 가장 마지막에 도착한 노르망디의 로베르와 블루아의 에티엔의 군대는 별다른 불상사 없이 발칸반도를 통과했다. 하지만 그때는 이미 십자군과 비잔티움

▲ 십자군 이동 경로

사람들 사이에 혐오와 불신의 분위기가 자리 잡은 다음이었다.[4]

콘스탄티노플에서 제후들과 황제 사이에 진행된 협상은 몇 차례 힘든 고비가 있었으나 최종적으로는 비교적 우호적으로 마무리되었다. 당시 일반 병사들이 십자군의 최고 지도자로 여기던 교황의 사절, 르퓌의 아데마르 주교가 이 협상에서 무슨 역할을 맡았는지 우리는 제대로 알지 못한다.[5] 그는 교황 우르바노 2세의 친구라서 두터운 신임을 받았고 정책도 교황의 뜻과 분명히 같았다. 사고 때문에 아마데르가 조금 늦게 콘스탄티노플에 도착한 직후 제후 가운데 그와 가장 절친한 툴루즈의 레이몽이 비잔티움 황제에 대한 극심한 의심을 거두고 아주 막역한 관계로 돌아섰다. 이것은 어쩌면 레이몽과 보에몽 간의 경쟁심을 이용한 알렉시오스 황제의 노련한 처세 덕분일 수도 있었다.

마침내 모든 제후가 황제에게 충성을 맹세하고 튀르크 침공 전의 제국 영토를 정복하면 제국에 반환하기로 합의했다. 그들은 당시나 지금이나 서방이 내켜 하지 않는 한 가지 사실을 깨달았다. 비잔티움 군대가 그들보다 훨씬 더 강하고 효율적이라는 것이었다. 제후들은 황제의 정당한 요구를 따르지 않을 수 없었다. 그러면서도 그들은 아주 명백한 또 다른 사실을 간파하지 못했다. 황제가 추구하는 목적이 그들과 다르다는 사실이었다. 십자군은 동방 기독교 세계를 구원하러 왔지만 결코 제국의 단순한 용병이 될 생각이 없었다. 그들 역시 성지 순례자였고 순례의 최종 목표인 예루살렘을 향해 전진하려고 했다. 대다수는 성지를 그리스도인의 손에 넣고 정착할 계획을 세워 두고 있었고 그들 가운데는 동방이라는 환상의 세계에서 영지와 권력을 차지하려는 노골적인 모험가들도 함께 섞여 있었다.

십자군은 무엇보다 성전을 수행하러 왔기 때문에 이교도는 누구든지 적이었다. 하지만 황제는 자신의 일차 임무가 제국이었고 이교도의 지배 아래 살고 있어도 자신을 기독교 공동체 수장으로 받드는 동방 정교회 신자들을 두 번째 임무로 여겼다. 황제가 염두에 둔 적은 이슬람 세계 전체가 아니라 제국을 위협하고 정교회 신자들을 박해하는 튀르크인이었다. 만약 전쟁이 아니라 외교로 그들을 제압할 수만 있다면 그보다 더 좋을 수 없었다. 알렉시오스는 용병이 절실했지만, 어디까지나 자신의 명령대로 싸우는 용병이어야 했다. 제멋대로 움직이고 어설픈 공격으로 모든 외교 전략을 위태롭게 만드는 독자적인 대규모 군대는 조금도 바라지 않았다. 비잔티움은 성전을 수행하고 있다는 발상을 용납하지 못했다. 카이사레아의 바실레이오스처럼 한층 엄격한 신학자들은 비록 전쟁이 필요할지 모르지만 결코 거룩할 수 없다고 주장했다.[6] 비잔티움 사람들은 특히 십자군과 무기를 갖춘 주교와 신부가 다수 섞여 있는 모습에 상당한 충격을 받았다.[7] 하지만 십자군은 이런 시각을 도무지 이해하지 못했다.

갈등의 주역들

계속되는 이야기에서 악역으로 등장한 인물은 로베르 기스카르의 아들 타란토의 보에몽이었다. 그는 아버지와 함께 원정에 나서 비잔티움 제국을 상대로 싸운 적이 있었다. 10년 전 노르만족의 에피루스 침공이 실패로 돌아갔던 일 때문에 원한이 아주 깊었다. 남이탈리아의 왕위는 이복형제에게 넘어갔고 남은 것은 고작 작은 봉토가 전부였다. 보에몽은 동방의 전략 요충지에서 더 큰 영토를 차지해 노르만족의 지중해 제국 건설을 도우려고 했다. 그는 황제에게 비잔티움 제국과 십자군 연합군의 총사령관직을 요구했으나 거절당했고 그 덕분에 원한이 한층 더 커졌다.[8]

십자군의 첫 번째 승리였던 니케아의 함락을 놓고도 불만이 터져 나왔다. 도시가 항복하자 황제는 약탈을 허용하지 않았고 십자군이 보기에 지나칠 정도로 튀르크 포로를 관대하게 대우했다. 계속해서 승리를 거둔 도릴라이온 전투는 거의 비잔티움의 도움을 받지 않은 채 진행되었다. 아나톨리아반도를 횡단하는 오랜 행군 과정에서 십자군은 그리스인 안내자나 동행하던 비잔티움의 소규모 부대에 불평을 쏟아냈다. 보에몽은 적대감을 증폭하려고 온갖 수단을 동원했다. 위기는 안티오키아의 함락과 함께 절정에 달했다. 십자군의 안티오키아 포위전과 그 이후 그들이 역으로 포위당했던 일화는 역사상 손꼽히는 위대한 서사시 가운데 하나다.

십자군은 비잔티움의 직접적인 도움 없이 단독으로 싸움을 벌였다. 황제는 도우러 오겠다고 약속했고 실제로 군대를 이끌고 출발했지만 아주 위험한 군사작전이었다. 십자군 탈영병들이 안티오키아의 상황이 모두 끝났다는 거짓 정보를 전달했고, 튀르크 군대가 보급로를 차단하러 접근하고 있다는 것을 확인한 황제는 제국의 운명을 위험에 빠뜨리지 않으려고 퇴각을 결정했다. 전략적으로는 신중한 판단이었으나 심리적으로는 엄청난 패착이었다. 십자군은 비잔티움 제국이 의도적으로 배신했다고 믿게 되었다. 콘스탄티노플에서 맺은 조약대로라면 안티오키아는 당연히 제국에 반환되어야 했다. 하지만 알렉시오스가 직접 나타나 인수하지 않았으니 스스로 권리를 포기한 것 아니냐는 주장이 제기되었다. 도시 함락을 주도했던 보에몽이 안티오키아의 영유권을 주장하자 레이몽의 항의에도 불구하고 군대 내부 여론은 보에몽에게로 쏠렸다. 결국 보에몽 뜻대로 흘러갔지만, 맹세를 어겼다는 사실은 그에게 부담이었다. 나중에 보에몽은 황제가 자신에게 도시를 할당했다는 내용의 비밀 조약을 위조했다.[9]

그보다 몇 달 앞서서 불로뉴의 보두앵은 비잔티움 제국의 옛 도시 에데사(또는 우르파)를 점령했다. 알렉시오스 황제는 에데사의 점령을 묵인했다. 그곳 주민 대부분은 아르메니아인과 시리아 야코부스파(시리아 단성론자들)였고, 그렇게 멀리 떨어진 지역과 연락을 유지하는 게 쉽지 않았기 때문이다. 하지만 안티오키아의 경우에는 전혀 사정이 달랐다. 안티오키아는 전략 요충지였을 뿐만 아니라 주민 대다수가 그리스인이었다. 황제는 그곳에 대한 통제권을 되찾겠다고 결심했다. 이제 황제와 보에몽 사이에는 진정한 평화가 있을 수 없었다.

안티오키아를 둘러싼 분쟁은 필연적으로 종교 문제로 번질 수밖에 없었다. 십자군 원정 초기에 보에몽을 비롯한 제후들은 무지한 병사들에게 그리스인과 시리아 정교회 신자들 역시 그리스도 안에서 한 형제라는 사실을 일깨우려고 노력했다. 르퓌의 아데마르는 교황의 지시 때문만이 아니라 개방된 태도로 동방 교회와의 협력을 적극적으로 모색했다. 그 당시 옥시아의 요안네스(1089-1100 재위)라는 콘스탄티노플 출신 안티오키아 총대주교가 십자군이 가까이 접근할 무렵 신자들을 저버리지 않고 성안에 남았다. 튀르크인들은 그를 새장에 가둔 채 성벽에 매달아 두는 식으로 잔혹하게 다루었다. 십자군이 입성하자 아데마르는 서둘러 요안네스를 복위시켰고 프랑크인 연대기 작가들은 그의 용기를 찬양하고 기록으로 남겼다. 안티오키아의 성 베드로 대성당에서는 라틴 예식과 그리스 예식이 나란히 거행되었다.[10] 십자군이 알바라를 점령해 그곳에 새로운 주교구를 세웠을 때 라틴 주교는 총대주교 요안네스에게 서품받은 것으로 보인다.[11] 비슷한 시기에 아데마르는 아직 키프로스에 피신해 있던 예루살렘 총대주교 시메온과 접촉했다. 시메온은 섬에서 십자군에게 필요한 식량과 물자를 서둘러 보냈고 십자군은 감사하며 그 선물을 받았다.[12]

안티오키아에 머물던 아데마르는 서방에 보고서를 보낼 때가 되었다고 판단하고 '예루살렘 총대주교 시메온과 르퓌의 주교 아데마르'의 이름으로 편지를 작성했다. 그러고는 자신에게 '교황 우르바노가 기독교 군대의 지휘를 맡긴 자'라는 설명을 따로 덧붙였다.[13] 몇 달 뒤 그는 더 많은 병력을 요청하는 긴급 편지를 서방에 보냈다. 이번에는 효과를 높이려고 총대주교 명의로만 편지를 작성했다. 물론 편지는 아데마르가 초안을 작성한 게 분명했다. 특히 시메온에게 아포스톨리쿠스(Apostolicus, '사도적 인물')라는 호칭을 부여한 게 눈길을 끌었다. 이것은 과거 로마가 예루살렘 총대주교에게 내주기를 몹시 꺼렸던 칭호였다. 편지에서 시메온은 동방의 모든 주교(그리스인과 라틴인 모두)를 대표하는 수장처럼 말한다. 이것은 선임자인 안티오키아 총대주교의 권한을 침해하는 것이기도 했다. 게다가 그는 동방이든 서방이든 십자군 서약을 지키지 않으면 누구든지 파문하겠다고 위협했다. 교황 사절이 동방 고위 성직자를 대신해 작성한 문서치고는 상당히 파격적이었다. 교황 자신도 이보다 더 당당한 표현을 구사하지는 못했을 것이다. 하지만 그 과정에서 안티오키아 총대주교의 권리가 사실상 무시된 것은 총대주교 요안네스와 십자군 간의 관계가 악화하고 있었음을 암시한다.[14]

1098년 8월 1일, 십자군 역사상 큰 비극 중 하나가 닥쳤다. 르퓌의 아데마르가 때 이른 죽음을 맞았다.[15] 십자군은 유일하게 모두 인정하는 지도자를 잃었을 뿐 아니라 교황의 의중을 제대로 읽어내는 사람을 잃고 말았다. 그의 부재에 따른 영향은 곧 구체적으로 드러났다. 제후들은 같은 해 9월 11일 교황에게 보낼 서한을 작성하러 모였다. 그들은 아데마르의 사망 소식을 보고하고 나서 교황이 직접 동방으로 건너오도록 제안했다. 교황은 베드로의 후계자였다. 따라서 베드로의 또 다른 주교좌인 안티오키아를 직접 맡아야 한다고 주장했다. 진심으로 그들이 우르바노 교황이 이탈리아를 떠날 수 있다거나 로마와 안티오키아 총대주교좌를 동시에 차지할 수 있다고 생각했다고 보기는 어렵다. 하지만 그들이 정통성을 갖춘 총대주교 요안네스라는 존재를 완전히 무시했다는 것은 시사하는 바가 적지 않았다.

편지에는 십자군이 맞닥뜨린 이단들, 그러니까 그리스인, 아르메니아인, 시리아인(아마도 네스토리오스파), 그리고 야코부스파에 관한 고충도 함께 담겨 있었다.[16] 여기서 제후들이 언급한 그리스계 이단은 아마도 안티오키아 인근에 실제로 존재했던, 그리스어를 사용하는 파울리키아파(Paulicia, 바울파)를 가리킨 것으로 보인다.[17] 그런데 그 내용은 불길한 의미를 담고 있었다. 키프로스에서 상황을 지켜보던 예루살렘의 시메온 역시 장차 자신이 어떤 권리를 행사하게 될지 의문을 품지 않을 수 없었다. 하지만 그는 끝내 결과를 알 수 없었다. 1099년 7월, 십자군이 예루살렘에 입성하기 불과 며칠 전 그는 키프로스에서 생을 마감해야 했다.[18]

주인 없는 성도(聖都), 예루살렘

예루살렘에 입성한 십자군은 그곳에서 총대주교와 고위 성직자들을 만날 수 없었다. 시메온은 이미 세상을 떠났고 주교들은 여전히 망명 중이었다. 따라서 라틴 세력이 자신들의 주교 가운데 총대주교를 선출해도 전혀 이상하지 않았다. 교회법상으로는 의문의 여지가 있었지만, 누구도 문제 삼으려고 하지 않았다. 그리스계 주교나 후보자가 없는 상황에서 팔레스타인 전역의 정교회 신자들은 라틴계 후보를 별다른 이의 없이 받아들였다. 사실 시리아 정교회 신자들에게는 그동안 교회를 지배해 온 그리스인 역시 프랑크인 십자군만큼이나 낯선 이방인이었다는 것을 기억할 필요가 있다. 불행히도 초대 라틴계 총대주교였던 쇼크의 아르눌(1099, 1112-1118 재위)은 취임하자마자 성묘 교회 안에 예배처를 두고 있는 이단을 모두 몰아내기 시작했다. 심지어 시메온이 키프로스로 피신하며 숨겨둔 십자가 원본과 유물의 행방을 확인하려고 정교회 수도사들을 고문하는 일도 있었다.[19]

몇 달 뒤 아르눌의 뒤를 이은 피사의 다임베르트(1099-1102/1105 재위)는 한술 더 떴다. 다임베르트는 성묘 교회를 라틴식 전례를 위한 공간으로 만들려고 했고, 그래서 정교회 신자들을 포함한 모든 현지 그리스도인을 예루살렘과 인근 시설에서 몰아냈다. 게다가 성묘 교회에 봉사할 정주 수녀들(canonesses)을 배치해 동방 교회의 전통 관습을 뿌리째 뒤흔들었다.[20] 하나님의 보복이었는지, 1101년 부활절 성야(Holy Saturday)에 예년 같으면 당연히 있어야 할 '성화(聖火)의 기적'(매년 부활절 전날 밤 저절로 차가운 불이 점화되는 기적)이 동방 그리스도인들이 참여하도록 요청받기 전까지 일어나지 않았다.[21] 그 과정을 지켜본 예루살렘 국왕 보두앵 1세(1100-1118 재위)는 이후로 현지 그리스도인의 권리를 회복시켰다. 그러자 1187년 살라딘이 예루살렘을 함락하기 전까지 팔레스타인의 정교회 신자들은 라틴 교회

▲   예루살렘 성묘 교회

의 제도를 기꺼이 받아들였다.

　1106년에서 1107년 사이에 성지를 방문했던 러시아 순례자 체르니고프의 다니엘이 남긴 기록은 시사하는 바가 크다. 다니엘은 그리스계 수도원과 라틴계 수도원 양측에서 똑같이 따뜻한 환대를 받았고, 국왕 보두앵 1세 역시 각별하게 대접했다. 그는 한 가지 흥미로운 사실을 목격하고 기록으로 남겼다. 성화 의식을 진행하는 과정에서 무덤 안에 있는 그리스 측 등불은 기적적으로 점화되었으나 라틴 측 등불은 거기서 불을 옮겨 붙여야 했다. 하지만 그리스계와 라틴계 성직자들은 서로 조화롭게 협력하고 있었다. 그의 기록에 따르면 당시 팔레스타인에 남아 있던 정교회 최고 성직자이자 국왕이 특별한 경의를 표하던 성 사바스 대수도원 원장이 의식을 주관한 것으로 보인다.[22]

팔레스타인 지역 라틴계 성직자들은 강제로 종교 관습을 통일하려고 했던 다임베르트의 정책을 시행하고 싶었을 것이다. 라틴 왕국이 존속하는 동안 총대주교는 예외 없이 서방에서 태어나고 자란 사람들이었고, 따라서 그들 가운데 동방 그리스도인들에게 동정심을 가진 사람은 아무도 없었다. 하지만 국왕들은 현지인들을 보호했고 언제나 총대주교좌를 통제하려고 했다. 12세기 예루살렘 왕국의 다섯 왕비 가운데 단 한 명, 그러니까 혼인이 바로 무효 처리된 시칠리아의 대비(大妃)를 제외하면 예외 없이 동방 정교회 공주 출신이었다는 사실을 기억할 필요가 있다. 보두앵 1세와 보두앵 2세의 왕비는 정교회 의식을 추종하는 아르메니아 출신이었고, 보두앵 3세와 아말리크 1세의 왕비는 비잔티움 출신의 공주였다.[23] 보두앵 1세의 딸 멜리생드 왕비가 성 사바스 수도원에 거액을 기부한 기록이 남아 있는데 그녀는 놀랍도록 공정하게 시리아 야코부스파 교회를 후원하기도 했다.[24]

1169년에는 비잔티움 황제 마누엘이 현지 라틴 당국과 협력해 주요 성지들의 수리에 착수했다. 황제는 베들레헴의 예수 탄생 교회에 모자이크 장인들을 보내 동방과 서방 성인들을 함께 장식하게 했고 같은 장인들이 성묘 교회와 마리아가 세상을 떠난 곳으로 알려진 시온산 영면 교회(Church of the Dormition)에서도 작업했다. 성묘 교회에서는 그리스인 성직자들이 사역했다.[25] 팔레스타인 지역에서는 그리스 교회와 라틴 교회 간의 분열을 전혀 찾아볼 수 없었다. 세기말로 가면서 불협화음이 조금씩 나타나기 시작했을 뿐이다. 1184년 예루살렘을 순례한 그리스인 요안네스 포카스는 전반적으로 자신이 받은 대접에 만족했고 마누엘 황제의 초상화를 걸어둔 베들레헴의 라틴계 주교를 호의적으로 언급했다. 그러면서도 그는 자신이 '침입자'라 부르던 리다의 라틴계 주교가 시도했던 기적이 실패로 돌아간 사건을 아주 즐겁게 소개했다.[26] 아마도 비잔티움 출신의 마리아 대비(大妃)를 특히 싫어했던, 부패하고 편협한 라틴 총대주교 헤라클리우스가 정교회에 적대감을 보였을 가능성이 있다. 그렇게 해서 정교회 신자들은 또다시 그리스의 성직 체계를 고대하기 시작했다.[27]

하지만 잠재적인 불화의 씨앗은 따로 있었다. 예루살렘 정교회 총대주교구의 전통에 따르면 1099년부터 1187년 사이에 7, 8명의 그리스인 총대주교가 존재했다.[28] 만약 살라딘이 1187년 라틴계 성직자들을 추방했을 때, 그 공백을 메울 수 있는 그리스인 총대주교가 없었거나[29] 그 가운데 두 명의 이름이 당시 사료에 등장하지 않았다면 이 명단은 라틴계 총대주교들의 정통성이 인정받는 것을 부정하려는 후대 정교회 극단주의자들의 조작으로 치부되었을지 모른다. 실제로 시나이산의 카타리나 수도원에 보관된 1166년경의 명판에는 예루살렘 총대주교 요안네스와 니케포로스의 이름이 기록되어 있다.[30] 요안네스는 1157년, 니케포로스는 1166년 콘스탄티노플에서 개최된 공의회에 참석했다. 그리고 요안네스는 1160년경 서방 교회의 관습을 비판하는 소책자를 발표하기도 했다.[31] 아마도 1099년 키프로스에서 시메온이 사망했을 때 그와 함께 지냈던 팔레스타인 출

신 그리스 주교들이 직접 후임자를 선출했을 가능성이 크다. 비록 주교들은 돌아갈 수 없는 처지였지만, 팔레스타인에 자리 잡은 라틴계 성직자들을 찬탈자로 간주했다. 그들은 라틴계 성직자들의 지시를 받는 신자들과 단절된 채 키프로스 섬에 머물고 있었다.

당시 시나이반도를 지배하던 이집트의 파티마 왕조는 자신들 치하에 있는 사람들이 라틴계 상급자를 인정하는 것을 바라지 않았다. 따라서 당연직(ex officio)으로 이집트의 주교직을 겸하고 수입의 상당 부분을 이집트에서 얻고 있는 카타리나 수도원장은 그리스계를 인정했고 어쩌면 알렉산드리아 교회 역시 같은 입장이었을 것이다.

콘스탄티노플의 황제는 한층 더 현실적이었다. 그는 망명 중인 성직자들의 주장을 전면에 내세우지 않고 필요할 때를 대비해 아껴두었다. 예루살렘에 또 다른 총대주교 계보가 존재한다는 사실을 세상에 알릴만한 가치가 있다는 판단이 서자 권리를 주장하는 인물을 콘스탄티노플에 데려왔다. 하지만 1167년경 황제와 예루살렘 국왕의 관계가 크게 개선되자 그리스인 총대주교는 조심스럽게 뒤로 물러나 있다가 1187년 또다시 등장했다.[32]

안티오키아의 분열

문제는 예루살렘이 아니라 안티오키아에서 시작되었다. 아데마르가 죽고 보에몽이 안티오키아에서 통치자로 자리를 잡게 되자 요안네스가 총대주교직을 유지하는 게 더는 불가능했다. 보에몽은 황제가 안티오키아를 되찾으려 한다는 것과 그 지역 그리스인과 총대주교가 분명히 황제를 지지하리라는 것을 알고 있었다. 그는 요안네스에게 무례하게 대하며 끊임없이 의심했다.

1099년 타르소스, 아르타, 마미스트라, 에데사 교구에 라틴계 주교들이 임명되었다. 후보자들은 다임베르트 총대주교에게 서품받으러 예루살렘으로 향했다. 이것은 안티오키아 총대주교였던 요안네스(1089-1100 재위)의 정당한 권한을 명백하게 침해한 행위였다. 요안네스는 1100년 고위 성직자들과 함께 안티오키아를 떠나 콘스탄티노플로 망명했다. 사도 전승을 유지하려고 꾸며낸 라틴 측 공식 기록에는 요안네스가 그리스인으로서 라틴계 신자를 이끄는 게 부적절하다고 판단해 스스로 물러난 것처럼 되어 있다. 하지만 요안네스의 생각은 전혀 달랐다. 그는 추방당했다고 생각했다. 콘스탄티노플에 도착한 직후 고통스러운 기억을 뒤로 한 채 수도원의 평온함에서 안식을 찾으려고 사임을 결심했다. 그곳에서 무교병 사용자들(azymites)을 반대하는 적대적인 논문을 집필했다. 함께 추방된 성직자들은 황제의 승인을 받아 후계자를 임명했고 정교회 세계 전체가 새로운 인물을 적법한 총대주교로 인정했다. 안티오키아 공국의 그리스인들은 어쩔 수 없이 라틴계 성직자에게 복종하면서도 공공연히 그리스인 성직자들의 복귀를 갈망했다. 따라서 안티오키아 총대주교구좌를 정교회에 되돌려 놓는 일이 비잔티움 외교 정책의 핵심 목표가 되었다.[33]

이런 상황을 고려하면 안티오키아에서는 1100년부터 분열이 시작됐다고 할 수 있다. 사도 전승을 계승했다고 서로 주장하고 대립하는 두 가지 총대주교 계보가 등장한 것이다. 로마 교회와 라틴계는 안티오키아를 실제로 점유하고 있는 성직자들을 지지했고 콘스탄티노플과 그리스인들은 망명 중인 성직자들을 지지했다. 안티오키아에서 발생한 이 분열은 동방 교회와 서방 교회 사이의 전면적인 분열을 초래한 근본적인 원인이 되었다.

알렉시오스 황제와 프랑크인 간의 관계는 여러 이유로 악화했다. 1101년 감행한 세 차례 십자군 원정이 아나톨리아반도에서 모두 참담하게 실패했는데 십자군은 이 재앙의 책임을 황제에게 돌렸다. 특히 황제의 조언을 거부했다가 대참사를 겪은 롬바르드인들이 더 그랬다. 십자군이 알렉시오스를 의심한 결정적인 이유는 그가 튀르크와 외교적 거래를 지속했기 때문이었다. 게다가 이집트군에게서 황제와 파티마 칼리프 사이에 오간 편지를 노획하면서 원망은 더욱 커졌다. 편지에서 황제는 프랑크족의 팔레스타인 침공과 자신은 아무런 관련이 없다는 점을 분명히 하고 있었다. 황제의 관대함과 파티마 왕조와의 좋은 관계 덕분에 이집트에 잡혀 있던 수많은 프랑크인 포로가 구출될 수 있었다는 것은 무시되었다. 1102년에 예루살렘 국왕 보두앵 1세는 황제가 1101년 원정한 십자군들에게 협조하지 않았다고 항의하는 편지를 썼다. 그는 팔레스타인에서 이탈리아로 향하던 마나세스라는 주교에게 이 편지를 맡겨 콘스탄티노플을 경유하게 했다. 알렉시오스는 보두앵이 잘못된 정보를 갖고 있고 자신에게 불만을 품고 있다는 것을 마나세스에게 설명했다. 그러고는 마나세스에게 자기 입장을 교황에게 전달해 달라고 요청했다.

우르바노의 뒤를 이어 교황이 된 파스칼 2세(1099-1118 재위)는 전임자처럼 명석하지 않았고, 아주 유약하고 까탈스러운 성격의 인물이었다. 평소 황제나 비잔티움 주민에게 감정이 좋지 않았던 마나세스가 알렉시오스 황제의 메시지를 적대적으로 왜곡해 전달하자 파스칼 교황은 격분했다. 결국 비잔티움 황제는 어떤 보상이나 공감을 확보하지 못했다.[34]

다니슈멘드 튀르크(아나톨리아 동북부 토후국)가 시리아에 남아 있던 비잔티움 제국의 마지막 영토인 라타키아를 점령했다. 2년 뒤 비잔티움 함대가 동쪽으로 항진해 라타키아와 노르만인이 차지하던 킬리키아의 항구 도시를 여럿 탈환했다. 포로로 잡혔던 보에몽은 풀려나자마자 비잔티움에 대항할 원군을 확보하러 이탈리아로 돌아가

기로 했다. 그는 교황이 마나세스 주교의 보고 때문에 황제에게 상당한 편견을 갖고 있다는 사실을 알게 되었다. 비잔티움 제국이 성전(聖戰)을 완전히 가로막고 있다고 교황을 설득하는 것은 어렵지 않았다. 세니의 브루노가 프랑스로 향하는 보에몽과 동행했다. 브루노는 비잔티움 제국을 겨냥한 십자군 결성을 돕기 위해 파견된 인물이었다.[35]

안티오키아에서 총대주교 요안네스가 축출된 사건이 전체 분열의 첫 번째 전환점이었다면, 그보다 더 위험한 두 번째 전환점은 교황 파스칼 2세가 보에몽을 지지한 일이었다. 과거 비잔티움 주민들은 그레고리오 7세가 황제를 파문했을 때 큰 충격을 받았다. 하지만 그 파문이 곧장 철회되자 황제 역시 인간이다 보니 실수할 수 있다고 생각했다. 무엇보다 황제 개인의 파문이 제국에 속한 모두를 파문한 것은 아니었다. 그렇지만 제국, 곧 정통 신앙을 고수하는 진정한 로마 제국을 상대로 성전을 선포한다는 것은 교황이 그 제국에 속한 모든 시민을 이교도와 다를 바 없는 존재로 여긴다는 뜻이었다. 어떤 기준으로 보더라도 이것은 명백한 분열의 선언이었다. 기독교 세계로서는 다행히도 이 성전은 완벽한 실패로 끝났다. 1107년 10월, 보에몽은 교황의 사절을 동반한 채 에피루스를 침공했으나 11개월간의 처절한 싸움 끝에 결국 황제에게 항복하고 말았다.

데볼강 유역의 황제 진영에서 교황 사절이 지켜보는 가운데 체결된 조약에 따라 보에몽은 안티오키아 공국을 유지하되 황제와 그 후계자에게 충성을 맹세하는 봉신의 신분을 유지하기로 했다. 아울러서 그는 안티오키아 총대주교좌를 다시 그리스계 계보로 회복하기로 동의했다. 그렇지만 실제로 데볼 조약(Treaty of Devol, 1108)은 사문화된 규정에 지나지 않았다. 당시 안티오키아는 비잔티움의 봉신이 되거나 그리스인 총대주교를 받아들일 생각이 전혀 없는 탕크레드가 지배하고 있었기 때문이다. 탕크레드는 숙부 보에몽의 서명을 거부한 채 곧장 시리아와 킬리키아에 있는 비잔티움의 항구 도시들을 또다시 점령했다. 하지만 그 이후에 황제는 교황의 사절이 증인으로 배석했던 이 조약을 근거로 그리스계가 안티오키아 총대주교좌로 복귀하는 것을 정당하게 요구할 수 있게 되었다.[36]

파스칼 교황은 자신의 실책을 뒤늦게 깨달았다. 얼마 지나지 않아 그는 알렉시오스에게 먼저 편지를 보냈고 황제는 이 모든 사태를 너그럽게 눈감아 주는 듯한 태도를 보였다. 하지만 비잔티움 사람들은 이 일을 잊지 않았고 그 덕분에 로마에 대한 대중의 반감은 더욱 깊어졌다.[37]

안티오키아에 그리스인 총대주교가 다시 입성하기까지는 그 이후 반세기가 넘게 걸렸다. 1138년 콘스탄티노플 황제 요안네스 2세가 직접 종주권을 행사하는 안티오키아를 방문했을 때 그리스 성직자들의 복귀를 강요하지 않는 편이 더 현명하다고 판단했다. 교황 인노첸시오 2세가 안티오키아에 편지를 보내 만약 황제가 라틴계 총대주교좌를 위협하면 군대에 합류한 라틴인들이 그곳을 떠나야 한다고 엄포를 놓았기 때문이다. 게다가 요안네스 황제 자신도 라틴 병력과 군사 동맹을 맺고 싶어 했다.[38] 그렇지만 4년 뒤 요안네스는 라틴계 십자군이 지나치게 경솔하고 비협조적이라는 사실을 깨달았다. 결국 또다시 안티오키아로 진군해 도시를 양도하라고 요구했다. 그 대신 황제는 안티오키아 통치자에게 다른 지역 영토를 보상으로 제공하겠다고 약속했다. 만약 이 계획대로 황제가 도시를 넘겨받았더라면 그리스인 총대주교의 복귀도 곧장 뒤따랐을 것이다. 안티오키아의 통치자는 교황이 승인할 리 없다는 이유를 들어서 제안을 거절했다. 안티오키아를 상대로 군사작전을 막 개시하려고 했던 1143년 3월, 요안네스는 불의의 사고로 목숨을 잃고 말았다.[39]

요안네스의 아들 마누엘 황제는 1159년 안티오키아에 종주권자 자격으로 입성했다. 당시 안티오키아를 통치하던 샤티용의 르노(안티오키아 공작)는 3년 전 정교회 제국령 키프로스를 상대로 극도로 잔혹하고 피비린내 나는 약탈을 감행했다. 그 일 때문에 라틴인들은 그리스 이웃들에게 전혀 호감을 얻지 못했다. 마누엘은 르노에게 최대한 굴욕을 안기려고 했다. 아마도 르노 본인이 라틴계 총대주교 에메리와 사이가 무척 나빠서인지 마누엘은 처음에는 종교 문제에 일절 개입하지 않았다.[40] 하지만 르노가 1165년 아랍인들의 포로가 되고 황제의 처남인 보에몽 3세가 안티오키아의 군주가 되면서 상황은 돌변했다. 마누엘은 재정 지원을 대가로 보에몽 3세에게 그리스인 총대주교 아타나시오스 2세를 즉위시키고 비어 있는 주교직을 그리스인으로 채우라고 압박했다. 라틴계 총대주교 에메리는 거세게 항의하고 가까운 성으로 물러갔고 로마에서도 황제와 안티오키아 통치자를 파문하겠다고 위협하는 분노 섞인 편지들이 날아왔다. 하지만 이 갈등은 예상 밖의 천재지변으로 종결되었다. 1170년 대지진이 도시를 덮쳤다. 예배 도중 대성당 지붕이 무너져서 그리스인 총대주교와 수많은 성직자가 잔해에 매몰되었다. 안티오키아의 군주는 서둘러 에메리를 총대주교직에 복귀시켰다. 당시 마누엘 황제는 이런 조

처에 강력하게 항의할 처지가 아니었다.[41]

그리스인 총대주교는 1206년 보에몽 4세에 의해 안티오키아에 복귀했다. 이때는 이미 4차 십자군이 비잔티움 제국을 철저하게 파괴한 탓에 안티오키아의 군주는 황제를 두려워할 이유가 없었다. 오히려 그는 킬리키아의 아르메니아인들을 두려워했고 그들을 지지하는 교황청에 불만을 품고 있었다. 따라서 그리스인 신자들의 호의가 더욱 절실했다. 교황이 군주를 파문하고 안티오키아 전체에 성무 금지령을 내렸을 때도 보에몽 4세와 안티오키아의 라틴계 평신도들은 기꺼이 그리스 정교회 예배에 참석했다.[42] 얼마 지나지 않아 라틴계 계보가 또다시 복구되었고, 나중에 몽골인들이 그리스계 총대주교의 복귀를 요구하기도 했으나 안티오키아가 이슬람 세력에 의해 함락될 때까지는 이런 혼란이 계속되었다.[43] 그 무렵 안티오키아는 이미 폐허로 변했고 그리스도인 공동체는 비극적으로 축소된 상태였다.[44]

결과적으로는 1100년 이후 안티오키아 교회에 분열이 존재한 게 분명했다. 그리스계 성직자와 신도들이 라틴계 성직 체계에 복종해야 했고, 때로는 라틴계가 그리스계 성직 체계에 복종해야 할 때도 있었다. 하지만 이런 복종은 오직 통치 권력의 압력 때문이었다. 공동체마다 자신들이 인정하는 총대주교에게만 진심으로 충성을 다했다. 그렇다고 해서 이 단절이 절대적으로 완벽하지는 않았다. 두 공동체끼리, 특히 시민 계층(Bourgeois) 사이에서는 통혼이 이루어졌다. 심지어 마누엘 황제는 안티오키아 출신 라틴계 아내를 맞이했고, 보에몽 3세는 콘스탄티노플 출신 그리스계 아내를 맞기도 했다. 만약 그리스인과 라틴인이 서로를 별개의 공동체로 인정했다면 오히려 관계가 더 원만했을지 모른다.

그러나 실상은 양측 총대주교 모두 자신만 옥시아의 요안네스로부터 이어지는 정통 사도 전승을 계승하고 있다고 주장했고, 공동체끼리는 상대방에게 자신들의 전례와 성직 체계를 강요하려고 했다. 13세기 들어 교황청이 로마의 수위권만 인정하면 그리스인들이 자신들의 총대주교와 성직 체계를 유지하도록 허용하는 방식, 그러니까 그리스 정교회를 동방 가톨릭교회(Uniate Church, 전례와 조직은 그리스식으로 하되 로마 교황의 수위권을 인정하는)로 편입해 이 문제를 해결하려 했으나 그때는 너무 늦은 뒤였다. 이미 너무 많은 원한이 쌓여 있었고, 그런 타협안은 누가 진정한 사도 전승의 계승자이냐는 근본 문제에 해답을 주지 못했기 때문이다.[45]

봉합되지 않은 상처

예루살렘 총대주교구의 상황은 안티오키아와 달랐다. 망명 중인 예루살렘의 그리스계 총대주교 계보는 교구에서 인정받지 못했을 뿐만 아니라 거의 알려지지 않은 상태였다. 살라딘이 이슬람을 위해 예루살렘을 재정복하기 전까지는 공동체 사이에 의도적인 단절이나 큰 반감이 존재하지 않았다. 하지만 살라딘이 도시를 점령한 직후 콘스탄티노플에서 사절단이 도착해 총대주교좌를 그리스계 후보자에게 넘겨달라고 요청했다. 라틴인들에게 이 요청은 비잔티움이 십자군의 대의를 저버렸다는 또 다른 증거처럼 보였지만, 사실 이것은 그렇게

〉〉 살라딘과 사자심왕 리처드

본명 유수프(Yusuf) 대신 '신앙의 정의'를 뜻하는 살라딘(Saladin, Salah ad-Din, 1174-1193 재위)으로 불린 술탄은 분열된 이슬람 세력을 통합해 하틴 전투에서 십자군을 궤멸하고 1187년 예루살렘을 재점령했다. 잉글랜드의 리처드 1세(Richard the Lionheart, 1189-1199 재위)는 전장에서 사자 같다는 의미로 '사자심왕'으로 불렸고, 아크레와 야파 전투를 승리로 이끌어 십자군의 거점을 확보했다. 둘은 전쟁 중에도 물자를 교환하고 독특한 관계를 형성했다. 이런 유대감의 배경은 당시 동서양 지배층이 공유한 기사도 정신(Chivalry)과 군주 간 예우였다. 둘은 상호 존중을 바탕으로 1192년 라믈라 협정(Treaty of Ramla)을 체결했다. 협정 결과 살라딘은 예루살렘 통치권을 유지하고, 리처드는 해안 요충지 지배권과 순례자 성지 출입권을 확보하는 것으로 군사적 충돌(3차 십자군 전쟁)을 공식 종료했다.

무리한 요구가 아니었다. 무슬림들은 자신들이 멸망시키기로 작정한 왕국의 잔존 지역에 체류하는 라틴계 총대주교에게 갓 정복한 영토의 그리스도인이 복종하는 것을 당연히 용납할 리 없었기 때문이다. 그리스계 총대주교가 콘스탄티노플에서 건너와 거룩한 도시 예루살렘에 정착했다.[46]

그러나 살라딘은 성지를 그리스인이 독점적으로 관리하게 해달라는 추가 요청은 거절했다. 그는 사자심 왕 리처드(Coeur-de-Lion)와 맺은 조약에 따라 성묘 교회까지 포함된 성지에서 라틴인들이 계속 지내도록 허락했다.[47] 이 때문에 1188년경부터는 예루살렘의 그리스계와 아크레 지역 라틴계라는, 그러니까 각자 사도 전승을 주장하는 두 명의 예루살렘 총대주교가 성지에 나란히 공존하게 되었다.

한편 1240년 아크레에서 공포된 시민 법전(Assises des Bourgeois)에서 알 수 있듯이 라틴인들이 지배하는 지역에서는 그리스인, 그러니까 현지 정교회 신자는 별개의 공동체로 대우받았다. 이것은 12세기 상황과는 명백히 달랐던 것 같다. 1229년부터 1244년까지 십자군이 다시 예루살렘을 장악하자 라틴계 총대주교들은 도시로 돌아왔지만 그곳에 영구적으로 거주하지는 않았다. 이 시기에 그리스 총대주교가 어떻게 되었는지는 그저 추측만 가능할 뿐이다.[48]

알렉산드리아 총대주교구의 역사는 상당 부분 베일에 싸여 있다. 총대주교 소프로니오스가 1161년 콘스탄티노플을 방문하기도 했고 역대 총대주교들은 콘스탄티노플과 꾸준히 소통한 것으로 보인다. 실제로 총대주교들 이름이 대부분 콘스탄티노플의 명판에 기록되어 있다.[49] 그들은 이슬람 군주의 신민이라서 정치적 이유로 팔레스타인의 프랑크인 십자군과 교류할 기회가 거의 없었다. 하지만 알렉산드리아 총대주교들은 이집트에 정착한 라틴계 상인들이나 그곳에 구금된 라틴계 포로들에게 자유롭게 성찬을 베풀었고, 라틴계 사제들이 고유한 전례를 따르는 것도 허용했다. 1190년 무렵 알렉산드리아 총대주교 마르코스는 비잔티움 제국의 교회법 학자 테오도로스 발사몬에게 라틴인들과 계속 성찬 공유를 해도 되는지 문의했다. 발사몬은 단호하게 부정적으로 답변했고 뒤이어 알렉산드리아 교회가 콥트교에서 비롯된 관습을 허용하고 있다고 강력하게 비난했다. 마르코스는 이런 답변에 불쾌감을 느끼고 콘스탄티노플도 로마처럼 독단적으로 군림하려 든다고 생각했을지 모른다.[50]

실제로 알렉산드리아 총대주교구는 교황청과의 관계를 완전히 단절하지 않았다. 13세기 초반 니콜라오스 총대주교는 라틴계 사제를 서품했을 뿐 아니라 1215년에는 4차 라테란 공의회(Lateran Council)에 대리인을 파견하기까지 했다.[51] 하지만 13세기 중반 어느 한 시점에 이 관계는 단절되었다. 아마도 서방 사정에 호의적으로 관심을 가졌던 아유브 왕조 군주들과 다르게 맘루크 당국이 압박을 가했기 때문일 것이다. 교황은 1310년 라틴계를 알렉산드리아 총대주교로 임명했다. 비록 명목상 직함에 불과했지만, 이것은 로마 교회가 그리스계의 계보를 인정하지 않는다는 사실을 확실하게 보여준 조치였다.[52]

결국 동방의 세 총대주교구와 로마 교회가 분열한 근본 원인은 총대주교들의 관할 지역에 십자군 식민지를 건설했기 때문이다. 당시 총대주교들은 그리스인이거나 그리스식 교육을 받은 인물들이었다. 시골 교회들은 현지어를 사용했지만 주요 거점 교회들은 비잔티움의 전례를 따랐다. 그렇다고 해서 그들이 콘스탄티노플 총대주교에게 항상 호의적이었던 것은 아니었다. 콘스탄티노플이 직접 자신들을 지배하려 할 때마다 분개했다. 만약 누군가를 교회법상 상위자로 인정해야 한다면 그들은 차라리 멀리 떨어진 로마의 지배를 받는 편을 선호했을지 모른다. 하지만 그들은 수 세기 동안 이슬람 통치를 받으면서 세속 군주들로부터 자신들을 보호해 줄 방패로 비잔티움 제국 황제를 의지했다. 특히 안티오키아의 총대주교는 한 세기 넘게 황제의 직접적인 세속 권위 아래 있었다. 비잔티움 세력이 쇠퇴하면서 그들은 더 먼 서방에서 건너온 새로운 보호자를 환영했을 수도 있다. 하지만 그들이 도저히 견딜 수 없었던 것은, 정통 계승자를 자처하는 라틴계 침입자들에 의해 주교좌에서 쫓겨나는 일이었다.

만약 교황청이 한 세기만 더 일찍 동방 가톨릭교회라는 개념을 고안해 냈다면, 그래서 현지 고위 성직자들을 정당한 권력자로 인정하는 동시에 십자군 이주민을 위한 별도의 라틴계 성직 체계를 마련했다면 동방 지역 총대주교들은 별다른 이의 없이 로마의 수위권을 수용했을지 모른다. 십자군의 성직 체계가 존재하지 않았던 알렉산드리아의 총대주교가 1215년 라테란 공의회에서 인노첸시오 3세의 권위를 인정한 것처럼 보이는 게 그 증거다. 하지만 교황의 군사를 자부하는 십자군에게 자신들이 침입자라고 자인하도록 요구하는 것은 무리한 기대였다. 동방 교회들은 교황의 명령으로 자신들의 정당하고 전통적인 권리가 강탈당하고 있다고 생각했다. 그뿐 아니라 교황은 그들의 보호자인 콘스탄티노플의 황제에게도 적대감을 드러내고 있었다. 그들이 로마와 결별한 것은 콘스탄티노플의 지시를 따르고 싶어서가 아니라 교황이 자신들의 권리를 짓밟고 황제와도 갈라섰기 때문이었다. 동방 교회를 구원하고 황제를 기쁘게 하겠다는 경건한 희망으로 십자군을 제창했던 우르바노 2세의 행동은 위대한 교황이었던 그의 의도와 정반대의 결과를 낳고 말았다. 십자군이 가져온 것은 평화가 아니라 검이었고 그 검은 기독교 세계를 두 동강 내고 말았다.

【 Section 4. 주 】

1) Bernold of Constance, Chronicon(「연대기」), M.G.H.Ss., vol. v, p.461; Hefele-Leclercq, Histore des Conciles(「공의회사」), v. I, pp.394-395; Runciman, History of the Crusades(「십자군 전쟁사」), i, pp.104-105.

2) 다섯 명의 연대기 작가들은 우르바노 2세가 실제로 발언한 내용을 그대로 전한다고 주장한다. 각자 내용은 다르지만, 모두 도움을 요청한 동방 그리스도인들을 도와야 할 필요성을 교황이 강조했다고 소개한다. 해당 연대기 작가들은 다음과 같다. Fulcher of Chartres, Gesta Francorum Iherusalem Peregrinantium(「예루살렘 순례자 프랑크인의 행적」), I. iii, ed. Hagenmeyer, pp.130-138; Robert the Monk, Historia Hierosolymitana(「예루살렘사」), I. i-ii, R.H.C.Occ., vol. iii, pp.727-729; Baudri of Dol, Historia Jerosolimitana(「예루살렘사」), R.H.C.Occ., vol. iv, pp.12-15; Guibert of Nogent, Historia Hierosolymitana(「예루살렘사」), R.H.C.Occ., vol. iv, pp.137-140; and William of Malmesbury, Gesta Regum(「국왕들의 행적」), ed. Stubbs, ii, pp.393-398. Munro, "The Speech of Pope Urban Ⅱ at Clermont," American Historical Review, vol. xi(1906), pp.231 ff., 그리고 Runciman, op. cit. i, pp.106-108 볼 것.

3) Runciman, op. cit. i, pp.121-133.

4) Ibid., pp.134-171.

5) "군대의 주권은 한 주교에게 부여되었다." 여기서 주교는 아데마르를 가리킨다. Adhemar. Raymond of Aguilers, Historia Francorum qui ceperunt Jerusalem(「예루살렘을 점령한 프랑크인들의 역사」), xi, R.H.G.Occ., vol. iii, p.255.

6) St. Basil of Caesarea, letter No.188, M.P.G., vol. xxxii, col. 681.

7) "라틴인들이 가진 사제에 대한 관념은 우리와 같지 않다.…그 라틴 야만인은 신성한 신비(성찬례)를 집전하면서 동시에 왼팔에는 방패를 차고 오른손에는 창을 든다. 그들은 주님의 몸과 피로 성찬을 베풀면서도, 한편으로는 살육의 현장을 지켜보며 스스로 피의 사람이 된다." Anna Comnena, Alexiad(「알렉시아스」), x. viii, ed. Leib, ii, p.218. 사실, 라틴 사제들은 무기를 소지하는 것이 금지되어 있었다. Kirch, Enchiridion Fontium Historiae Ecclesiasticae Antiquae(「고대 교회사 사료 핸드북」), Nos. 190, 638, 641, pp.117-118, 401, 402. 키르히(C. Kirch)는 Tertullian, the Canones Apostolorum(「사도 규범」) ofc. 400, 그리고 톨레도 공의회(Council of Toledo, 400)를 인용한다. 그런데 라틴 사제들의 무기 소지 금지령은 공식적인 것이 아니었고 대부분 무시되었다. 심지어 경건한 인물이었던 아데마르조차 실제로 갑옷을 입지는 않았지만, 전투에 적극 참여했고 도릴라이온 전투를 승리로 이끄는 데 상당한 역할을 했다.

8) Runciman, op. cit., pp.163-164.

9) Runciman, op. cit., pp.174 ff. 크레이는 보에몽이 자신과 알렉시오스 사이의 비밀 조

약에 관한 구절을 위조했다는 것을 (내가 보기에는 설득력 있게) 입증한다. Krey, "A Neglected Passage in the Gesta," in The Crusades and other Historical Essays presented to D. C. Munro(D. C. 먼로에게 헌정한 「십자군과 기타 역사 논집」), pp.57-78.

10) Albert of Aix, Liber Christianae Expeditionis(「그리스도인 원정기」), iv. 3, R.H.C.Occ., vol.iv, p.433. 그는 총대주교 요안네스를 가리켜 '가장 독실한 그리스도인'(virum Christianissimum)이라고 불렀다.

11) Anonymi Gesta Francorum(「익명의 프랑크인의 행적」), x. 31, ed. Brehier, pp.36-38.

12) Albert of Aix, op. cit. vi. 39, p.489.

13) Letter of Adhemar in Hagenmeyer, Die Kreuzzugsbriefe(「십자군 서한집」), pp.141-142.

14) Letter of Adhemar, in Hagenmeyer, Die Kreuzzugsbriefe(「십자군 서한집」), pp.146-149. 서방인들은 이때쯤 일반적으로 예루살렘 교구좌(See)가 안티오키아보다 더 중요하다고 믿게 된 것으로 보인다. 심지어 일부는 예루살렘이 모든 기독교 교구 중에서 수위권(primacy)을 가져야 한다고 간주하기도 했다. the anonymous Tractatus Eboracensis, M.G.H. Libelli de Lite(「교회와 국가의 분쟁에 관한 소론집」), vol. iii, p.659.

15) Anonymi Gesta Francorum, x. 30, p.166; Raymond of Aguilers, op. cit. xili, p.262; Fulcher of Chartres, op. cit. I. xxviii, p. 258; Letter of the Princes, in Hagenmeyer, op. cit., p.164.

16) Letter of the Princes, loc. cit.

17) 십자군은 이미 안티오키아 인근에서 파울리키아파 정착지를 마주한 적이 있었다. Anonymi Gesta Francorum(「익명의 프랑크인의 행적」, iv. 11, p.62).

18) Albert of Aix, op. cit. vi. 29, p.489.

19) Raymond of Aguilers, op. cit. xxi, p.302; Fulcher of Chartres, op. cit. I. xxx, pp.309-310; William of Tyre, Historia rerum in partibus transmarinis gestarum(「바다 건너 저편에서 일어난 일들의 역사」), ix. 4, R.H.C.Occ., vol. i, p.369.

20) Fulcher of Chartres, op. cit. III. iii, pp.368-369; Matthew of Edessa, Chronique(「연대기」), II. clxx, trans. Dulaurier, pp.233-234.

21) Fulcher of Chartres, op. cit. Ⅱ. viii, p.396.

22) Daniel the Higumene, Vie et Pelerinage(「생애와 순례」), trans. de Khitrowo, Itineraires russes en Orient(「러시아인의 동방 순례기」), pp.75-83.

23) 현지 그리스도인들은 의사와 마부들을 통해 프랑크인 가문에 더 큰 영향력을 행사했다. 이들은 대개 현지 정교회 공동체 출신이었다. 아말리쿠스 1세 치하에서 궁정 어의를 지낸 다우드의 아들 술레이만과 그의 장남, 그리고 궁정 승마 사범이었던 그의 차남이 그랬다. Cahen, "Indigenes et Croises," Syria, vol. xv(1934), pp.351-360 볼 것.

24) Roehricht, Regesta Regni Hierosolymitani(「예루살렘 왕국 등록부」), pp.106-107. 멜리장드(Melisende, 1131-1153 재위, 여왕)와 야코부스파 간의 관계에 대해서는 다음 자료 볼 것. Nau, "Le Croise lorrain Godefroy d'Ascha," Journal asiatique, Ⅸ, vol. xiv(1899), pp.421-431.

25) Runciman, op. cit. iii, pp.379-381 볼 것. 성묘 교회의 그리스인 참사회원(canons)의 존재에 대해서는 Roziere, Cartulaire du Saint-Sepulcre(「성묘 교회 문서집」), p.177 볼 것.

26) John Phocas, A Brief Description(「성지 요약 지리지」), trans. Stewart(Palestine Pilgrims' Text Society), pp.31, 34.

27) 티레의 기욤이 이끌던 현지 프랑크인들의 반대에도 불구하고 헤라클리우스가 총대주교로 선출되었다. 기욤의 정책은 현지 동방 기독교 공동체들과 우호적 관계를 유지하는 것이었다. William of Tyre, op. cit. xxii. 4, p.1068; Ernoul, Chronique d'Ernoul et de Bernard le Tresorier(「에르눌과 재무관 베르나르의 연대기」), ed. Mas Latrie, pp.82-84.

28) Le Quien, Oriens Christianus(「동방 기독교」), iii, pp.498-503에 소개된 명단은 총대주교좌의 전통을 좇는 도시테오스(Dositheus)가 집필한 Historia peri ton en Hierosolymois patriarcheusanton(「예루살렘 총대주교청사」), p.1243에 근거한다. 여기에는 시메온 2세와 1187년 예루살렘에 귀환한 총대주교 아타나시오스 2세 사이에 다음 여덟 명의 이름이 등장한다. 아가피오스 1세(Agapius I), 사바스(Sabas), 에우케리오스 1세(Eucherius I), 마카리오스 3세(Macarius Ⅲ), 야코부스 2세(Jacobus Ⅱ), 아르세니오스 2세(Arsenius Ⅱ), 요안네스 7세(Johannes Ⅶ) 또는 니콜라오스(Nicholaus), 그리고 니케포로스 2세. 르 키앙은 아가피오스, 에우케리오스, 마카리오스의 실존 여부에 의문을 제기한다.

29) 아타나시오스 2세는 1187년에 예루살렘으로 간 것으로 보이지만, 1191년에는 예루살

렘 총대주교 도시테오스가 콘스탄티노플에 머물고 있었다는 것을 알 수 있다. Nicetas Choniates, Historia(「역사」), Bonn edition, p.529 볼 것. 이 내용에 따르면, 비잔티움 황제가 예루살렘 총대주교좌의 망명 후반기에 총대주교를 직접 지명하는 관습을 유지했을 가능성을 시사한다. 1191년 당시 총대주교 레온티오스가 막 사망한 상태라서 도시테오스는 아마도 콘스탄티노플에서 임명되어 아직 자신의 교구좌로 부임하지 않았던 것 같다. 그는 베네치아 출신이었다.

30) 이 명판은 Brightman, Liturgies Eastern and Western, i, lii, pp.500-502.에 수록되었다. 여기에는 예루살렘의 니케포로스, 콘스탄티노플의 루카스, 알렉산드리아의 소프로니오스, 그리고 안티오키아의 아타나시오스를 생존해 있는 인물들로 기념하고 있다. 이것의 작성 연대는 대략 1166년경으로 추정된다. 요안네스는 최근의 예루살렘 총대주교라고 언급한다.

31) Chalandon, Les Comnene, Jean II Comnene et Manuel I Comnene(「콤네노스 왕조, 요안네스 2세 콤네노스와 마누엘 1세 콤네노스」), pp.642, 648, 651, 653; Krumbacher, Geschichte der byzantinischen Litteratur(「비잔티움 문학사」), p.91.

32) 1161년 12월 콘스탄티노플에서 거행된 황제 마누엘과 안티오키아의 마리아의 결혼식은 콘스탄티노플 총대주교 루카스, 알렉산드리아 총대주교 소프로니오스, 그리고 안티오키아 총대주교 아타나시오스가 집전했다. Cinnamus, Epitome Historiarum(「역사 강요」), pp.210-211 볼 것. 만약 황제가 인정한 예루살렘 총대주교가 당시 콘스탄티노플에 머물고 있었다면 그 역시 예식에 참여했을 가능성이 크다.

33) 옥시아의 요안네스에 관해서는 Grumel, "Les Patriarches d'Antioche du nom de Jean," Echos d'Orient, vol. xxxii (1933), pp.286 ff 볼 것. 요안네스 자신은 콘스탄티노플에 도착한 뒤에야 비로소 자신이 사임한 것으로 간주했던 게 분명하다. 그의 퇴위서는 Benechewitch, Catalogus Codicum Manuscriptorum Graecorum Siniaticorum(「시나이 그리스어 사본 목록」), p.279에 포함되어 있다. 이것에 대한 공식적인 라틴 측 견해는 William of Tyre, op. cit., pp.273-275 볼 것.

34) Albert of Aix, op. cit. vili. 41, 47-48, pp.582, 584-285. 알베르는 마나세스(Manasses)의 교구좌를 '바르제노나'(Barzenona) 또는 '바르시노나'(Barcinona)라고 부른다. 그곳은 분명 바르셀로나는 아니었다. 당시 바르셀로나의 대주교는 베렝가르 2세였기 때문이다. 나는 이 지명이 어디인지 확인하지 못했다.

35) Ordericus Vitalis, Historia Ecclesiastica(「교회사」), xi, ed. Prevost, iv, pp.210-213; William of Tyre, op. cit. xii. I, p.450; Anna Comnena, op. cit. xii. I, vol.

iii, p.53.

36) Anna Comnena, op. cit. xii. 4, 8, xiii. 2-12, vol. iii, pp.64-65, 77-85, 99-139.

37) 트라키아의 키릴로스는 부모가 로마로 순례를 다녀와서 분명히 라틴 측에 어느 정도 우호적이었음에도 보에몽에게는 격렬한 적대감을 드러냈고 황제에게 그의 패배를 예언하기도 했다. Loparev, Description of Various Lives of Greek Saints(「그리스 성인들의 행전」, 러시아어), pp.381, 387.

38) Runciman, op. cit. ii, pp.211-219. 인노첸시오 2세 편지는 Roziere, Cartulaire du Saint-Sepulcre(「성묘 교회 문서집」), p.86에 수록되어 있다.

39) Runciman, op. cit. ii, pp.222-224.

40) Runciman, op. cit. ii, pp.351-354.

41) Ibid. pp.371, 389.

42) Cahen, La Syrie du Nord au temps des Croisades(「십자군 시대의 북시리아」), pp.612-613; Runciman, op. cit. iii, pp.136-137. 시메온 2세의 이름은 콘스탄티노플에 보관된 안티오키아 총대주교 명단에 나타나지 않는다. 당시 비잔티움 세계는 4차 십자군의 결과로 혼란에 빠져 있었고, 니케아 황제가 아직 지도자로 부상하기 전이었기 때문에, 황제가 그를 지명하거나 콘스탄티노플 총대주교가 서품하는 것은 불가능했을 것이다. 일련의 사건이 빠르게 전개된 것으로 볼 때 그는 이미 안티오키아에 거주하고 있었던 것으로 보인다.

43) Bar-Hebraeus, Chronography(「연대기」), trans. Budge, p.436; "Lettre des Chretiens de Terre Sainte a Charles d' Anjou," ed. Delaborde, Revue de l' Orient latin, vol. ii(1894), pp.213-2I4. Runciman, op. cit. iii, pp.306-307, 319-320 볼 것.

44) 다양한 기독교 교회 조직들은 15세기 이전에 안티오키아에서 본부를 옮겼던 것으로 보인다. 프랑스 부르고뉴 공국의 기사이자 여행가였던 베르트랑동 드 라 브로키에르(Bertrandon de la Broquiere)가 1432년 안티오키아를 방문했을 때 목격한 것은 불과 300여 채의 가옥뿐이었고, 주민은 거의 전부가 무슬림 튀르크멘(Turcoman)이었다. De la Broquiere, Voyage d' Outremer(「해외 여행기」), ed. Schefer, pp.84-85.

45) Cahen, op. cit., pp. 684-5; Runciman, op. cit. iii, p.231.

46) Doelger, Regesten(「칙령집」), Nos. 1584, I591, 1593, ii, pp.94-95. Beha ed-Din, (Ibn Sheddad), Life of Saladin(「살라딘의 생애」), trans. Conder(Palestine Pilgrims' Texts Society), pp.198-201은 살라딘과 황제 사이의 협상을 소개한다.

47) Itinerarium Regis Ricardi(「리처드 왕의 여정」), ed. Stubbs, pp.431-438; Ambroise, L'Estoire de la Guerre Sainte(「성전(聖戰)의 역사」), ed. Paris, coll. 317-327; Beha ed-Din, op. cit., pp.334-335.

48) Assises des Bourgeois(「부르주아 법전」), R.H.C. Lois, vol. ii, pp.178-179. 시기에 관해서는 다음 자료 볼 것. Prawer, "L'Etablissement des Coutumes de marche a Saint-Jean d'Acre," Revue historique de Droit francais et etranger, Serie 4, vol. xxix(1950), pp.329 ff.

49) 3장 볼 것. 12세기 알렉산드리아 총대주교구에 관한 직접적인 증거는 거의 남아 있지 않다.

50) 6장 볼 것.

51) 인노첸시오 3세는 알렉산드리아의 니콜라오스와 편지를 주고받았다. Potthast, Regesta Pontificum Romanorum(「로마 교황의 등재록」), Nos. I430, 4365, 4726, i, pp.128, 376-377, 472-476. 라테란 공의회에 참석한 알렉산드리아 측 대표에 관해서는 Hefele-Leclerg, Histore des Conciles(「공의회사」), v.2, p.1318 볼 것.

52) Le Quien, Oriens Christianus(「동방 기독교」), iii, pp.1141-1144. 1221년 다미에타의 라틴 주교가 임명되었다. 그의 봉급은 1,000탈란톤(달란트)였다. Chronica de. Mailros(「멜로즈 연대기」), ed. Bannatyne Club, Edinburgh, p.138.

데볼강 유역의 황제 진영에서 교황 사절이 지켜보는 가운데 체결된 조약에 따라
보에몽은 안티오키아 공국을 유지하되 황제와 그 후계자에게 충성을 맹세하는
봉신의 신분을 유지하기로 했다. 아울러서 그는 안티오키아 총대주교좌를
다시 그리스계 계보로 회복하기로 동의했다. 그렇지만 실제로
데볼 조약(Treaty of Devol, 1108)은 사문화된 규정에 지나지 않았다.
당시 안티오키아는 비잔티움의 봉신이 되거나 그리스인 총대주교를 받아들일
생각이 전혀 없는 탕크레드가 지배하고 있었기 때문이다.
탕크레드는 숙부 보에몽의 서명을 거부한 채 곧장 시리아와
킬리키아에 있는 비잔티움의 항구 도시들을 또다시 점령했다.

05

외교와 논쟁

동방 지역 총대주교구들과 로마 사이에 발생한 갈등은 동방 영토를 십자군이 침입하고 식민화한 데서 대부분 비롯되었다. 12세기에 진행된 콘스탄티노플과 로마의 논쟁은 그 기원이 훨씬 더 미묘하고 복잡했다. 로마는 콘스탄티노플의 상황을 제대로 이해하지 못했다. 교황은 황제가 교회를 상대로 지시하는 모습을 보고 교회가 황제의 지시에는 무엇이든 복종한다고 간주하는 경향이 있었다. 하지만 사실 황제의 '황제교권주의'(Caesaropapism)는 결코 무제한적이지 않았다. 어떤 황제도 쉽게 여론을 거슬러 행동하거나 제국이 용인하는 법과 전통을 외면하지 못했다. 제국 전체에는 강력하고 교육 수준이 높은 세속 사회가 존재했는데, 특히 콘스탄티노플 시민들은 확고한 생각과 고정 관념을 아무 거리낌 없이 표출했다. 이런 여론을 형성하는 데 있어 성직자들의 영향력이 황실보다 더 컸다. 비잔티움 교회를 개혁하려던 황제 알렉시오스 1세 콤네노스조차 그런 시도가 국익을 위해 불가피했으나 한동안 인심을 잃어야 했고, 심지어 자신을 겨냥한 음모에 시달리기도 했다. 덕분에 그는 자신이 처리할 수 있는 한계를 절감했다.

알렉시오스 본인과 그의 아들 요한, 손자 마누엘까지 모두가 로마 교회와 우호적인 관계를 유지하려고 했다. 이것은 한편으로는 기독교 세계의 평화를 보존하려는 진심 어린 열망에서 비롯된 것이었고, 다른 한편으로는 로마와의 우호 관계가 지닌 외교적 가치를 신중하게 고려한 결과였다. 12세기 거의 내내 황실 정책은 서방 교회와의 어떤 결렬도 피하는 것이었다. 하지만 비잔티움 성직자들은 황제가 계산하는 정치적 이해관계에 그다지 영향받지 않았다. 콘스탄티노플 교회는 기독교 세계에서 가장 위대한 도시의 교회라는 자부심이 있었고 지난 수 세기 동안 나름 타당한 이유로 로마 교회를 경멸해 왔다. 콘스탄티노플은 갑자기 되살아난 교황권의 능력을 오해했고 교황이 전 세계를 상대로 권위를 주장하는 모습도 오만하게 보았다. 비잔티움의 교리적 자부심은 무교병 사용 같은 서방의 특정 관습에 대한 강력한 반감, 그리고 기독교 세계가 공인한 신경을 로마 교회가 일방적으로 수정하려 한다는 것에 대한 분노 섞인 공포심으로 한층 고조되었다. 따라서 로마에 대한 굴복을 암시하는 그 어떤 움직임도 비잔티움 교회의 격렬한 반대를 초래할 수밖에 없었다.

갈등의 배경

처음에는 콘스탄티노플의 일반 평신도 여론이 성직자만큼 격렬하지 않았다. 십자군 전쟁이 시작될 무렵, 제국 사람들은 서방인을 같은 그리스도인 형제로 기꺼이 환영할 준비가 되어 있었다. 하지만 서방 병사들의 난폭함과 비우호적인 태도는 곧장 반감을 불러일으켰고, 제국 안에 정착해 상권을 장악하기 시작한 이탈리아 상인들이 늘어나면서 라틴인에 대한 비잔티움인들의 원한이 더 커졌다. 그렇게 해서 교회가 퍼뜨리기 시작한 반(反)서방 선전이 대중의 지지를 얻는 데 아주 유리한 여건이 조성되었다. 황제는 막강한 권력을 가졌음에도 신중하게 처신해야 했다. 그렇지만 성직자들조차 아직은 분열이라는 파국을 정면으로 마주할 준비가 되어 있지 않았다. 모두가 기독교 교회는 여전히 하나이고 서로 나뉘지 않았다는 믿음을 오랫동안 붙들고 있으려고 했다.

1차 십자군 당시 라틴 연대기 작가들은 이런 믿음을 분명하게 드러냈다. 그들은 콘스탄티노플을 아주 성스러운 도시로 간주했다. 수도사 로베르는 콘스탄티노플이 교황청의 소재지가 아니라는 점만 제외한다면 거룩함과 위엄에 있어 로마와 동등하다고 선언했다. 노장의 귀베르는 세계 전체가 그 도시를 존경할 만하다고 했고 아우라의 에케하르트는 그곳에 하나님의 가호가 주어지는 게 당연하다고 말했다.[1] 1차 십자군 원정 내내 일반 대중끼리는 우호적인 분위기였다. 은자 피에르의 추종자들은 다소 무례하게 굴면서도 발칸반도 주민의 환대를 반겼고 주민들 역시 피에르에게 존경을 아끼지 않았다.[2] 아테네에서는 1099년 흥미로운 사건이 하나 있었다. 팔레스타인으로 향하던 십자군 일부가 기상 악화로 어쩔 수 없이 아테네에서 가까운 피레아스 항구에 상륙하게 되었다. 아테네 총독이 그들을 해적으로 의심하고 경계하자, 십자군은 현지 멜레티오스라는 은둔 수도사에게 도움을 청했다. 멜레티오스는 그들을 형제처럼 따뜻하게 맞아주었고 당국과 아테네 시민들을 설득해 친절하게 대접하게 했다.[3]

이런 호의는 십자군들의 무법 행위 때문에 대부분 사라지고 말았다. 몇 달 전 교황에게 전권을 받은 피사의 대주교를 호송하던 피사 함대가 코르푸, 레프카스, 자킨토스를 약탈하러 들렀던 일을 떠올리면 아테네 총독이 품었던 의심은 충분히 이해할 수 있다.[4] 비교적 관대했던 불가리아의 주교 테오필락토스조차 자신과 교구민은 인내심을 갖고 불편을 감수할 준비가 되어 있다고 하면서도 당시 경험을 야만인의 침입에 비유하기도 했었다. 콘스탄티노플에서는 십자군 병사들의 도둑질과 파괴적 행동이 시민에게 충격과 공포를 안겨주었고 병사들 역시 자신들을 향한 반감을 곧장 감지하고는 똑같이 적대적으로 반응했다. 하지만 양측 모두 책임을 상대 당국자들에게 돌렸다. 상황이 틀어질 때마다 일반 십자군 병사들은 비잔티움의 대중이 아니라 황제와 측근들을 비난했다. 그들은 그리스인을 경멸했고 노장의 귀베르가 말했듯이 '비참하고 볼품없는 그리스인들, 인간 중 가장 나약한 자들'이라고 불렀다.[5] 하지만 이때까지만 해도 그들이 원한을 품은 대상은 통치자들뿐이었다. 비잔티움 사람들 역시 십자군 순례자와 병사들을 동료 그리스도교인으로 받아들일 준비가 되어 있었지만 그들의 난폭함과 포악함에 대한 책임은 지도자들에게 있다고 보았다.

그런데 지도자들 가운데는 라틴계 주교와 성직자들이 포함되어 있었다. 비잔티움 사람들은 무기를 들고 전투에 뛰어드는 사제들이 십자군에 그렇게 많다는 것에 상당한 충격을 받았다.[6] 이것은 동방 정서에 크게 어긋나는 일이었다. 동방에서는 하나님에게 서원한 사람들이 당연히 전쟁에 가담해야 한다는 사실에 경악했다. 따라서 그들은 라틴계 동료들을 비난하는 그리스 성직자들에게 더 자주 귀를 기울였다. 게다가 비잔티움 제국의 지식인 사회는 교황이 서방에서 최고 권위를 주장한다는 사실까지 알고 있었다. 그래서 서방 제후와 성직자들이 적대감을 보일 때마다 그 원인이 교황에게 있다고 생각 했다. 교황 그레고리오 7세가 기스카르를 부추겨 비잔티움을 공격하 게 했고 교황 파스칼 2세가 타란토의 보에몽을 지원한 것은 분명한 사실이었다. 우르바노 2세가 보여준 우호적 태도는 관심이 없었다. 비잔티움에서는 서방 군주들의 공격적인 적대감 배후에 로마가 자리 잡은 것으로 받아들였다.

알렉시오스 황제와 교황들

교황의 영향력이 갖는 중요성과 그와의 친분이 가져다줄 잠재적 가치를 충분히 알고 있던 알렉시오스 황제는 신중할 수밖에 없었다. 그의 일차 목표는 튀르크에게서 아시아 영토를 회복하는 것이었다. 따라서 서쪽 국경을 안정시키는 것, 그러니까 노르만족의 위협을 종식하는 문제가 특히 시급했다. 우르바노 2세와 화해할 무렵 알렉시오스는 이탈리아에서 가장 존경받고 이해관계에서 비교적 자유로운 고위 성직자였던 몬테카시노 수도원장 오데리시우스와 사적으로 서신 교환을 시작했다. 둘 사이에 우호적인 편지들이 오갔지만, 필리오케나 무교병의 사용 같은 민감한 주제는 전혀 거론하지 않았다. 황제는 수도원장에게 십자군을 지원하는 자신의 염려를 털어놓으며 협력이 항상 수월하지 않다는 점을 넌지시 비쳤다.[7]

오데리시우스가 1105년 사망하자 후임자들인 오토와 지라르가 서신 왕래를 이어갔다. 하지만 교황 파스칼 2세가 보에몽의 감언이설에 넘어가면서 이 교류가 중단된 것 같다. 이런 단절에도 불구하고 알렉시오스 황제는 라틴 교회에 악의가 없음을 줄곧 보여주었다. 그 무렵 그는 키보토스(또는 시베토트)에 서방 순례자를 위한 숙박소를 세우고 운영을 클뤼니 수도회에 맡기기도 했다.[8] 따라서 그가 1111년 교황과 다시 가까워지고 싶다는 뜻을 전했을 때 이탈리아에는 기꺼이 중재자로 나설 친구들이 있었다. 그는 이탈리아에 실질적인 전초기지까지는 아니더라도 확고한 동맹을 구축하기에 시기가 무르익었다고 판단했다. 당시 노르만족 영지들은 정치적으로 위협이 되지 않는 배경이 서로 다른 세 명의 대비, 그러니까 나폴리의 아델라(플랑드르), 타란토의 콩스탕스(프랑스), 그리고 팔레르모의 아델라이데(몬페라토)가 통치하고 있었다. 덕분에 황제와 교황은 노르만족의 방해 없이 외교적 공세를 펼칠 수 있었다.

파스칼 교황 역시 정치적 합의를 간절히 바라고 있었다. 노르만족의 세력이 일시적으로 약해지면서 독일인(신성로마제국)에 맞서 자신을 지켜줄 현지의 세속 보호자가 사라졌기 때문이다. 1111년 로마로 진격한 독일 국왕 하인리히 5세(1111-1125 재위)는 교황을 감금한 채 자신에게 황제관을 씌워줄 것과 교황이 곧바로 후회할 만한 양보안을 내놓도록 강요했다.[9] 1112년 1월, 알렉시오스 황제는 몬테카시노의 지라르에게 교황이 투옥되었다는 소식을 듣고 몹시 고통스러웠다는 내용의 편지를 보냈다. 뒤이어 그는 로마시 당국자에게도 편지를 보내 교황을 용기 있게 지지한 것을 치하하고, 자신이나 아들 요안네스를 위해 서방 황제의 관을 받아들일 의사가 있음을 넌지시 비쳤다. 고무된 로마인들은 콘스탄티노플에 사절단을 보냈고 알렉시오스는 그들에게 그해 여름 직접 로마로 가겠다고 약속했다. 하지만 막상 여름이 되자 건강이 나빠져 여행할 수 없었다. 사실 황제가 이 계획을 진지하게 고려했는지 의문이지만 그 덕분에 이탈리아에서 영향력을 확보할 수 있었다. 그는 직접 로마에 가는 대신 교황에게 개인 특사를 파견했다.[10]

파스칼 교황이 알렉시오스를 분파주의자로 여겼다면 협상을 그렇게 진척시키지 않았을 것이다. 하지만 교황은 더 진전된 정치적 단계를 밟기 전에 교회들이 처한 상황을 먼저 정리하고 싶어 했다. 1112년 말 알렉시오스에게 편지를 보내 양측 교회의 관계가 먼저 올바른 토대 위에 놓여야 한다고 주장했다. 그는 황제에게 과거에는 콘스탄티노플 총대주교가 로마에 매우 순종적인 위치에 있었다는 사실을 거론하며 지금은 교황의 서한이나 사절을 받는 것마저 거부하고 있다고 지적했다. 그러면서 다소 불평 섞인 말투로 황제는 제국과 성직자만 상대하면 그만이지만 자신은 수많은 이민족을 다스려야 해서 몹시 힘

▲ 알렉시오스 1세(Alexios Ⅰ Komnenos, 1048?–1118, 그리스 사본 12세기)

든 처지라고 토로했다. 파스칼은 무엇보다 콘스탄티노플의 '형제'(c-onfrater) 주교가 로마 교회의 수위권과 존엄을 인정해야 한다고 요구했다. 그것이 가능해야 보편 공의회를 소집해서 쟁점을 논의하고 해결할 수 있다는 것이었다.[11]

파스칼 교황의 편지는 솔직하고 논리적이었다. 황제가 총대주교를 압박해 로마에 합당한 예우를 갖추게 할 수 있었던 6, 7세기의 상황으로 돌아가자고 제안한 셈이었다. 하지만 그때 이후로 사정은 달라졌고, 비잔티움 제국의 여론은 이미 훨씬 더 완강해진 상태였다. 황제는 교회에 대해 막강한 권력을 가졌지만, 총대주교에게 그런 지시를 따르라고 강요할 수 없었다. 실제로 황제가 그렇게 시도했을 가능성 역시 희박하다. 편지를 들고 온 교황의 사절들은 어정쩡한 답변만 들은 채 발길을 돌린 것으로 보인다.[12]

1년 뒤인 1113년 말, 또는 1114년 초에 밀라노의 대주교 피에트로크리솔라노가 콘스탄티노플을 방문했다. 황제가 직접 참석한 자리에서 대주교는 그리스 신학자들과 함께 성령의 발출과 무교병 문제를 논의해 달라는 요청을 받았다.[13] 인류가 가진 불행한 착각 중 하나는 논쟁을 통해 분쟁을 해결할 수 있다는 믿음이다. 현실은 그 반대다. 어느 쪽도 패배를 인정하려 들지 않고 오히려 상대를 굴복시키기 위해 점점 더 많은 논거를 끌어모으기 때문이다. 만약 황제가 원하기만 했다면 파스칼 교황이 보내온 편지를 비밀에 부칠 수도 있었다. 하지만 크리솔라노와의 토론은 알렉시오스 황제가 무엇보다 두려워했을 결과를 초래했다. 그리스 성직자들에게서 논란이 될만한 반박이 봇물 터지듯 쏟아져나왔다.

지난 몇 해 동안 이 논쟁은 일시적으로 소강상태를 유지했다. 그 기간에 나온 유일한 반(反)라틴 저술은, 안티오키아의 전임 총대주교였던 옥시아의 요안네스가 무교병주의자들을 반박하려고 작성한 논문이 유일했다.[14] 이 글은 통상적인 상징적 주장과 교부들을 인용한 자료가 넘쳐났다. 절제의 미덕을 권고하는 신중한 태도에도 불구하고 요안네스 본인의 경험 때문인지 논문 전체에 비통함이 어느 정도 배어났다. 하지만 이제 수많은 사람이 크리솔라노를 반박하는 글을 발표했다. 그리스 교회의 공식 대변인은 니케아 대주교 에우스트라티오스와 요안네스 푸르네스 수도원장이었다. 그들은 토론에서 제기한 주장을 출판하기까지 했다.[15] 이 외에도 이코니움의 니케타스 세이데스와 역사가인 수도사 요안네스 조나라스를 비롯한 성직자들과 시인 테오도로스 프로드로모스와 스미르나의 철학자 테오도로스 같은 평신도들마저 함께 가세해 반박하는 글을 썼다. 토론이 대중에 공

개되자 관심이 뜨겁게 달아올랐다.[16]

토론은 불가피하게 결론 없이 끝났다. 크리솔라노와 그를 따르는 반대자들은 모두 뛰어난 논쟁가들이었고, 그들의 주장은 논리적이고 근거 역시 탄탄했다. 하지만 장황한 보고서와 논문을 읽어 보면 사실 어느 쪽도 상대방 주장에 제대로 답하지 못했다는 것을 곧장 알게 된다. 양측 주장이 서로 다른 전제 위에 세워져 있기 때문이다. 성령의 발출 문제에 관한 라틴 측 주장은 언뜻 보기에 그리스 측보다 한층 더 명확하고 설득력이 있어 보인다. 하지만 라틴 측의 삼위일체 이해는 그리스 측보다 덜 치밀하고 섬세한 균형이 부족했다. 크리솔라노의 조심스러운 주장 역시 상대방의 근본적인 입장과는 무관했다. 무교병의 문제는 그리스 측에서 자신들의 입장을 지지하는 교부의 문헌을 훨씬 많이 제시했지만, 그렇다고 해서 그런 인용문 때문에 라틴 측이 반박 불가능한 논거가 성립되었다고 인정할 가능성은 희박했다.

유일한 해결책은 정교회 신학자들이 자주 권고했던 오이코노미아(관용적 처리)를 동서 교회가 상대방에게 베푸는 것뿐이었다. 그렇지만 로마는 이견을 용납하는 분위기가 아니었다. 그리스인들 역시 순수한 신학적 쟁점이나 관행은 어느 정도 관용할 수 있었겠지만, 자신들이 보편 공의회의 권위에 대한 정면 도전으로 간주하던 신경의 문구 추가만큼은 용서할 수 없었다. 더구나 그들은 오래된 전통적 관행이 조금이라도 틀릴 수 있다는 것을 인정하려고 하지 않았다. 핵심 쟁점은 교황권의 문제였다. 교황이 내키는 대로 신경에 내용을 추가하고 관행의 통일을 강제할 수 있는지였다. 그런데 황제가 확실하게 의사를 표명했기 때문이었는지 논쟁 과정에서 교황권에 관한 문제는 불거지지 않았다.

알렉시오스 황제는 논의가 지나치게 확대되는 것을 피하려고 했던 게 분명하다. 황제가 총애하던 신학자 에우티미오스 지가베노스가 공식적으로 이단을 거론한 「교리의 전신 갑주」(Panoplia Dogmatica)를 출간했을 때 무교병 문제는 아르메니아인의 그릇된 관행을 집중적으로 다루는 장으로 밀려나 있었다. 그 대목에서는 라틴인에 대한 비판을 단 한 마디도 찾아볼 수 없다. 성령의 문제를 아주 자세하게 다루면서도 필리오케를 언급한 유일한 대목은 포티오스가 이 주제에 관해 작성한 논문을 그대로 옮겨놓은 것에 지나지 않았고, 그마저도 어떤 경건한 필사자가 나중에 지가베노스의 원고에 덧붙여 놓은 것으로 보인다.[17]

안나 콤니니의 알렉시아스

알렉시오스 황제는 자신을 부당하게 대우한 두 교황, 그러니까 그레고리오 7세와 파스칼 2세에게 어느 정도 반감을 품고 있었던 것 같다. 이런 반감은 딸 안나 콤니니가 쓴 황제의 전기(「알렉시아스」)에서도 흔적을 찾아볼 수 있다. 안나는 1140년 이후 어느 시점에 이 대작을 집필했다. 그때까지 그녀는 이미 대략 20년 동안 은둔 생활을 하고 있었다. 그녀는 1118년 부친이 사망한 이후로 더는 공식 문서에 접근할 수 없었다. 오랜 세월 궁정과 떨어져 지내는 동안 생각이 달라졌고 당시 몸담았던 수도원 환경의 영향도 컸다.[18] 전반적으로 그녀는 그리스인과 라틴인이 여전히 완벽한 친교 상태에 있다고 전제한다. 서품은 과거에도, 그리고 앞으로도 두 교회 사이에서 서로 인정하고 교환할 수 있어야 한다고 믿었다. 알렉시오스 황제가 안티오키아 총대주교좌에 그리스인의 복귀를 고집했을 때 그리스인 총대주교가 당연히 라틴계 성직자를 포함한 모두를 서품해야 한다는 내용이 데볼 조약(Treaty of Devol)에 추가된 것도 그 때문이었다.[19]

안나는 십자군 병사들의 야만성과 지휘자들의 오만함과 배신을 한탄하면서도 그들이 그리스도의 군사들이고 하나님의 은총을 기대할 수 있는 존재라고 간주했다.[20] 게다가 순박한 순례자들의 목적에는 공감을 표하기까지 했다. 그녀의 표현을 빌리면, 그들은 "진정으로 주님의 무덤에서 경배하고 거룩한 성지들을 직접 목격하고자 했던" 사람들이었다.[21] 라틴 주교들에게는 '하나님께 가장 사랑받는 이들'(theophilestatos)이라는 칭호를 붙이기도 했다.[22] 하지만 일단 교황권을 언급하기 시작하면 말투가 달라진다. 그녀는 교황의 이름을 전혀 거론하지 않는다. 부친과 상당히 우호적인 관계를 유지한 우르바노 2세의 재위 기간은 침묵하고 넘어간다. 십자군 원정이 시작되는 과정에서 그에게 어떤 역할도 부여하지 않는다. 교황이라면 누구든 좋게 말하는 법이 없지만, 정작 우르바노에 대한 비방은 의도적으로 피하는 듯한 인상을 준다. 교황 그레고리오 7세는 직접 거명하지 않으면서도 그와 하인리히 4세의 서임권 분쟁은 장황하게, 그러면서도 극도로 부정확하게 설명한다. 그녀의 설명에 따르면, 독일 왕은 교황을 자신의 동의 없이 사도좌를 장악한 찬탈자라고 비난했다. 반대로 교황은 왕이 돈이나 선물을 받고 자격 없는 인물들에게 성직

>>> 역사가 안나 콤니니와 「알렉시아스」

비잔티움 제국의 '자줏빛 태생'(Porphyrogenita, 자주색 방에서 태어난 황손) 공주이자 제국 유일의 여성 역사가였던 안나 콤니니(Anna Comnena, 1083-1153?)는 플라톤이나 아리스토텔레스 철학이나 수사학과 4과(산술, 기하, 천문, 음악)에 정통해 학자들과 형이상학을 주제로 토론하거나 아리스토텔레스의 「니코마코스 윤리학」 주석 작업을 후원하기도 했다. 안나는 1118년 아버지 알렉시오스 황제가 사망하고 동생 요안네스가 황위를 계승하자 적통성을 내세워 직접 쿠데타를 일으켰다. 장군이자 학자였던 남편 니키포로스 브리엔니오스(Nikephoros Bryennios, 1062-1137)를 황제로 옹립해 황후(Augusta)로서 제국을 통치하려고 했으나 남편의 반대로 실패했다. 이후 수도원에 은거하며 30여 년 동안 아버지 알렉시오스 1세의 일대기를 다룬 「알렉시아스」(Alexias)를 15권 분량으로 집필했다. 「알렉시아스」는 타란토의 보에몽을 비롯한 주요 인물들과 동로마 제국은 물론 중세 유럽의 전쟁, 무기, 전술 등을 상세하게 묘사했을 뿐 아니라 고전과 성경 등을 풍부하게 인용해 지금껏 문학적으로도 가치를 인정받고 있다.

을 판매했다고 비난했다. 왕이 위협적인 사절단을 보내자 교황은 그들을 투옥하고 신체를 훼손했는데 안나는 그 사건을 냉소적으로 묘사하면서 여성이자 공주인 자신이 입에 올릴 수 없을 만큼 끔찍한 만행이 있었다고 암시한다.[23]

실제로 그레고리오는 로마 군중의 거친 소동으로부터 사절단을 보호했다. 그런데도 안나는 독일에서 교황의 적들이 퍼뜨린 소문을 믿는 쪽을 선택했다.[24] 그녀는 교황이 독일 왕에게 선전포고한 일을 마뜩잖아하면서 노르만인의 도움을 구할 수밖에 없었던 그의 처지를 경멸조로 거론한다.[25] 그녀는 교황이 그녀의 아버지를 파문했다는 사실을 일절 언급하지 않고 노르만인들이 비잔티움을 처음 공격할 때 그 파문이 영향을 미쳤다는 것 역시 전혀 드러내지 않는다. 교황이 기스카르가 내세운 가짜 인물(몰락한 황제 미카엘을 사칭했던)에게 선동된 것도 마찬가지다. 무슨 이유에서인지 그녀는 교황이 기스카르를 비잔티움에 대항하도록 부추긴 행동을 축소한다. 교황청이 노르만인들을 사주했다고 비난하는 글은 훗날 보에몽의 활동과 그녀가 성인이 되고 나서 직접 겪은 사건들에 이르러 등장한다. 그녀의 설명에 따르면, 보에몽은 교황 파스칼 2세를 속이려고 황제가 고용한 페체네그족 용병 일부를 사로잡아 그 앞에 내보이며 알렉시오스가 이교도 야만인들을 동원해 그리스도인 십자군을 상대로 싸우고 있다고 주장했다. 다시 말하자면, 교황이 보에몽을 지지한 것은 순전히 어리석은 무지에서 비롯된 일이었다는 것이다. 그러면서 그녀는 교황의 이런 행동이 비잔티움에서 얼마나 큰 분노를 불러일으켰는지 분명하게 제시한다.[26] 교황권 주장에 대해서도 그녀는 확고하면서도 부정확한 생각을 하고 있었다. 그녀는 독일 사절들에 대한 그레고리오의 만행을 언급하며 이렇게 말한다.

이것이 바로 교황, 그렇다, '최고 교황'의 소행이었다. 온 세상을 통치한다고 주장하는 자, 곧 라틴인들이 그렇게 말하고 그렇게 믿는 자의 소행이었다. 라틴인의 오만은 정말 이렇게 대단하다. 그러나 실상 제국의 수도가 저쪽에서 우리나라, 곧 우리의 황도(帝都)로 이전했을 때 원로원과 모든 행정 조직과 더불어 주교단의 최고 지위 또한 동시에 이곳으로 옮겨졌다. 그 이래로 황제들은 콘스탄티노플 총주교좌를 최우선으로 간주했다. 그리고 무엇보다도 칼케돈 공의회는 콘스탄티노플 총대주교를 가장 높은 지위로 올려놓고 오이쿠메네(Oecumene) 전역의 모든 주교좌를 그 밑에 종속시켰다.[27]

안나가 '오이쿠메네'라는 말을 비잔티움 세계에서 통용되던 의미, 그러니까 제국을 가리키는 뜻으로 사용했다고 해도 그녀의 주장은 사실과 다르다. 예를 들어 테살로니카는 8세기까지도 여전히 로마에 종속되어 있었다. 또한 칼케돈 공의회 28항에 대해 그녀가 내린 해석은 명백히 잘못된 것이다. 안나는 전반적으로 성실한 저술가였고 사료를 양심적으로 사용했고 자신의 신학적 소양을 자랑스럽게 여겼다. 하지만 이 대목에서만큼은 스스로 너무 확신에 사로잡힌 나머지 자신의 주장을 확인하는 노력을 하지 않은 것처럼 보인다. 만약 그 정도로 고등 교육을 받은 안나조차 칼케돈 공회에서 수위권 자체가 콘스탄티노플로 이전되었다고 믿었다면 이것은 비잔티움 세계의 여러 집단 사이에 널리 퍼져 있던 신념이었음이 틀림없다. 그런 사람들에게 로마의 사도좌(Roman See)라는 주장은 터무니없이 오만하고 그릇되게 비쳤을 것이다. 로마의 주장을 인정하는 것은 곧 콘스탄티노플이 기독교 세계의 수도로서 누리는 지위를 포기하는 일과 다름없었고, 따라서 민족적 자존심은 결코 그런 양보를 용납하지 않았을 것이다.

덧붙이자면, 공식적인 동방 교회의 입장은 칼케돈 공의회 28항을 결코 이런 식으로 해석한 적이 없었다. 동방 교회의 견해에 따르면

로마는 실제로 명예뿐인 수위권을 향유하고 있었으나 권력에 대한
과도한 주장과 신경을 개조하려는 시도 때문에 그 지위를 스스로 상
실했다는 것이다. 그렇지만 이 시점까지는 이와 같은 공식적인 견해
가 구체적으로 명문화되지는 않았다.

계속되는 논쟁

알렉시오스 1세를 계승한 요안네스 2세는 부친의 대서방 정책을
그대로 이어갔다. 황제는 특히 노르만인에 맞서기 위해 이탈리아 내
부에 동맹 세력을 유지하고 싶어 했다. 상황에 따라 교황이든 서방
황제이든 상대를 가리지 않고 우호적인 협상에 나설 준비가 되어 있
었다. 그는 비잔티움 왕가의 구성원과 서방 왕실 간 혼인 동맹 역시
자유롭게 구상했다. 교황에게 보내는 편지에는 양측 교회의 더 깊은
이해와 일치의 필요성을 강조하는 온갖 종교적 수사들이 넘쳐났지
만, 요안네스는 자신과 성직자들이 지나치게 많은 것을 약속하는 일
은 없도록 신중하게 처신했다. 그가 다스리던 처음 몇 해 동안은 비
교적 화기애애한 분위기가 유지되었다.

클뤼니 최후의 위대한 수도원장으로 불리는 가경자(可敬者) 피에
르가 1120년경 황제에게 편지를 보냈다.[28] 그는 황제를 '전 세계 모
든 교회를 돌보도록 임명된 자'라고 칭송하며 황제의 부친이 설립하
고 후원했던 키보토스의 클뤼니 수도원 처소에 제국의 은혜를 계속
베풀어 달라고 요청했다. 동시에 피에르는 콘스탄티노플 총대주교에

게도 편지를 보내 그를 '콘스탄티노플에 계신, 존귀하고 위대한 하나님의 교황'이라고 부르면서 아주 놀라울 정도로 우호적인 태도를 보여주었다. 그는 예수 그리스도와 콘스탄티누스 황제가 세운 기독교 도시, 그러니까 비잔티움 제국의 수도를 방문해 그곳 교회들과 성유물을 직접 보고 싶다는 열망을 피력했다.

> 그렇게 된다면 [그가 말하기를] 그토록 염원하던 안색을 친히 뵙고, 성하의 모습 덕분에 도시의 역대 모든 복된 교황들을 우러르게 될 것입니다. …성하께서 동의해 주신다면 우리는 함께 끊을 수 없는 유대를 맺고 서로를 향한 영적 사랑을 서약하게 될 것입니다. 지금 멀리서 간청하는 바는, 성하와 백성이 자애로운 심정으로 저와 클뤼니의 양 떼를 위해 기도해 주십사하는 것입니다. 저희 역시 못지않은 애정으로 성하를 위해 기도하겠습니다.[29]

이 편지를 읽고 나면, 1054년 이후로 동서 교회가 분열 상태였다고 해도 적어도 피에르 수도원장만큼은 그 사실을 전혀 알지 못했다고 말할 수밖에 없다.

외교적 교류는 계속되었으나 뚜렷한 성과를 거두지는 못했다. 요안네스 황제가 1124년 교황 갈리스토 2세에게 보낸 사절단이나 2년 뒤 교황 호노리오 2세가 황제에게 보낸 답례 사절단도 전혀 결실을 거두지 못했다.[30] 다행히 신학적 논쟁은 피해 가는 분위기였다. 논쟁이 서로의 차이점만을 부각하는 결과만 초래했기 때문이다. 1136년, 서방 황제 로타르 3세가 대사로 파견한 하벨베르크의 주교 안셀무스

(1100?-1158)가 시칠리아의 로제르 2세에 맞서 두 제국이 공동으로 대응할 가능성을 논의하러 콘스탄티노플을 방문했다. 안셀무스는 환대를 받았고, 정치적으로 볼 때 그의 임무는 성공적이었다. 그 과정에서 안셀무스는 황제가 임석한 가운데 동서 교회의 신학적 이견에 관한 토론에 참여할 기회를 얻었다. 상대는 니코메디아의 대주교 니케타스였다. 수년 뒤 안셀무스가 교황 에우제니오 3세(1145-1153 재위)에게 보낸 보고서에 따르면 토론자들은 예의 바르고 온화했고 통역관이었던 베르가모의 이탈리아인 모세 역시 양심적으로 정확하게 임무를 수행했다. 실제로 안셀무스는 교황권 주장을 반대하는 비잔티움 측 논거를 아주 명쾌하게 보고했다. 그는 자신이 속한 교회에 충실하면서도 독일인 주교로서 이탈리아 출신 교황과 로마 교황청을 상대로 이 문제가 갖는 또 다른 측면이 존재한다는 사실을 보여주는 상황 자체를 즐긴 것 같은 인상을 풍긴다.[31]

논쟁의 두 가지 주요 쟁점은 성령의 발출과 무교병 사용 문제였다. 전자에 관해서 니케타스 대주교는 성령이 아들을 통해(through) 발출한다는 것에는 동의할 용의가 있지만, 아들로부터(from) 발출한다는 주장에는 동의할 수 없다고 선언했다. 그는 나중에 그리스 신학자들 대부분이 수용한 이 표현이 라틴 측 해명 요구를 충족해 주기를 바랐지만, 그것마저도 실제로 신경에 직접 추가하면 안 된다고 보았다. 무교병 사용에 관해서는 역대 교황들이 표명한 견해가 서로 모순된다는 점을 지적했다.[32] 그는 4세기 멜키아데스 교황과 시리치오의 글을 인용하며 그들이 성찬례 빵을 유교병으로 전제한 게 분명하다고 지적했다. 니케타스는 이렇게 말했다. "만일 로마 교황들의 권위가 당신들이 나를 공격하기에 충분한 근거가 된다면, 마찬가지로 그 권위는 내가 당신들에게 맞서기에도 충분해야 할 것입니다."[33] 그러면서도 니케타스는 곧이어 교황의 권위가 그 자체로 반박 불가능한 논거를 제공한다고는 조금도 생각하지 않는다는 것을 분명히 했다. 그의 입장은 다음 발언에 핵심이 잘 드러나 있다.

나의 가장 친애하는 형제여, 우리는 다섯 총대주교좌 가운데 로마 교회가 갖는 수위권을 부인하지 않고, 보편 공의회에서 가장 영예로운 자리를 차지할 권리 또한 인정합니다. 그렇지만 로마 교회는 직무에 속하지 않는 군주적 권위를 오만하게 참칭하고 스스로 우리와 갈라섰습니다. …우리와 상의하지도 않고, 심지어 우리가 알지도 못하는 사이에 내려진 저 법령들을 어떻게 받아들일 수 있겠습니까? 만약 로마 교황이 영광스러운 높은 보좌에 앉아 우리에게 천둥처럼 호령하고, 말하자면 저 높은 곳에서 우리에게 명령을 내던지려 한다면, 그리고 우리와 의논하는 게 아니라 자의대로 우리와 우리 교회들을 심판하고 다스리려 한다면 이것을 어찌 형제애라 할 수 있고, 어찌 부모의 도리라 할 수 있겠습니까? 그렇다면 우리는 그런 교회의 자녀가 아니라 노예일 뿐입니다. 그리고 로마 사도좌는 자녀들의 경건한 어머니가 아니라 노예들을 부리는 가혹하고 오만한 여주인이 될 뿐일 것입니다.

니코메디아의 대주교 니케타스는 비잔티움 문화의 모든 자부심을 등에 업고 이렇게 외친다. "우리가 쌓아온 그 모든 그리스 학문,

성경과 교부들에 관한 우리의 모든 지식이 대체 무슨 소용이 있겠습니까?" 니케타스는 만일 교황청이 그리스도의 포도원에서 함께 일할 동역자를 얻고자 한다면 당연히 더 겸손해져야 한다는 권고로 이 연설을 마무리한다. "로마 교회에 대해 이런 말씀을 드리는 것을 부디 용서하십시오. 저 역시 귀하와 마찬가지로 로마 교회를 공경하기 때문입니다. 하지만 저는 모든 일에 있어 귀하와 함께 로마 교회를 따를 수는 없고, 로마 교회를 반드시 모든 면에서 따라야 할 대상이라고 생각하지도 않습니다."[34]

안셀무스는 로마의 판결이 언제나 옳았고 한 번도 이단에 빠진 적이 없어 로마 교회가 최고 재판관이 될 자격이 있다고 답변했다. 계속해서 그는 베드로 수위권에 관한 전통적 논증을 제시했다.[35] 하지만 니케타스는 전혀 받아들이지 않았다. 니케타스는 오순절에 성령이 베드로에게만 임한 게 아니라고 응수했다. 그의 발언에 따르면, 모든 사도에게 매고 푸는 권한이 주어졌고 그리스도인은 누구나 규율과 교리에 관한 문제에서 의견을 물을 수 있는 권리가 있었다. 실제적인 교리나 전례의 쟁점이 해결 불가능한 것으로 보지 않았다. 보편 공의회를 통해 해결할 수 있다고 생각했다. 하지만 그는 로마의 독단적 지시는 따르려고 하지 않았다. 그의 발언을 다시 인용하면 이렇다. "로마 교황은 사제들의 군주도, 최고 사제도, 그와 유사한 어떤 존재도 아닙니다. 그는 단지 수석 사도좌의 주교일 뿐입니다."[36]

불가리아의 테오필락토스가 반세기 전에 그랬듯이 니케타스 역시 비잔티움 교회의 자유주의적 분파에 속해 있었다. 그는 전례나 심지어 교리적 차이로 기독교 세계의 일치성을 깨고 싶어 하지 않았다. 하지만 그는 교황이 공의회들이 결정한 신경에 내용을 임의로 추가하는 것을 허용하지 않았고, 비잔티움 교회 조직이 로마에 예속되는 것도 단호히 반대했다. 성직자 가운데는 로마에 한층 우호적인 태도를 보이는 이들이 일부 존재했다. 콘스탄티노플의 카르토필락스(Charto-phylax, 문서고 책임자)를 거쳐 나중에 테살로니카의 대주교가 된 마로네아의 니케타스는 교리적으로 필리오케(Filioque, '그리고 아들로부터')를 반대하지 않았다. 그는 동포들이 어째서 '아들을 통해'(per Filium)서라는 표현만 허용하려 하는지 이해할 수 없었다. 그가 보기에 두 가지 표현은 결국 같은 뜻이었기 때문이다. 다만 로마가 그 표현을 신경에 추가하려고 고집하는 것은 잘못이라고 보았다. 이 문제에 관해 그는 오히려 동방 교회가 분열을 시작했다고 비판하며 로마에 적대적인 비잔티움의 태도를 한탄했다. 그러면서도 교황의 전면적인 권리 주장은 인정하지 않았다.[37]

비잔티움 교회와 모국 교회를 화해시키는 일을 과업으로 삼았던 아르메니아 철학자 테오리아노스 역시 아르메니아인과 비잔티움인 모두에게 "로마의 정통 사도좌로부터 자신들을 분리하면 안 된다"고 말했다. 하지만 그 역시 권위의 문제에 대해서는 침묵했다.[38] 하지만 그런 우호적 태도는 드물었다. 비잔티움 성직자는 대부분 로마에 노골적으로 적대감을 드러냈다. 전반적으로 비잔티움 사람들은 교황이 세속 정치에 개입하는 것에 충격을 받았다. 그들은 독일 국왕을 사랑하지 않았고 그에게 결코 황제라는 칭호를 허용하려고 하지 않았다. 하지만 로마 주교가 기름 부음 받은 군주를 상대로 실제로 전쟁을 선포하는 것에 경악했다. 안나 콤니니가 그레고리오 7세의 행적 중 가장 크게 거부감을 드러낸 것도 바로 그 대목이었다.

안셀무스 사절단이 콘스탄티노플을 방문했을 무렵 이름이 알려지지 않은, 평신도로 추정되는 한 비잔티움 사신이 신성 로마 제국 황제 로타르 3세를 만나러 가다가 몬테카시노 수도원에 들렀다. 그곳에서 그는 수도원 공식 연대기 작가인 집사 페트루스와 논쟁을 벌였다. 신경을 놓고 토론하다가 대사가 라틴인들이 성부(Patre) 뒤에 '필리오케'라는 표현을 정당한 이유 없이 추가했다고 비난했다. 그러자 페트루스는 그리스인들 역시 '오직'(solo)이라는 낱말을 집어넣어야 한다고 고집해 신경에 그것을 추가하는 것처럼 보인다고 영리하게 맞받아쳤다. 이것은 흔히 그렇듯 재치 있는 농담이었으나 공정하지는 않았다. 그리스인들은 '오직'이라는 말을 추가하자고 공식적으로 제안한 적이 없기 때문이다. 하지만 라틴인들은 그리스인들이 오직 성부에게서만 성령이 발출했다고 주장해 삼위일체의 불가분성을 해치고 있다고 진심으로 믿고 있었다. 그런데 사신을 무엇보다 걱정하게 만든 것은 신학적 쟁점이 아니었다. 그는 이렇게 불평했다. "당신네 교황은 황제가 되어 버렸군요. 인노첸시오 교황처럼 주교들이 전쟁에 뛰어들어 돈을 뿌리고 군사를 모으고 전반적으로 황제의 권위를 참칭하는" 교회를 인정할 수 없다고 덧붙였다.[39]

외교의 성과

1143년 제위에 오른 마누엘 황제(재위 1143-1180)는 부왕 요안네스의 뜻을 이어 로마와 정치적 합의를 보려고 했다. 더구나 그는 개인적으로도 서방 사람들과 풍습을 좋아했다. 십자군 전쟁으로 그리스인과 라틴인 사이의 적대감이 깊어지고 있었지만 황제는 외교적 교류와 신학 토론을 장려했고 로마와 서방에 대한 자신의 선의를 보여주기 위해 각별한 노력을 기울였다. 하벨베르크의 주교 안셀무스가 1154년 콘스탄티노플을 두 번째로 방문했다가 귀국길에 테살로니카에 들러 오크리다의 바실레이오스 대주교와 논쟁을 벌였다. 이 논쟁에서는 안셀무스가 니케타스와 벌였던 토론과 거의 같은 쟁점들이 다루어졌지만 바실레이오스는 그만큼 공손한 논쟁가는 아니었다. 다시 한번 필리오케의 정당성과 무교병 사용 문제가 결론 없이 논의되었으나, 역시 교황 수위권이 진짜 걸림돌이라는 게 드러났다.[40]

　이듬해 교황 하드리아노 4세(1154-1159)는 노르만인에 맞서 정치적 동맹을 협상하러 황제의 궁정으로 가는 도중 테살로니카를 경유할 예정이었던 두 명의 교황 사절에게 호의를 베풀어 달라고 요청하는 편지를 오크리다의 바실레이오스 대주교에게 보냈다. 그런데 유감스럽게도 이 추천서는 교황권을 거듭 주장하는 진술을 장황하게 담고 있었다. 편지는 그리스 교회의 구성원들을 '길 잃은 양들'이라고 불렀고 교회의 모든 분쟁은 로마에서 판결받는다고 공의회들이 규정했다고 선언했다.[41] 바실레이오스는 거의 과장에 가까울 만큼 아주 공손하게 답하면서 만약 그리스인이 신경에 무엇인가를 덧붙이거나 무교병 사용을 받아들였다면 교황이 그들을 '길 잃은 양들'이라고 부를 권리가 있었을 것이라고 말했다. 하지만 두 교회 간의 차이는 사실 아주 미미하고 교황의 "지휘를 받는 서방 주교들과 동방에서 콘스탄티노플의 숭고한 보좌가 지닌 사제직의 찬란함을 받아들이는 저희 사이에 자리한 선의로" 충분히 해결될 수 있다는 발언을 추가했다. 다시 말해 바실레이오스는 동서 교회가 지위상 동등하다는 점을 분명히 밝히면서 오히려 교황이 먼저 선의를 보여야 한다고 덧붙인 것이었다.[42]

로마와 비잔티움 양측 태도에 근본적인 변화가 없는 한 교회의 화해를 위한 이런 노력이 실패로 돌아갈 게 분명해 보였다. 하지만 황제와 교황, 어느 쪽도 결별을 바라지 않았다. 마누엘 황제의 친서방적 취향과 야망은 노르만족이나 서방 황제(독일 국왕)의 침략에 맞서 세속적 보호자를 찾으려 했던 교황청의 간헐적 기대와 맞물리면서 오히려 고무되었다. 마누엘은 그리스 교회를 로마의 어머니 교회에 '옛날 그랬던 것처럼' 통합하고 싶다는 열망을 담은 편지를 계속 보냈다.[43] 이 표현은 우호적이지만 모호한 표현 뒤에 숨는 전략이기도 했다. 한편 교황 알렉산데르 3세(1159-1181)는 서방 제국이라는 개념 자체를 재고하기 시작했고 마누엘을 유일한 합법적 황제로 인정하는 편이 더 현명하지 않을지 숙고하게 되었다. 물론 교황이 비잔티움 측 이론까지 전적으로 받아들였을지는 의문이다. 역사가 요안네스 킨나모스에 따르면 그 이론은 로마 황제, 그러니까 콘스탄티노플 황제가 교황좌 임명권을 행사해야 마땅한데 황제들이 이 의무를 다하지 않은 탓에 주교좌 사제단이 적임자를 선출해 왔고 독일 국왕은 간섭할 권한이 전혀 없다는 것이었다.[44] 성직자인 교황은 세속 군주에 맞서 직접 무기를 들 수 없지만 필요하다면 전쟁을 해서라도 자신의 권리를 지켜달라고 합법적인 황제에게 요청하는 것은 전적으로 타당하다는 논리였다.

교황 알렉산데르 3세는 이 모든 주장에 동의하지 않았을 것이다. 그렇지만 교황의 태도는 고질적인 낙관론자였던 마누엘이 콘스탄티노플뿐 아니라 옛 로마까지 통치하는 자기 모습을 상상하도록 만들었다. 황제는 1166년 로마에서 대관식을 갖는 것을 대가로 교회 통합을 제안했다. 1169년에는 그의 계획이 실현에 아주 근접한 것 같았다. 그는 알렉산데르에게 군대가 로마에 입성할 때 교황을 총대주교로 임명하는 간단한 방법으로 로마와 콘스탄티노플 교회를 통합하자고 제안하는 편지를 보냈다. 그해 초반 총대주교 루카스 크리소베르게스가 사망했고, 그래서 공석이 된 총대주교 자리가 마누엘에게 이처럼 놀라운 생각을 하게 만든 게 분명했다.

알렉산데르 교황은 다소 난처한 처지에 놓였다. 황제에게 답장을 보내 세속적인 문제에 관해서 전적으로 지지하겠다고 약속했다. 교황은 이미 과거에도 어느 적대적인 독일 작가의 표현을 빌리자면 "마누엘 자신조차 기대하지 않은 온갖 허영의 극치"를 제안하기까지 했다.[45] 하지만 그는 마누엘 황제가 제안했던 교회 통합 방안은 불필요하다고 생각했다. 교황이 내걸었던 세 가지 소박한 요구사항에 총대주교가 동의해주면 상황이 훨씬 나아질 수 있다고 보았다. 첫째, 교황의 수위권을 인정할 것, 둘째, 로마에 대한 상소권을 허용할 것, 셋째, 콘스탄티노플의 명판에 교황 이름을 기념할 것.[46] 황제는 자신의 교회가 이런 요구들 가운데 두 가지 정도는 수용하도록 설득할 수 있었을지 모른다. 만약 교황 이름이 명판에 올라가면 동방 교회가 공식적으로 한 차례도 부인한 적 없는 수위권이 자동으로 회복될 수 있었다.

하지만 거기에도 난관이 없지 않았다. 비잔티움 제국의 절차상 교황의 이름이 명판에 등재되려면 먼저 신앙 고백을 보내야 했는데, 교황이 사도신경을 낭송하면서 필리오케를 생략하지 않는 이상 그 신앙 고백은 수용되지 않을 것이기 때문이었다. 게다가 비잔티움에서 수위권은 그저 명예상 서열(primacy)이었을 뿐이지만 로마에서는 절대적인 통치권(supremacy)을 의미했다. 무엇보다 로마에 대한 상소권만큼은 당시 콘스탄티노플 교회가 용납할 수 없는 사안이었다.

　마누엘은 앙키알로스의 미카엘을 신임 총대주교로 선출하는 일을 마냥 뒤로 미룰 수 없었다. 황제가 미카엘에게 교황의 친서를 보냈다. 그러자 미카엘은 로마의 베드로 수위권 문제를 집중적으로 반박하는 강경한 비망록을 보내왔다. 그는 로마의 주장을 인정할 생각이 전혀 없었다. 만약 로마가 수위권을 누려왔다면 로마라는 도시의 위엄 때문이지 사도적 수위권과 무관하다는 게 총대주교의 입장이었다. 만약 로마의 주장이 베드로가 교구 수장이었다는 사실에 근거한다면 똑같이 베드로의 교구이자 로마보다 앞서 세워진 안티오키아는 어떻게 설명할 것인지 반문했다. 더구나 그리스도가 직접 가르치고 고난을 겪은 예루살렘은 또 어떻게 할 것인가?

　보편 교회의 통치권은 불확실한 사도적 기원의 증거보다 현재 상황에 근거해야 한다는 게 총대주교의 입장이었다. 콘스탄티노플은 하나님에 의해 기독교 제국의 수도로 선택받았다. 오래된 총대주교구들, 특히 로마가 마땅히 누려야 할 존경이 무엇이든 간에 제국 최고의 교회 통치 기구가 제국 수도가 아닌 다른 도시에 자리 잡아야 한다는 생각은 터무니없었다. 타국의 종교적 권위에 복종하는 것에 대한 반감은 미카엘을 더욱 극단으로 이끌었다. 미카엘은 서방의 영적 지배를 받는 것보다 이교도의 세속적 지배 아래 있는 교회를 보고 싶다고 말했다. 그는 이렇게 선언했다. "라틴인을 영적 주인으로 모시느니 차라리 무슬림을 물질적 주인으로 삼게 하라. 무슬림의 지배를 받으면 적어도 신앙을 강요하지 않겠지만, 라틴인의 통제하에 종교적으로 결합하면 하나님과 멀어져야 할지 모르기 때문이다."[47]

이 같은 극단적 주장은 이후 비잔티움 역사에서 줄곧 반복되었고 오스만 튀르크에 정복당하기 직전 루카스 노타라스 대공이 "추기경의 모자를 보느니 술탄의 터번을 택하겠다"고 선언했을 때 최고조에 달했다. 얼핏 보기에 이것은 편협한 종파주의의 산물처럼 보이지만 사실 여기에는 이성과 본능이 모두 작용했다. 비잔티움인은 자신들을 야만적이고 투박하고 경건하지 않다고 간주하는 서방에 흡수되어 과거의 위대한 전통과 현재의 높은 수준을 저버리게 되는 것을 진심으로 두려워했다. 미카엘 총대주교의 태도가 기독교의 일치라는 대의에 도움이 되지 않았을지 모르지만 그것은 단순히 질투 섞인 괴팍함이 아니라 동방 교회의 영적 자유를 보존하려는 열망에 근거하고 있었다.

황제는 완강한 반대에 부딪히자 자신의 계획을 철회했다. 그러면서도 여전히 교황청의 환심을 살 기회를 모색했다. 마누엘 황제는 신학 논쟁에 대체로 무분별하게, 충분한 지식 없이 열성적으로 개입한 탓에 이미 교회와 상당한 갈등을 빚고 있었다. 재위 말기에는 이슬람에서 개종한 그리스도인에게 시행하는 서약서 양식을 놓고 총대주교와 논쟁을 벌였다. 황제가 개종자들의 거부감을 줄여주려고 서약 문구를 완화하려고 했기 때문이다. 사실 이 논쟁은 꾸란 구절을 오역해서 벌어진 일이다 보니 다소 무의미한 소동에 불과했다. 다툼이 진행되는 과정에 마누엘은 이 문제를 로마의 중재에 맡기자고 제안했다. 당시 그가 비잔티움 주교들의 성격을 충분히 파악하고 있었다는 점을 고려하면 그들을 불쾌하게 만들려고 굳이 자극했다고 보는 편이 타당하다.[48]

로마 교황들과 콤네노스 왕조의 세 위대한 황제들 사이에 오갔던 외교적 교류는 미미하고 덧없는 결과만 남겼다. 그들이 장려했던 종교 토론은 이제 어느 쪽도 만족시킬 수 없는, 조건으로는 공식적으로 교회들을 화해시키는 게 불가능하다는 것을 확인시켰을 뿐이다. 그러면서도 논쟁은 여전히 예의를 갖추고 원만한 분위기에서 진행되었다. 그 누구도 최종적으로 회복 불가능한 결별이 발생했다는 사실을 인정하려고 들지 않았다. 불행히도 이 무렵에 발생한 여러 정치적 사건은 동서 기독교 세계에 속한 사람 사이에서 적대감을 증폭하고 있었다. 그리스인과 프랑크인은 서로 급격하게 멀어지고 있었다.

【 Section 5. 주 】

1) Robert the Monk, Historia Hierosolymitana(「예루살렘의 역사」), R.H.C.Occ., vol. iii, p.750; Guibert of Nogent, Historia Hierosolymitana(「예루살렘의 역사」), R.H.C.Occ., vol. iv, p.132; Ekkehard of Aura, Hierosolymita(「예루살렘 원정기」), ed. Hagenmeyer, pp.69-70.

2) 안나 콤니니는 은자 피에르에 대해 호의적인 어조로 기술한다. 발칸반도 농민들이 실제로 약탈당하지 않을 때는 우호적이었다는 사실은 다음을 참고할 것. Albert of Aix,

Liber Christianae Expeditionis(「기독교 원정기」), i. 13-15, R.H.C.Occ., vol. iv, pp.282-283. 키보토스 대참사에서 용기 있게 탈출해 민중 십자군을 구출하도록 소식을 전한 사람이 바로 어느 그리스인이었다. Ibid. i. 22, p.289.

3) Nicholas of Methone, Bios Meletiou Tou Neou(「신 멜레티오스전」), ed. Vasilievsky, Publications of the Palestinian-Russian Society, vol. vi(1886), fasc. 17, p.32, 그리고 서론, pp. xxviii-xxxii.

4) Anna Comnena, Alexiad(「알렉시아스」), xi, 10, ed. Leib, iii, pp.41-44.

5) Guibert of Nogent, op. cit., p.154.

6) 4장 볼 것.

7) Alexius Comnenus, letters(편지들), in Hagenmeyer, Kreuzzugsbriefe(「십자군 서신집」), pp. 140-1, 152-3. 몬테카시노의 수도사들은 알렉시오스를 특히 헌신적인 친구이자 후원자로 여겼다. Peter Diaconus, Chronica Monasterii Casinensis(「몬테카시노 수도원 연대기」, M.G.H.Ss., vol. vii, pp.770, 792.

8) 알렉시오스가 키보토스의 클뤼니 수도원 시설에 기부금을 희사한 정확한 시기는 알 수 없다. 안나 콤니니는 라틴인들이 키보토스 전투 현장에 요새화된 건물을 세웠고, 희생자들의 유골을 모르타르 대용으로 사용했다고 전한다. 클뤼니 수도원 구호소(hospice)는 아마도 이 소름 끼치는 건축물과 연관이 있었을 것으로 추정된다. Anna Comnena, op. cit. x. 6, vol. ii, pp.211-212.

9) Riant, Inventaire critique des lettres historiques des Croisades(「십자군 역사 서신들의 비판적 목록」), pp.I38-140.

10) Peter Diaconus, op. cit., p.785; Chalandon, Essai sur le regne d' Alexis Ier Comnene(「알렉시오스 1세 콤네노스 치세 연구」), p.261.

11) Paschal Ⅱ, Epistolae(「서신집」), M.P.L., vol. clxiii, coll. 388-390.

12) Calandon, op. cit., p.262.

13) Ibid., p.263. 크리솔라노의 연설문 전문은 M.P.G., vol. cxxvii, coll. 911-920에 실려 있다.

14) 요안네스의 글은 아마도 크리솔라노에 대항하는 반박문의 연장선상에서 작성된 것 같다. Leib, "Deux Inedits Byzantines sur les Azymites," Orientalia Christiana, vol. ii (1924), pp.244-263.

15) 에우스트라티오스의 연설문들은 Demetracopoulos, Bibliotheque ecclesiast- ique(「교회 문고」), i, pp.47-198, 그리고 요안네스 푸르네의 연설문 역시 ibid., pp.36

ff에 수록되어 있다. Krumbacher, Geschichte der byzantinischen Litteratur(「비잔티움 문학사」), p.85, 그리고 Demetracopoulos, Graecia Orthodoxa(「그리스 정교회」), pp.11-12 볼 것.

16) Krumbacher, op. cit., pp.85-87; Demetracopoulos, Graecia Orthodoxa(「그리스 정교회」), pp.12-21.

17) 「교리의 전신 갑주」(Panoplia Dogmatica)는 M.P.G., vol. xxx에 수록되어 있다. 현존하는 가장 오래된 필사본에는 포티오스의 글에서 인용한 장이 포함되어 있지만, 이 필사본은 저자와 동시대 것이 아니다. 깊이 있고 열정적 신학자였던 지가베노스가 만약 이 문제를 제기하고 싶었다면 직접 자신의 주장을 피력하지 않은 채 남의 글을 빌려오는 방식을 택했을 리 없다. 특히 그가 누룩 없는 빵(azymes) 문제를 거론하며 라틴인들을 전혀 언급하지 않았다는 사실은 상당히 시사하는 바가 크다.

18) 안나의 처지와 견해에 관한 전반적인 분석은 Buckler, Anna Comnena, passim, esp. Books Ⅱ & Ⅴ 볼 것.

19) Anna Comnena, op. cit. xiii. 12, vol. iii, p.134.

20) 안티오키아에서 성창(聖槍, Holy Lance)이 발견된 사건에 관한 안나의 설명은 십자군들의 경건함을 진심으로 존중했다는 것을 보여준다. op. cit. xi. 6, vol. iii, pp.30-31.

21) Ibid. x. 5, vol. ii, p.209.

22) '테오필레스타토스'(theophilestatos). 안나는 어떤 라틴 주교든지 반드시 이 경칭을 사용한다.

23) Ibid. i. 12, vol. i, pp.47-49.

24) Buckler, op. cit., p.308 볼 것.

25) Anna Comnena, op. cit., loc. cit.

26) Ibid. xii. 8, vol. iii, pp.79-80.

27) Ibid. i. 12, vol. i, p.48.

28) Peter the Venerable, letter No. 39, M.P.L., vol. clxxxix, coll. 260-261.

29) Peter the Venerable, letter No. 41, ibid., coll. 261-262.

30) Theiner, Monumenta Spectantia ad Unionem Ecclesiarum Graecae et Romanae(「그리스 및 로마 교회 통합 관련 사료」), pp.1-4.

31) 안셀무스의 보고서는 d'Achery, Spicilegium sive Collectio veterum aliquot Scriptorum(「고대 문헌 선집」, 1723년 판), i, pp.161 ff에 실려 있다.

32) Ibid., p.190.

33) d' Achery, op. cit., p.200. 교황 멜키아데는 실제로 (성찬)빵을 '페르멘툼'
    (fermentum, 누룩)이라고 부른다(「교황 연대기」, ed. Duchesne, i, pp.74-75).

34) d' Achery, op. cit., p.196.

35) Ibid., p.197.

36) Ibid.

37) Nicetas Chartophylax, Dialogi de Spiritu Sancto(「성령에 관한 대화」), M.P.G.,
    vol. exxxix, coll. 224 ff.

38) Theorianus, letters, in M.P.G. vol. exxxiii, col. 258. Tournebize, Histore
    politique et religieuse de l' Armenie(「아르메니아 정치 종교사」), pp.245-253 볼 것.

39) Peter Diaconus, op. cit., M.G.H.Ss., vol. vii, p.833.

40) Schmidt, Des Basilius aus Achrida, Erzbischofs von Thessalonich, bisher
    unedierte Dialoge(「테살로니카 대주교 오크리다의 바실레이오스의 미간행 대화록」),
    passim.

41) Mansi, Sacrorum Conciliorum Collectio(「성 공의회 수집본」), vol. xxi, p.795.

42) Ibid., pp.799-802.

43) Watterich, Pontificum Romanorum Vitae(「로마 교황전」), ii, pp.404, 410에 인용
    된 마누엘 콤네노스 황제 편지.

44) Cinnamus, Epitome Historiarum(「역사 강요」), p.229.

45) Burchard in Sudendorf, Registrum fuer die deutsche Geschichte(「독일사 기록
    부」), ii, p.138(1161년 12월 기록).

46) Liber Pontificalis(「교황 연대기」), ii, pp.419-20(Boso, Vita Alexandri Ⅲ〔알렉산
    데르 3세전〕; Cinnamus, op. cit., p.262; Allatius, De Ecclesiae Occidentalis
    atque Orientalis perpetua Consensione(「서방 교회와 동방 교회의 영속적 합의에
    관하여」), ii, pp.664-665.

47) Michael of Anchialus, Dialogue(「대화록」), Loparev, "On the Unionism of the
    Emperor Manuel Comnenus"(러시아어), Vizantueiskii Vremennik, vol.
    xiv(1917), pp.344-357 수록.

48) Nicetas Choniates, Historia(「역사」), pp.278-284. Chalandon, op. cit., pp.661-
    663, 특히 p.661, n.4 볼 것.

06

적대감의 확산

이탈리아에서는 교황권과 비잔티움 황제들의 이해관계가 자주 겹치다 보니 로마와 콘스탄티노플 정부 간 협력의 조율은 비교적 어렵지 않았다. 하지만 먼 동쪽에서 일어난 사건들이 우호적 관계를 끊임없이 훼손했다. 안티오키아의 문제는 결코 오래 묵혀둘 사안이 아니었다. 1139년 요안네스 황제가 안티오키아 교회 문제에 개입하는 것을 막으려고 교황 인노첸시오 2세가 라틴인의 비잔티움 군대 복무를 불허한 일과 1165년 마누엘 황제가 그리스인을 안티오키아 총대주교에 임명한 조치는 라틴인과 그리스인의 관계를 모두 긴장시켰다. 그렇게 조성된 적대감은 군주와 고위 성직자, 신학자에게 국한하지 않고 일반 대중에게까지 번져나갔다. 이보다 더 큰 적대감은 2차 십자군 원정 당시 일어난 사건들이 결정적 계기가 되었다.

역사상 2차 십자군만큼 찬란한 희망으로 시작했다가 굴욕적인 실패로 끝난 운동도 드물다. 이 십자군은 당대 서방에서 가장 위대한 인

물이었던 클레르보의 베르나르(1090-1153)가 주도했다. 프랑스와 독
일의 국왕들(루이 7세와 콘라트 3세)은 저마다 십자가를 메고 대군의
원정을 이끌었다. 하지만 중대한 고비마다 어리석음과 시기심이 찬물
을 끼얹었다. 1147년 십자군이 출정하러 집결할 무렵 튀르크와 전쟁
을 치르던 마누엘 황제가 술탄이 제안한 휴전 제의를 돌연 수용했다.
이 때문에 서방 전체가 즉각 나서 그를 기독교 세계의 배신자라고 비
난했다. 사실 황제는 십자군이 자기 영토를 통과하는 동안 대응할 여
력을 확보하려고 했을 뿐 아니라, 머지않아 있을 게 분명한 시칠리아
의 로제르 2세의 공격에 대비해 제국을 방비해야 했다. 실제로 시칠
리아 군대는 1147년 여름, 그리스를 침공했다. 교황은 비잔티움 제국
에 대한 침략 때문에 속을 끓였으나 서방 여론은 로제르가 기독교 세
계의 대의를 배신한 행위가 미칠 영향에는 관심이 없었다.[1]

2차 십자군 원정

콘라트 국왕(재위 1138-1152)이 이끄는 독일 군대는 비잔티움 제
국의 발칸 속주에 진입하자마자 폭동과 약탈을 일삼았다. 현지 그리
스도인 역시 거기에 대응해 보복에 나섰다. 일부 산적들이 본대에서
뒤처진 독일 귀족 한 명을 살해하자 국왕의 조카이고, 훗날 바르바로
사(Barbarossa, 붉은 수염) 황제가 되는 프리드리히가 인근 수도원
을 불태우고 수도사들을 학살했다. 이것은 기독교적 경건함을 자부
하는 군주에게는 전혀 어울리지 않는 행동이었다.[2] 독일군을 곧장

뒤따라온 프랑스군은 마누엘 황제가 준비해 둔 식량 저장고가 독일
군에 의해 거의 바닥났다는 사실을 알게 되었다. 게다가 현지 주민마
저 의심과 적대감이 늘어갔다. 프랑스군은 이 모든 책임을 독일군보
다는 비잔티움 정부에 돌렸다.[3]

마누엘은 양국 군대가 콘스탄티노플에 접근하지 못하도록 헬레
스폰토스(Hellespont, 다르다넬스 해협)를 건너 곧장 아시아로 넘어
가도록 설득했으나 허사였다. 위대한 도시와 그곳의 성유물을 참배
하려는 열망에 들떠 있던 양쪽 군대는 분노했다. 결국 병사들 모두가
나서 콘스탄티노플 교외 지역을 약탈하기 시작했다. 마누엘 황제는
프랑스군이 도착하기 전에 독일군을 보스포루스 해협 너머로 밀어내
는 데 가까스로 성공했다. 당시 프랑스군의 기세는 극도로 험악했고,
베르나르의 사촌 랑그르 주교를 중심으로 대다수가 콘스탄티노플을
공격하도록 국왕을 압박했다. 그렇지만 다행히 개방적이면서 다소
비종교적인 인문주의 학자였던 리지외 주교의 설득으로 프랑스 국왕
은 결국 그들의 요구를 물리쳤다.[4]

독일군은 마누엘의 유용한 전략적 조언을 무시한 채 아나톨리아
중심부로 돌진했다가 도릴라이온(Dorylaeum, 현재 튀르키예 에스
키셰히르) 인근에서 튀르크군에 대패하고 말았다. 생존자들은 프랑
스군에 합류했으나 비잔티움 측의 경고에도 다른 경로를 고집했던
일부 순례자는 행군 내내 말할 수 없이 참혹한 고통을 겪어야 했다.
이후로 프랑스군과 나머지 독일군은 마누엘의 조언을 받아들여 해안
도로를 택했지만, 그마저도 에페소스까지만이었다. 병환 중이던 콘
라트 국왕은 그곳에서 군대를 떠나 콘스탄티노플로 돌아갔다가 바닷

길을 통해 팔레스타인으로 향했다. 루이 7세는 에페소스에서 마누엘 황제의 편지를 받았다. 황제는 튀르크군이 이미 전의를 불태우며 진격 중이라는 소식을 알리고 국왕에게 비잔티움 국경 요새의 방어선 안쪽에 잔류하도록 간곡히 요청했다. 하지만 루이 국왕은 튀르크가 장악한 영토를 가로질러 가겠다고 고집했다. 그 과정에서 그는 현지 그리스도인 주민들이 프랑크인보다 오히려 튀르크인에게 훨씬 호의적이라는 것을 알게 되었다.

고된 행군 끝에 십자군은 아탈리아(Attalia) 항구에 도착했다. 때는 이미 한겨울이었지만 란돌프라는 라틴계 현지 총독이 바닷길로 실어 나를 만큼 배편을 곧장 제공하지 않자 십자군 병사들은 격분했다. 그나마 마련된 선박 몇 척은 루이 국왕과 수행원, 고위 장교들 몫이었다. 지휘관들이 사라진 병사들은 란돌프가 제공한 야영지에서 지내는 것은 물론 그가 제공한 길잡이마저 거부한 채 시리아를 향해 험난한 육로 여정을 강행했다. 하지만 그들 가운데 시리아에 도착한 사람은 그렇게 많지 않았다.[5] 정작 팔레스타인에서도 십자군은 아무런 성과를 거두지 못했다. 그 과정에서 겪었던 잇따른 참사는 십자군 대원들에게 울분과 원망만 더했을 뿐이다.

콘라트 국왕은 귀국길에 또다시 콘스탄티노플에 들렀다가 황제의 극진한 환대를 받고 크게 기뻐했다. 그가 머무는 동안 양국 간 동맹 조약이 체결되었고 이복동생 오스트리아의 하인리히가 황제의 조카딸과 혼인했다. 하지만 비잔티움 사람들은 이것을 신분에 어울리지 않는 혼인(mesalliance)이라고 생각했다. 신부 어머니에게 온갖 위로의 말이 쏟아졌다. 어느 궁정 시인은 신랑을 '서방의 야수'(wild beast of the West)라고까지 불렀다.[6] 독일인은 대부분 비잔티움에 대한 자국 군주의 열정에 공감하지 못했다. 조카 프리드리히는 비잔티움 사람들이 보여준 냉대와 자신이 배신으로 간주한 행위를 끝내 용서하지 않았다.

한편 프랑스인들과 국왕은 노골적으로 적대감을 드러냈다. 국왕 루이 7세는 시칠리아 함대의 호위를 받으며 팔레스타인을 떠났다. 당시 비잔티움은 시칠리아와 여전히 전쟁 중이었다. 비잔티움 함대는 그들을 공격해 루이의 짐을 실은 선박을 비롯해 여러 척을 나포했다. 루이는 몇 달이 지나고 나서 겨우 자기 물건을 되찾았다. 이 사건은 중대한 모욕이었다.[7] 고국으로 돌아간 프랑스인들은 자신들이 겪은 거의 모든 재앙의 원흉으로 비잔티움을 지목했다. 선전은 아주 효과적이었고 클레르보의 베르나르라는 유력 인물의 지지까지 얻어냈다. 베르나르는 자신이 직접 주도했던 위대한 십자군이 사악한 세력의 개입 없이는 결코 실패할 리 없다고 믿었다. 그 악당이 바로 비잔티움이라고 루이가 주장하자 베르나르는 생드니의 쉬제르와 클뤼니의 가경자 피에르와 함께 기꺼이 동의했다.

피에르는 25년 전만 해도 비잔티움 황제와 총대주교에게 매우 우호적인 편지를 보낸 인물이었다. 독일의 교황 특사 테우드빈 추기경은 그들과 뜻을 함께하고 콘스탄티노플을 상대로 십자군을 독려할 설교자들을 찾아 나섰다. 교황 에우제니오 3세는 그들보다 현명해 이런 움직임을 부추기지 않았고, 콘라트 국왕 역시 이 운동에 일절 관여하지 않았다. 그렇지만 베르나르나 클뤼니의 피에르처럼 비중 있는 인물들이 비잔티움을 상대로 성전을 고려했다는 사실 자체가

교회의 미래와 평화에 매우 불길한 징조였다.[8]

2차 십자군의 모든 과정은 서방과 동방 기독교 세계의 관계에서 중대하면서도 파국으로 치닫는 전환점이 되었다. 귀국한 서방 사람들은 비잔티움 사람들이 자신을 배신했고 신앙에도 진정성이 없다고 생각했다. 기독교적 대의를 위해 하는 일이 거의 없어 보이는 황제의 오만한 권력과 부에 분개했다. 그들이 보기에 황제는 이교도와 내통하고 있었고, 안티오키아의 기독교 제후들에게 불친절했고 자기 백성이 십자군에게 노골적인 무관심과 비협조로 일관하도록 방치했다. 콘스탄티노플의 고귀한 성유물들이 그리스도인답지 않은 세력의 손아귀에 있다는 사실에 서방은 경악하기 시작했다. 2차 십자군 이후로 서방의 평범한 사람들은 동방 그리스도인을 더는 같은 기독교 형제로 보지 않게 되었다. 비잔티움 사람에게도 2차 십자군은 서방인이 자신들이 이미 알고 있는 것보다 훨씬 더 야만적이고 무질서하고 신뢰할 수 없는 존재임을 확인시켜 주었을 뿐이었다. 그들은 자신들의 위대하고 거룩한 교회가 어떻게 그런 사람들과 동류인 주교(교황)에게 복종할 수 있는지 의심했다. 로마 교황권에 관한 주장은 어느 때보다 터무니없고 오만하게 느껴졌다.

동방에 정착한 프랑크인 개척자들(십자군 국가 거주민)이 서유럽의 친척들보다 비잔티움에 덜 적대적이었다는 사실은 주목할만했다. 울트르메르(Outremer, 십자군 국가: 안티오키아 공국, 에데사 백국, 예루살렘 왕국, 트리폴리 백국)의 제후와 귀족들은 콘스탄티노플을 곧잘 방문했고 그곳에 많은 친구를 두었다. 위대한 역사가 티레의 기욤은 가끔 비잔티움의 정치적 행보에 반대하기도 했으나 비잔티움 사람에게는 별다른 편견을 보이지 않았고 마누엘 황제에 대해서는 상당한 경외심을 가졌다.[9] 마누엘이 생존하는 동안 콘스탄티노플과 예루살렘 궁정은 훌륭한 관계를 유지했고 1169년 이집트 공동 원정이 실패로 끝났을 때조차 그들의 동맹은 심각하게 훼손되지 않았다.

콘스탄티노플 대학살 사건

1180년 마누엘 황제의 죽음은 악화하던 양측 관계의 두 번째 전환점이 되었다. 비록 그의 정책이 라틴 통치자들을 항상 만족시킨 것은 아니었으나 라틴인들은 마누엘의 궁정에서만큼은 개인적인 환대를 받을 수 있다고 확신했다. 황제는 자신의 부를 라틴인의 이익을 위해 아낌없이 사용했고 사라센군에 포로로 잡힌 십자군 군주들의 몸값을 직접 지급할 때도 잦았다. 서방 교회 역시 안티오키아 문제에 개입하는 것을 못마땅해하면서도 종교적 화해를 모색한 그의 진정한 열망은 의심할 수 없었다. 마누엘은 강력한 개성으로 자국민을 통제했다. 그렇다고 훌륭한 황제는 아니었다. 지나친 야심은 제국 자원을 낭비했고 제국이 경제적으로 쇠퇴하고 있다는 사실을 인정하려 들지 않았다. 1176년, 그는 미리오케팔론에서 대규모 제국군을 이끌다가 그릇된 판단으로 튀르크군에게 참패했다. 비잔티움의 군사 체제는 이 충격을 끝내 극복하지 못했다. 게다가 라틴인에 대한 애정은 콘스탄티노플과 지방에서 점점 더 큰 반감을 초래했다. 군대와 행정부의 모든 요직이 프랑크인 손에 넘어가는 것처럼 보였기 때문이다. 황제의 총애와 정치적 협박을 구사하는 이탈리아 도시 국가들은 제국의 무역을 장악해 나갔다. 이탈리아 상인의 번영과 오만함은 생계를 위협받고 있던 그리스인을 격분시켰다. 마누엘이라는 눈부신 존재가 사라지자, 억눌려 있던 그리스인의 감정이 마침내 표출되기 시작했다.[10]

마누엘 황제는 두 번 결혼했다. 첫 번째 부인은 독일 공주였는데 딸 하나를 남기고 세상을 떴다. 그 딸이 바로 자주색 방(Porphyrogenita, 황손의 태실)에서 태어난 카이사리사 마리아였다. 마누엘은 그녀를 이탈리아 군주 몬페라토의 라이니에리와 결혼시켰다. 두 번째 부인은 안티오키아 출신 라틴계 공주 마리아였고 아들 알렉시오스 2세를 낳았다. 마누엘 사후 당시 열두 살이었던 아들이 황위를 계승하자 황후는 섭정이 되어 국정을 맡았다. 마리아의 미모와 매력은 그리스인들조차 감탄할 정도였다. 궁정의 수많은 사내가 환심을 사려고 애썼다. 그러나 황후는 아주 어리석게도 전남편의 사촌 가운데 누구보다 무능한 프로토세바스토스 알렉시오스 콤네노스를 고문이자 연인으로 받아들였다. 알렉시오스는 콘스탄티노플에서 개인적으로 인기가 없었고 황후의 총애를 받자 더 많은 적이 생겨났다. 황후 마리아는 본디 마누엘의 라틴계 친구들을 의지하는 경향이 있었고 연인 역시 그리스인 사이에서 인기가 없는 탓에 라틴인 사이에서 지지자를 찾게 되었다.

분노한 비잔티움 사람들에게는 제국의 정부 전체가 라틴인의 손에 넘어간 것처럼 비쳤다. 황후의 반대파들이 이방인 통치자에 맞서 대중의 정서를 선동하는 것은 간단했다. 사실 반대파의 지도자 역시 상당수가 라틴계였다. 그들은 어린 황제의 이복누이 카이사리사와 이탈리아 군주 남편을 중심으로 결집했다. 그리스인들이 '이방 여인'이라고 부르던 황후의 섭정 정부가 들어선 지 1년 남짓 지났을 무렵, 카이사리사는 수도에 만연한 반라틴 정서에 기대어 황후를 폐위하려는 음모를 꾸몄다. 이 음모는 너무 일찍 발각되었고 주동자들은 총대주교와 성직자들이 자신들에 동조한다는 것을 알고 하기아 소피아 대성당으로 피신했다. 황후와 프로토세바스토스는 그들을 체포하러 라틴계 병사들을 보냈으나 대성당 진입에 실패했다. 결국 당국은 여론에 떠밀려 카이사리사와 남편에게 사면령을 내릴 수밖에 없었다. 계속해서 황후는 총대주교 테오도시오스(1179-1183 재위)를 폐위하고 수도원에 유배 보내려고 했지만, 총대주교는 대중의 환호를 받으며 복귀했다. 마리아가 그나마 도시의 질서를 유지할 수 있었던 것은 라틴계 군대 덕분이었다. 한편으로 그녀는 형부였던 헝가리 국왕에게 도움을 요청했다.[11]

섭정 황후가 점점 더 곤경에 빠져드는 모습을 전임 황제의 또 다른 친척 안드로니코스 콤네노스가 흥미롭게 지켜보고 있었다. 젊은 시절에는 낭만적이고 무책임한 연애 편력으로 명성이 자자했지만, 당시에는 실각하고 아나톨리아에서 은거하고 있었다. 그는 콘스탄티노플에 첩자들을 끊임없이 보내 반라틴 정서를 부채질했고, 오직 자신만이 서방으로부터 제국을 구원할 수 있다는 말을 은밀하게 퍼뜨렸다. 1182년 봄, 그는 아나톨리아를 가로질러 진군하기 시작했다. 불만을 품은 그리스인들이 사방에서 합류했다. 5월이 되자 그는 비잔티움의 수도 맞은편, 그러니까 아시아 해안 칼케돈에 진을 쳤다. 그가 도착했다는 소식이 전해지자 콘스탄티노플 전역에 폭동이 일어나 라틴인 거주 구역을 공격하기 시작했다. 뒤이어 프랑크인과 이탈리아인에 대한 끔찍한 학살이 벌어졌다. 이 참극은 안드로니코스가 유유히 바다를 건너 도시에 입성해 정권을 장악하고 난 뒤에야 비로소 그쳤다.[12]

콘스탄티노플에서 벌어진 라틴인 학살은 서방 세계가 용납할 수 없는 사건이었다. 다만 그 참상은 역사가들이 과장했을 가능성이 있다. 상세하게 알려진 당시 내용은 상당이 먼 지역에서 집필한 티레의 기욤이 남긴 기록이 유일하다. 관련된 일화가 팔레스타인에 전달되는 과정에서 당연히 더 자극적으로 부풀려졌을 것이다. 그리스 역사가들은 이 사건을 불길한 징조로 직감하면서도 간단히 넘어간다. 베네치아 측 사료는 이 사건을 조금도 언급하지 않는다. 제노바와 피사의 사료 역시 간략하게 언급하는데 실제로는 피사인들 피해가 가장 컸던 것으로 보인다. 사실 이탈리아인들이 이 학살을 심각하게 받아들였다는 것을 보여주는 유일한 증거는, 그들이 나중에 요구한 배상금 규모뿐이었다. 교황의 교서 가운데 단 한 건만 라틴인들에 대한 '박해'를 스치듯이 언급한다. 따라서 분노한 군중이 병동에 들이닥쳐 침상에 누운 환자들까지 살해하고 눈에 띄는 여인과 아이를 단 한 명도 살려두지 않았다고 묘사한 기욤의 기록을 곧이곧대로 인정하는 것은 옳지 않은 것 같다.

설령 과장이 섞였다는 것을 인정해도 교황 특사와 피사인 거주지의 사제를 비롯해 많은 사람이 희생되었고 모든 라틴 교회와 막대한 재산이 파괴되었다는 사실 만큼은 인정해야 한다. 이 학살은 십자군이 무슬림에게서 예루살렘을 탈취했을 때 자행한 학살이나 샤티용의

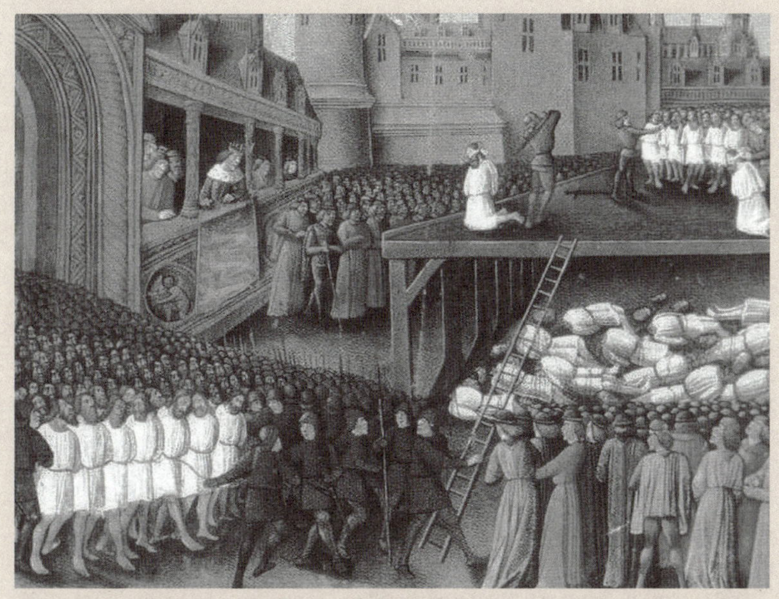

▲ 라틴인 대학살(1182년 4월)

레날이 기독교의 섬 키프로스를 장기간 공격했을 때만큼 대규모이거나 잔혹하지 않았다. 하지만 이 사건은 훨씬 충격적이었다. 군사 승리 직후 뒤처리 과정에서 일어났다거나 약탈을 목적으로 계획한 군사작전이 아니었기 때문이다. 그것은 동방 기독교 세계의 수도 한복판에서, 도시에 정착해 살던 공식적으로 평화로운 거주민을 상대로 일어난 대중의 자발적 폭동이었다. 거주민들은 단지 라틴계라는 이유만으로 고통을 겪어야 했다. 서방 세계에서 이 사건은 과거 비잔티움을 향해 성전을 선포한 주장이 정당했음을 입증하는 것처럼 보였다. 하지만 그런 선동이 오히려 폭동을 부추기는 데 일조했다는 사실, 그리고 이 사태가 적대적인 이방인의 손에 놀아나는 것처럼 보이

〉〉〉 라틴인 대학살

1182년 5월 발생한 콘스탄티노플의 라틴인 대학살 사건은 동서 기독교 세계의 관계를 돌이킬 수 없는 파국으로 몰아넣었다. 당시 마누엘 1세의 친서방 정책에 반감을 품은 대중은 안드로니코스의 선동에 동조해 이탈리아 상인들 거주지를 습격했다. 학자이자 테살로니카 대주교를 지낸 에우스타티오스(Eustathius of Thessalonica, 1115-1195?)의 기록에 따르면, 폭도는 병원까지 난입해 병상의 환자를 무차별적으로 살해했다. 가톨릭 사제들은 제단에서 미사를 집전하다가 도륙되었고, 교황 특사 요한은 참수된 뒤에 머리가 개 꼬리에 매달려 거리를 끌려다니는 수모를 겪었다. 당시 6만여 명에 달하던 라틴인 거주자 가운데 수천 명이 현장에서 목숨을 잃었고, 약 4천 명은 사로잡혀 튀르크 노예 시장으로 팔려 갔다. 역사가 니케타스 코니아테스(Niketas Choniates, 1155-1217)는 안드로니코스 1세가 이 사건을 어린 조카 알렉시오스 2세를 교살하고 권력을 장악하기 위한 정치 도구로 활용했다고 평가했다. 대학살 사건은 서방 세계에 비잔티움인들을 '기독교의 탈을 쓴 배신자'로 각인하는 결정적 계기가 되었다. 당시 베네치아 함선을 타고 탈출한 상인들이 서유럽 전역에 전파한 학살의 참상은 훗날 4차 십자군이 비잔티움을 공격하는 데 정당성을 부여하는 강력한 동기로 작용했다.

는 당국에 맞섰던 자존심 강하고 분노한 대중의 반발이었다는 사실은 까맣게 잊혔다.[13]

두 황제

콘스탄티노플 항구에 있던 50여 척의 라틴 선박은 피난민과 군인, 상인을 가득 태운 채 가까스로 탈출에 성공했다. 그들은 곧장 보복에 나서 마르마라해 섬들과 트라키아 해안 도시들을 약탈했다. 그러는 동안 안드로니코스 콤네노스는 콘스탄티노플의 질서를 회복했다. 섭정 황후는 투옥되었고 어린 아들은 곧 어머니의 사형 집행장에 서명해야 하는 처지가 되었다. 황후의 정부였던 프로토세바스토스 역시 함께 처형되었다. 카이사리사 마리아와 그녀의 남편도 곧장 그들의 뒤를 이어 무덤으로 향했다. 안드로니코스는 차례로 섭정과 공동 황제 자리에 올랐고 이듬해 어린 조카를 조용히 살해하고 단독으로 제위에 올랐다. 이렇게 계속된 살인은 그를 지지했던 많은 사람에게 충격을 안겨주었다. 총대주교 테오도시오스는 성찬을 베풀지 않겠다고 위협했다. 하지만 안드로니코스는 여전히 대중의 지지를 받았다. 총대주교는 별다른 저항 없이 폐위되었고 그 자리는 주인이 명령하면 무엇이든 따르는 바실레이오스라는 하찮은 성직자로 대체되었다.[14)]

새로운 황제는 냉혹하고 파렴치한 야망과 고도의 정치적 식견을 동시에 갖춘 기이한 인물이었다. 황제는 공직 사회의 무능과 부패를 척결하기 위해 과감하게 개혁을 단행했다. 새로 임명한 세무 관리들은 정직했고 관료들은 착취에서 빈민을 보호했다. 그의 치하에서 지방 농민은 잠시나마 안정과 번영을 누릴 수 있었다. 그렇지만 잔혹하고 가혹한 독재 정치로 적을 양산하는 콘스탄티노플에서 황제는 결코 안심할 수 없었다. 반라틴의 기치를 내걸고 제위에 올랐으나 황제가 되고 나서는 정책을 전환하는 게 현명하다는 사실을 곧 깨달았다. 라틴 교회들이 재건되어 다시 문을 열었고 라틴 상인들의 귀환도 장려되었다. 베네치아 정착촌은 거의 중단 없이 운영된 것으로 보이고 테살로니카 같은 지방 도시에서는 이탈리아인들이 별다른 방해를 받지 않았다. 그러나 제노바와 피사는 피해에 대한 배상을 요구했다. 그들은 한편으로는 황제에게 콘스탄티노플에서 입은 손실에 대한 보상금을 청구하고, 다른 한편으로는 서유럽 세력들을 부추겨 황제를 압박했다. 안드로니코스의 유화 정책은 거의 효과를 거두지 못했다. 마침내 교황청은 콘스탄티노플과의 관계를 단절했다.

기독교 세계에는 오직 한 명의 황제, 그러니까 자기 자신만 존재해야 하고 교황은 신하로서 단 하나의 교회를 이끌어야 한다고 믿었던 신성 로마 제국 황제 프리드리히 바르바로사(1152-1190 재위)는 비잔티움에 대한 원정을 적극적으로 부추겼다. 하지만 최근 콘스탄츠 평화 조약(Peace of Constance, 1183)으로 이탈리아 정책이 성공을 거두었음에도 교황과의 관계가 급속히 악화하는 바람에 어느 쪽도 동방에서 행동을 개시할 엄두를 내지 못하고 있었다. 헝가리 국왕은 다뉴브강 국경에서 무력시위를 벌였다. 실제로 안드로니코스를 상대로 군사 행동을 개시한 유일한 군주는 시칠리아의 윌리엄 2세였다. 많은 친척처럼 알렉시오스라는 이름을 가진 콤네노스 가문의 왕자 한 명이 그의 궁정으로 망명해 황제에 맞서도록 부추겼다. 곧이어 안드로니코스에게 살해된 어린 조카 알렉시오스 2세라고 거짓 주장을 하는 소년까지 나타났다. 윌리엄 2세는 이 소년을 침략에 대한 명분으로 삼아 1185년 봄에 동쪽으로 군대를 파견했다. 8월이 되자 그의 장군들이 돌연 테살로니카를 기습했고 도시에 거주하는 이탈리아 상인들의 도움으로 간단한 공성전 끝에 성문을 뚫고 입성했다. 노르만-시칠리아 군대는 테살로니카를 거점으로 삼아 콘스탄티노플로

진격할 준비를 했다.[15]

콘스탄티노플에서 황제의 인기는 시들해지고 있었다. 황제는 불안해하고 모든 사람을 의심하기 시작했고 무차별적인 체포와 처형을 지시하는 잔혹한 행태로 대중의 공분을 샀다. 그의 비호 아래 라틴 상인들이 다시 돌아오기 시작하자 그리스인의 불만은 더욱 커졌고, 테살로니카의 함락과 적군이 수도로 진격해 온다는 소식은 결국 그의 정권을 무너뜨렸다. 1185년 9월, 황제는 존경받는 노귀족이자 사촌이었던 이사키오스 앙겔로스를 체포하려고 했다. 이사키오스는 하기아 소피아 대성당으로 피신할 시간을 벌었다. 황제의 근위대가 그곳까지 추격하려 하자 대중이 반란을 일으켜 궁전을 습격했다. 안드로니코스는 붙잡혀 끔찍한 고문 끝에 죽임을 당했고 이사키오스 앙겔로스는 기대하지도 않은 황제의 자리에 올랐다.[16]

이사키오스 앙겔로스(1185-1195, 1203-1204 재위)의 통치는 눈부신 군사적 성공과 함께 출발했다. 그의 장군 브라나스는 노르만군을 격퇴하고 테살로니카를 탈환했다. 하지만 이것이 황제가 거둔 유일한 승리였다. 이사키오스는 곧장 서방과 협상을 개시했다. 베네치아인들은 새로운 무역 특권을 약속받는 대가로 노르만인에 대항하는 동맹이 되었다. 제노바인과 피사인 역시 오랜 협상 끝에 1182년에 입은 손실에 대한 보상금을 받아냈다.[17] 로마 교황청과도 접촉이 진행되었고 양측 교회의 화해에 관한 논의가 다시 고개를 들었다.[18] 하지만 서방과 우호 관계를 구축하려는 시도는 이사키오스가 추진한 동방 정책 때문에 난관에 부딪혔다. 튀르크에 맞설 수 있는 지원을 확보하기 위해 십자군의 최대 숙적인 살라딘과 동맹을 모색했는데 프랑크인들은 이 동맹을 비잔티움 특유의 배신행위를 보여주는 또 다른 사례로 간주했다. 살라딘이 1187년 예루살렘을 점령하자 이사키오스는 곧장 성도(聖都) 예루살렘에 그리스 정교회 총대주교를 복귀시켜도 좋다는 허락을 받아냈다.[19] 이 때문에 황제를 비난할 수는 없다. 무슬림에게 새로 점령된 지역의 그리스도인이 교회 조직 없이 방치되지 않도록 하는 것은 정교회 군주에게 당연한 의무였기 때문이다. 하지만 이 조치는 라틴인의 분노를 더욱 자극했다.

마침내 이사키오스는 1189년 프리드리히 바르바로사가 이끄는 십자군 대군이 자신의 영토를 통과하는 문제에 직면했다. 프리드리히는 오래전부터 비잔티움을 혐오해 왔고 제국의 수도를 무력으로 함락시키겠다는 말을 공공연히 떠들고 다녔다. 그가 이끄는 군대는 과거 어떤 십자군보다 규율이 잡혀 있어 약탈 행위는 적었지만 오히려 훨씬 위협적이었다. 이사키오스는 프리드리히의 사절들을 인질로 붙잡아 압박을 가하려고 했다. 그러나 의도했던 것과는 정반대의 결과를 초래했다. 프리드리히가 하루빨리 팔레스타인으로 진군하는 것을 서두르지 않았더라면 심각한 충돌이 빚어졌을지 모른다. 이사키오스가 사과하자 독일군은 다르다넬스 해협을 건너 아시아로 들어가는 데 동의했고 덕분에 콘스탄티노플은 부대의 방문을 피할 수 있었다.[20]

제국 내부에서 보자면 이사키오스의 통치는 재앙에 가까웠다. 불공정하고 과도한 세금 징수는 세르비아와 불가리아에서 반란을 초래했는데 그중 어느 곳도 진압하지 못했다. 그렇게 해서 얼마 지나지 않아 발칸반도 내륙 전체가 제국의 통제권을 벗어났다. 황제의 사촌 이사키오스 두카스 콤네노스가 키프로스 총독으로 있다가 스스로 독

립 황제를 선언했지만, 계속해서 복종을 요구하는 중앙 정부의 시도
는 번번이 좌절했다. 그동안 튀르크는 비잔티움 제국을 희생양 삼아
아나톨리아에서 영토를 계속 확장했다.[21] 프리드리히 바르바로사가
비잔티움을 통과하고 두 해 뒤 잉글랜드 국왕 리처드 1세(사자심왕)
가 키프로스 섬을 점령하면서 동방과 서방 기독교 세계의 관계는 훨
씬 더 심각하게 훼손되었다. 당시 이사키오스 앙겔로스는 자신이 증
오하는 숙적이자 황제를 자처한 이사키오스 콤네노스가 제거되는 것
을 목격하고 당장은 별다른 감정이 없었을지 모른다.[22] 하지만 키프
로스에 라틴 국가가 수립되었다는 것은 그곳의 그리스인 성직자들이
새로 유입된 라틴인에게 종속되었다는 것을 뜻했다.

이것은 한 세기 전 팔레스타인의 상황과는 달랐다. 당시 팔레스
타인은 그리스 주교들이 모두 망명해서 이론상으로는 아니어도 주교
좌가 사실상 공석 상태였고, 현지 기독교 인구 역시 그리스인이 아니
었다. 반면에 키프로스에서는 그리스인 주교단의 지위가 격하되면서
신자들과 함께 이방인 지배자들에게 복종하도록 강요받았다. 키프로
스에서 벌어진 동서 교회의 투쟁에 얽힌 역사는 이 글의 범위를 벗어
나지만, 그것은 끝없는 비통함과 분노의 원천이었다. 1230년 무렵에
는 로마 교회의 권위를 거부했다는 명목으로 그리스인 사제 열세 명
이 처형되는 일도 있었다. 이후로 한 세기 동안 키프로스 그리스인들
은 동방 가톨릭교회(Uniate Church)의 지위를 강요받았지만, 그들
은 굴욕적이고 부당한 해결책으로 간주해 자발적으로 수용하지 않았
다. 16세기 튀르크의 정복으로 라틴 지배자들이 제거되자 로마에 순
종하는 모습을 곧장 털어냈다.[23]

비잔티움 본토에서는 이사키오스 앙겔로스가 성직 계급을 엄격하게 통제해 입지를 강화하려 했다. 황제는 무기력한 인물들을 총대주교 자리에 앉혔고 로마와 공개적인 단절을 초래할 만한 어떤 행동도 금지했다. 심지어 제국 전역에서 라틴 교회들의 예배를 허용하고 장려하기까지 했다. 자신도 라틴 출신 헝가리의 마리아와 결혼했다.[24] 그렇지만 비잔티움 교회에는 여전히 명망 높고 활동적인 고위 성직자가 많았다. 성체(Eucharist)의 부패 가능성 문제에 관한 논쟁 덕분에 수준 높은 신학 작품이 대거 쏟아져나왔다. 1195년경 사망한 테살로니카의 대주교 에우스타티오스는 당대 가장 박학다식하고 자유롭게 사고한 학자였다.[25] 제자 미카엘 아코미나토스는 역사가 니케타스의 형제였고 1175년부터 1205년까지 아테네의 대주교를 지낸 인물이었다. 미카엘은 방대한 교양을 갖추었을 뿐 아니라 비잔티움을 대표하는 작가 중 거의 유일하게 간결하고 직설적인 문체를 구사한 인물이라는 매력을 함께 갖고 있었다.[26] 이런 인물들은 어떤 서방인에게도 무릎 꿇을 준비가 되어 있지 않았다. 에우스타티오스는 1185년 노르만인들이 테살로니카를 약탈하는 것을 직접 목격했고 미카엘은 1205년 라틴인들에게 추방될 운명이었다.

악당, 발사몬

교회의 화해 가능성에 더욱 치명적이었던 사건은 비잔티움 교회가 배출한 몇 안 되는 위대한 법학자 가운데 한 명인 테오도로스 발사몬(1140?-1195?)의 등장이었다. 발사몬은 그리스 교회법 개요를 편찬했고 생전에도 이미 정교회 세계 전반에서 법률적 조언을 구할 때는 누구나 의지하는 권위자였다. 그는 안티오키아 총대주교로 임명되었으나 총대주교직은 이미 라틴인들이 장악해 직함은 그저 명목상에 지나지 않았다. 따라서 개인적으로도 라틴인에게 원한을 품을 수밖에 없었다. 동서 교회 분열 과정에서 정교회 측의 악역을 찾는다면 발사몬이 포티오스나 케룰라리오스보다 훨씬 더 유력한 후보라고 할 수 있다. 그동안 논쟁에서 정교회의 가장 큰 자산은 오이코노미아의 교리, 그러니까 평화와 선의를 위해 차이를 눈감아 주거나, 심지어 용인하기까지 하는 자비의 원칙이었다. 하지만 발사몬은 법률가였다. 법률가들은 모든 사안을 명확하게 규정하기 좋아한다. 자비는 그들의 특징이 아니다.

교회와 국가의 관계에 대한 발사몬의 전반적인 견해는 당시 로마 입장과 완전히 달랐다. 그는 비잔티움 초기 법전에 등장하는 다소 모호한 진술, 그러니까 황제와 총대주교가 제국의 두 핵심 기관이고 양자 간 조화가 필수적이라는 견해를 수용했다. 그러면서도 황제는 육체적 문제뿐만 아니라 영적 문제까지 관여하는 데 비해 총대주교는 오직 영적 사안만 다루기 때문에 황제가 우위에 있다고 주장했다. 그의 주장에 따르면 황제는 법률과 교회법에 구속받지 않지만 일곱 차례 개최된 공의회가 결정한 기독교 신앙 교리에는 종속된다. 이런 논리를 따르면 당연히 황제가 교황보다 우월하지만 황제는 아무리 권력이 강해도 비잔티움 교회를 로마에 예속할 권한이 없다는 결론에 도달한다. 그런 시도를 하면 일곱 차례 공의회에서 내린 결정을 정면으로 위배하는 행위가 될 수 있다. 비잔티움에서는 공의회가 5대 총대교구 체제를 확립하고 하나님으로부터 영감받은 니케아 신경을 선포했지만, 로마가 불법적으로 낱말 하나를 거기에 추가했다고 믿었다.[27]

라틴 교회에 관한 발사몬의 견해는 분명하고 완강했다. 알렉산드리아의 총대주교 마르코스가 자신의 수하 성직자들에게 라틴인에게 성찬을 베풀도록 허락해도 되는지 문의하자 발사몬은 거침없이 답변했다.

> 수년 동안[그는 답장에 이렇게 썼다] 서방 교회는 다른 네 곳의 총대주교구와 영적 교류가 단절되어 정교회와 이질적인 존재가 되었습니다. …따라서 교황의 이름은 총대주교구 기념 명판에 등재되지 않았습니다. 그러므로 어떤 라틴인이라도 우리와 그들을 갈라놓는 교리와 관습을 버리겠다고 먼저 선언하고, 정교회와 일치 안에서 교회법에 복종하겠다고 약속하지 않는 한 성찬에 참여시키지 말아야 합니다.

발사몬은 라틴인에게 재세례를 요구하지는 않았다. 라틴인을 야코부스파나 네스토리오스파 같은 이단과 같은 부류로 간주하지 않았기 때문이다. 하지만 발사몬은 동서 교회 분열이 이미 돌이킬 수 없는 일이 되었다고 확신했고 콘스탄티노플 명판에서 교황의 이름이 삭제될 때 분열이 일어났다고 암시했다. 다만 분열 시점이 1009년이라고 믿었는지는 언급하지 않았고 교황 이름이 부주의하게 누락되었을 뿐이라고 명시한 콘스탄티노플 지역 공의회(1089)에 대해서도 입을 다물었다. 그의 견해에 따르면 로마는 어느 순간에 올바른 신앙에서 탈락했기 때문에 더는 로마의 주교들을 기념할 수 없었다.[28]

발사몬의 높은 명성이 그의 주장에 권위를 실어주었다. 많은 비잔티움 사람 역시 분명히 그와 뜻을 같이했을 것이다. 시간이 흐르고 이후의 사건들이 전개됨에 따라 영향력은 더욱 커졌고, 마침내 그의 시대에 이미 동서 교회 분열이 확정되었다는 견해가 일반적으로 받아들여지게 되었다. 하지만 사실 그의 태도는 동시대 여러 인물로부터 비판받았다. 약 20년 뒤에 글을 남긴 데메트리오스 코마테아노스는 당시 많은 사람이 발사몬의 태도를 지나치게 가혹하고 매정하게 생각했다고 전한다. 게다가 라틴인들의 형식과 관습을 이유로 그들을 파문한 것은 정당하지 않다고 보았다. 라틴인의 관행 가운데 어느 것도 지역 공의회 차원에서 정죄 되거나 라틴인이 이단으로 낙인찍힌 적이 없었기 때문이다. 오히려 라틴인들이 정교회 신자들과 함께 축제를 즐기고 함께 기도하는 것은 흔한 일이었다.[29] 그러니까 고위 성직자끼리는 다툼이 있어도 동방과 서방의 일반 신자는 여전히 온전한 교통(full communion) 속에 있다고 생각하는 비잔티움 사람이 상당수 존재했다.

라틴 교회 측에선 세기말 무렵 이미 그리스인을 분열주의자(schismatic)로 간주하는 분위기가 일반적이었던 것 같다. 로마의 법학자들은 정교회가 로마의 수위권을 인정하지 않는 것 자체를 당연히 분열 선언으로 간주했다. 여론 역시 1차 십자군 시절과 달리 더는 콘스탄티노플을 성스러운 도시로 여기지 않았다. 4차 십자군 이후 앙제(Angers) 시민들은 비잔티움에서 약탈해 온 성물들을 맞이하며 다음과 같이 환영하는 노래를 불렀다.

콘스탄티노플이여
그토록 오랫동안 불경한 도시여… [30]

하지만 그리스인과 마찬가지로 서방측에서도 분열을 초래한 불경함이 정확히 언제부터 시작되었는지 말할 수 있는 사람이 없었다. 동시에 빌라르두앵이 기록한 4차 십자군 원정 전체를 보아도 그리스인이 동료 그리스도인이 아니라는 암시는 전혀 등장하지 않는다. 황제 알렉시오스 3세가 "당신들도 그리스도인이고 우리 역시 그리스도인"이라고 십자군에게 말했을 때 그들은 부정하지 않았다.[31] 본디 이 원정은 '분열주의자에 맞서기 위한'(contra schismaticos) 것이 아니라, 비잔티움 왕위의 정당한 계승자를 옹립하려는 합법적인 시도로 기획되었다. 그러나 십자군이 황제에게 제시한 조건 가운데 첫째는, 로마인의 제국(Empire of Romania, 비잔티움 제국) 전역을 로마의 통치 아래 두어야 한다는 것이었다. 그들은 제국이 "과거 어느 시점에 로마로부터 스스로 떨어져 나갔다"라고 주장했다.[32] 당시 서방의 태도는 동방 교회가 과거 불특정한 시기에 반기를 들었던 교황에게 다시 복종하기만 하면 된다는 식이었다.

평행선

　로마와 콘스탄티노플 궁정은 여전히 소통하고 있었다. 황제 이사키오스 앙겔로스가 1195년 궁정 쿠데타로 폐위되었다. 황제는 실명한 채 투옥되었고, 그의 형 알렉시오스가 자리를 대신 차지했다. 이사키오스가 몰락한 주요 이유 가운데 하나는 1182년의 폭동에 대한 보상으로 이탈리아인들에게 지급한 배상금이 비잔티움인들이 보기에 너무 관대했기 때문이었다.[33] 따라서 알렉시오스 앙겔로스(1195-1203)는 반(反)라틴을 기치로 내걸고 통치를 시작했다. 하지만 그 역시 얼마 지나지 않아 교황과 협상을 시작할 필요성을 느꼈다. 바르바로사의 아들인 서방 황제 하인리히 6세가 1194년 아내의 유산인 시칠리아를 정복했다. 하인리히는 아버지뿐 아니라 아내의 노르만 조상들로부터 비잔티움을 정복하려는 야망을 물려받은 인물이었다.

　하인리히의 전방위적 야심은 교황청에도 위협적이었다. 교황청은 그의 세력이 더 커지는 것을 지켜볼 여유가 없었다. 이런 이해관계가 황제 알렉시오스와 교황 첼레스티노 3세(1191-1198 재위)를 가깝게 만들었다. 비록 동맹이 명시적으로는 체결되지 않았지만, 둘의 우호 관계(entente)가 하인리히의 계획을 어느 정도 억제했을 가능성은 충분하다.[34] 하인리히가 1197년 갑작스럽게 사망하면서 상황은 완화되었다. 그런데 독일에서 그의 후계자가 된 동생 슈바벤의 필리프는 권력이 하인리히에게 미치지는 못했으나 야심만큼은 조금도 뒤지지 않았다. 게다가 필리프는 폐위된 황제 이사키오스의 딸과 결혼해 알렉시오스와는 사적으로 적대 관계에 놓이게 되었다. 1198년 첼레스티노의 뒤를 이어 인노첸시오 3세(1198-1216 재위)가 즉위하자 알렉시오스는 신임 교황에게 축하 편지를 보내 정치적 동맹을 촉구했다.[35]

인노첸시오는 전임자인 첼레스티노보다 훨씬 유리한 입장이었다. 교황은 하인리히의 어린 아들인 시칠리아의 프리드리히의 후견인이었고 독일에서는 이미 슈바벤의 필리프에 맞설 수 있는 반대 세력을 규합한 상태였다. 따라서 그는 비잔티움 황제의 제안을 환영하면서도 로마 사도좌의 수위권을 인정하지 않는 군주와 동맹을 맺는 것은 다소 곤란하다는 내용으로 답변을 보냈다. 교황이 보낸 사절단은 황제에게 그의 첫 번째 의무는 딸인 콘스탄티노플 교회를 어머니인 로마 교회의 품으로 되돌려 놓는 것이고, 아울러 이교도를 겨냥한 십자군 원정의 참여를 보장해야 한다고 전했다.[36] 알렉시오스는 신중하게 응답했다. 십자군을 기꺼이 지원하고 그 일을 위해 심지어 목숨마저 바칠 용의가 있다고 밝혔다. 동시에 황제 측에서도 자신의 영토인 키프로스 섬을 부당하게 강탈한 라틴인과 동맹을 맺는 것은 상당히 어려운 일이라고 맞받아쳤다.

교회의 일치에 관해서는 "인간의 욕망이 하나님 뜻에 복종하면," 그러니까 성령의 영감이 임하게 될 보편 공의회가 소집되기만 하면 당연히 가능하다고 응답했다. 콘스탄티노플 교회는 그런 공의회에 전권이 부여된 대표들을 기꺼이 파견할 용의가 있다고 덧붙였다.[37] 교황에게는 총대주교 요안네스 카마테로스의 답장도 전달되었다. 요안네스는 사촌인 에우프로시네 황후의 영향력 덕분에 최근 콘스탄티노플의 총대주교직에 올랐으나 전임자들보다 훨씬 강단 있고 평판이

괜찮은 인물이었다. 총대주교는 로마가 기독교의 어머니 교회라고 주장하는 것에 놀라움을 표했다. 그는 만약 우리가 어떤 교회에든 그런 칭호를 부여해야 한다면 그리스도가 교회를 세운 예루살렘 교회가 마땅하다고 피력했다. 이어서 만약 누군가 그리스도의 속옷(튜닉)을 찢고 있다면 그것은 니케아 공의회 결의문에 서명해 놓고 정작 니케아 신경을 변경하고 있는 로마라고 덧붙였다.[38]

인노첸시오 교황의 인내심 있는 답변을 통해 그가 여전히 우호적 관계를 기대했다는 것을 알 수 있다. 총대주교에게 로마가 어머니 교회인 까닭은 역사적 연대가 아니라 그 존엄함 때문이라고 장황하게 설명했다. 하지만 로마보다 훨씬 더 존엄한 도시를 자부하던 콘스탄티노플에서는 이런 논리가 거의 먹혀들지 않았다. 교황은 황제에게 보편 공의회의 구상에 대해 환영의 뜻을 전하면서 실제로 본인도 이미 공의회를 염두에 두고 있다고 밝혔다. 하지만 공의회를 소집하기에 앞서 콘스탄티노플이 로마의 수위권을 먼저 인정해야 한다고 못 박았다.[39] 결국 협상은 불가피하게 교착 상태에 빠졌다. 그렇지만 교황과 황제는 서로 예의 바른 서신을 계속 주고받았다. 양측 모두 슈바벤의 필리프가 어떤 행동에 나설지 불안해하는 탓에 동맹의 가능성을 완전히 포기하려고 하지 않았다. 다만 인노첸시오는 십자군을 위해 비잔티움으로부터 실질적 도움을 얻어내겠다는 희망은 결국 접게 되었다. 교황에게 십자군 원정은 교회의 일치보다도 앞서는 최우선 과제였다. 그렇지만 그 목표를 향해 그가 쏟아부은 열정적 노력은, 결과적으로 동서 교회의 일치를 영원히 가로막는 결과를 가져오고 말았다.

【 Section 6. 주 】

1) Chalandon, Les Comnene, Jean Ⅱ Comnene et Manuel I Comnene(「콤네누스 왕
   조: 요안네스 2세와 마누엘 1세」), pp.257-259, 317-318 볼 것. 마누엘은 프랑스군만
   십자군에 참여한다고 생각했을 때는 그들과 연합해 튀르크에 맞설 계획을 세웠지만, 독
   일군 역시 참전한다는 소식을 듣자(행동의 제약을 받지 않기 위해) 독자적으로 움직이는
   쪽을 택한 것으로 보인다. Cinnamus, Epitome Historiarum(「역사 강요」), Bonn
   edition, p.59 볼 것. 그는 1147년 봄에 튀르크와 평화 협정을 맺었는데, 로제르(Roger)
   의 공격은 그리스의 섬들과 본토에서 군대가 빠져나간 시점인 그해 봄이나 여름에 시작
   되었다(Chalandon, op. cit., p.318, n.1). 외드 드 되유(Eudes of Deuil)는 De
   Profectione Ludovici Ⅶ in Orientem(「루이 7세의 동방 원정기」), ed. Waquet, p.53
   에서 로제르의 공격을 언급하면서도 그것이 마누엘의 정책에 미친 영향은 전혀 파악하
   지 못하고 있다. Norden, Das Papsttum und Byzanz(「교황권과 비잔티움」), pp.81-
   84 역시 볼 것.
2) Cinnamus, op. cit., p.71; Nicetas Choniates, Historia(「역사」), p.85.
3) Eudes of Deuil, op. cit., pp.35-44.
4) Eudes of Deuil, op. cit., pp.45-48.
5) Cinnamus, op. cit., pp.80-86; Eudes of Deuil, op. cit., pp.53-80; letter of
   Conrad in Epistolae Wibaldi(「비발트 서한집」에 수록된 콘라트의 편지), ed. Jaffe,
   pp.152-153; Louis Ⅶ, letters to Suger(루이 7세가 쉬제에게 보낸 편지들), R.H.F.,
   vol. xv, pp.488, 495-496. Runciman, History of the Crusades(「십자군 전쟁사」),
   ii, pp.267-274.
6) Chalandon, op. cit., pp.326-327 볼 것. 궁정 시인 프로드로모스는 결혼을 축하하는
   시 한 편(R.H.C.Grecs, vol. ii, p.772)과 신부의 어머니를 위로하는 또 다른 시 한 편
   (ibid., p.768)을 썼다.
7) Cinnamus, op. cit., p.87; letter of Suger, Sugeri Opera(쉬제의 편지, 「쉬제의 저작
   집」), ed. de la Marche, pp.258-60; William of Nangis, Gesta Ludovici Ⅶ(「루이 7
   세의 업적」), R.H.F., vol. xx, p.46. 프랑스의 엘레오노르(Eleanor) 왕비가 타고 있던
   배가 비잔티움군에 의해 잠시 억류되기도 했다. John of Salisbury, Historia
   Pontificalis(「교황사」), ed. Lane-Poole, p.61.

8) 비잔티움을 겨냥한 이 십자군 계획에 대해서는 다음 자료를 확인할 것. Bernhard, Conrad Ⅲ(「콘라트 3세」), pp.810-814; Vacandard, Vie de Saint Bernard(「생 베르나르 전기」), ii, pp.425-428; Norden, Das Papsttum und Byzanz(「교황권과 비잔티움」), pp.44-46.

9) 티레의 기욤은 마누엘의 궁정에 두 차례 사절로 방문하고서 황제에게 깊은 감명을 받았다. 그는 황제가 서거했을 때 진심으로 애도했다. William of Tyre, Historia(「역사」), xx. 4, xxii. 4, 5, R.H.C.Occ., vol. i, pp.945-947, 1066-1069 볼 것. 마누엘은 이슬람군에게 붙잡힌 십자군들(예컨대, 이벨린의 보두앵)을 위해 기꺼이 몸값을 대신 치러 큰 찬사를 받았다. Ernoul, Chronique d' Ernoul et de Bernard le Tresorier(「에르눌과 재무관 베르나르 연대기」), ed. Mas Latrie, pp.56-59.

10) 마누엘이 이탈리아 도시들에 부여한 특권에 대해서는 Heyd, Histoire du Commerce du Levant(「레반트 무역사」), trans. Furcy Raynaud, 1936 edition, i, pp.198-222 볼 것.

11) 알렉시오스 2세의 치세에 관한 역사적 내용은 Ostrogorsky, Geschichte des byzantinischen Staates, pp.314-316 볼 것. 주요 일차 사료는 Nicetas Choniates, op. cit., pp.291-355이다.

12) Ostrogorsky, loc. cit.; Nicetas Choniates, op. cit., pp.325-326; William of Tyre, Historia(「역사」), xxii. 10-11, R.H.C.Occ., vol. i, pp.1079-1082.

13) Heyd, op. cit. i, pp.222-224 볼 것.

14) Nicetas Choniates, op. cit., pp.343-355. Ostrogorsky, loc. cit 볼 것.

15) 안드로니코스의 통치에 대해서는 Ostrogorsky, op. cit., pp.316-319; Vasiliev, History of the Byzantine Empire(「비잔티움 제국사」), pp.379, 433-438 볼 것.

16) Nicetas Choniates, op. cit., pp.444-463.

17) Heyd, op. cit. i, pp.225-230. 이탈리아인들에게 유리하게 발행된 다양한 금인칙서들(Chrysobulls)은 Doelger, Regesten(「칙령집」), Nos. 1576-1578, 1583, 1589-1590, 1606, 1607, 1610, 1616, 1618, ii, pp.93-95, 97-101에 수록되어 있다.

18) Doelger, Regesten(「칙령집」, No. 1615, ii, p.100)은 교황 첼레스티노 3세에게 보낸 황제 사절단을 언급하지만, 그 세부 사항에 대해서는 알려진 바 없다.

19) 4장 볼 것.

20) Nicetas Choniates, op. cit., pp.525-537; Ansbert, Expeditio Friderici Imperatoris(「황제 프리드리히 원정기」), in Chroust, Quellen zur Geschichte des

Kreuzzuges Kaiser Friedrichs I(황제 프리드리히 원정기」), M.G.H.Ss., new
series(1928), pp.27-66; letter of Frederick I to King Henry(프리드리히 1세가 헨
리 국왕에게 보낸 편지), in Bohmer, Acta Imperii Selecta(「제국 선집」), p.152. 프리
드리히는 비잔티움의 총대주교가 하기아 소피아 대성당에서 그리스인들에게 서방인을
살해하도록 독려하는 설교를 공개적으로 했다고 선언했다. 그는 교황에게 이 사실을
알리고 싶어 한다.

21) Ostrogorsky, op. cit., pp. 323-8; Hill, History of Cyprus(「키프로스사」), i, pp.
313-14.

22) Hill, op. cit. i, pp.315-321. 다음 자료는 키프로스 정복을 간략하게 언급하며 이사키
오스 콤네노스의 몰락을 다소 즐기는 듯한 태도를 보인다. Nicetas Choniates, op.
cit., pp.547-548. 키프로스 현지인이 작성한 다음 자료는 라틴인의 정복을 슬퍼하면
서도 이사키오스의 몰락은 기뻐한다. Itinerarium Regis Ricardi(「리처드 왕의 여정」,
ed. Stubbs, Rolls Series), pp. clxxxv-clxxxix에 포함된 De Calamitatibus
Cypri(「키프로스의 재난에 관하여」) 볼 것.

23) Hill, op. cit. ii, pp.45-47, iii, pp.1041-1104. 키프로스에서 발생한 그리스 사제들
의 순교 사건은 Sathas, Mesaioniki Bibliotheke(「중세 문고」), vol. ii, pp.20-39에
수록된 내용의 주제다.

24) Heyd, op. cit. i, p.225. 베네치아인들은 분명히 교회를 허가받았고, 제노바인들과 피
사인들 역시 거의 확실히 그랬을 것이다. Nicetas Choniates, op. cit., p.481.

25) 에우스타티오스에 대해서는 L. Cohn, article "Eustathios, Erzbischof von
Thessalonike," in Pauly-Wissowa, Real-Encyclopaedie der classischen
Altertumswissenschaft(「고전 고대 학술 백과사전」), new edition, vol. xi, coll.
1452-1489 볼 것.

26) 미카엘 코니아테스에 대해서는 Stadtueller, "Michael Choniates, Metropolit von
Athen," Orientalia Christiana, vol. xxxiii. 2 볼 것.

27) Theodore Balsamon, In Canonem XVI Concilii Carthaginiensis(카르타고 공의회
16조에 관하여), M.P.G., vol. exxxviii, col. 93.

28) Theodore Balsamon, letter to Mark of Alexandria(알렉산드리아 총대주교 마르코
스에게 보내는 편지), M.P.G., vol. exxxviii, col. 968.

29) Demetrius Chomateanus, letter, M.P.G., vol. exix, coll. 956-960.

30) Sequentia Andegavensis, in Riant, Exuviae Sacrae Constantinopolitanae(「콘스

탄티노플의 성스러운 전리품」), vol. ⅱ, p.45.

31) Villehardouin, La Conquete de Constantinople(「콘스탄티노플 정복기」), ed. Faral, i, p.144.

32) Ibid. ⅱ, p. 24(성직자들은 콘스탄티노플이 강제로 교황의 권위에 다시 복종하게 되면 교황이 흡족해할 것이라고 십자군에게 말한다.); 플랑드르의 보두앵(Baldwin of Flanders) 편지, R.H.F., vol. xviii, p.522.

33) Heyd, op. cit. i, p.226. 이탈리아인들에 대한 반감으로 촉발된 알렉시오스 브라나스의 반란은 몬페라토의 콘라트가 이끄는 이사키오스의 라틴 용병들에 의해 잔혹하게 진압되었다. Nicetas Choniates, op. cit., pp.502-510.

34) Norden, op. cit., pp. I30-3; Doelger, Regesten(「칙령집」), No. I635, ⅱ, p. 103.

35) Ibid., No. 1643, ⅱ, p. 104.

36) Innocent Ⅲ's letter(인노첸시오 3세의 편지), i. 353, M.P.L., vol. cexiv, col. 327.

37) 인노첸시오(Innocent's letter ⅱ. 210)는 알렉시오스의 편지를 인용한다. ibid., coll. 765-768.

38) 인노첸시오가 인용한(Innocent's letter, ⅱ. 211) 총대주교의 편지는 ibid., coll.768-769 볼 것.

39) 인노첸시오 3세, 앞의 주석에서 인용한 편지.

07

4차 십자군

역사적으로 4차 십자군으로 알려진 운동은 로마 교회와 콘스탄티노플 교회의 관계를 위기로 몰아갔다. 교황 인노첸시오 3세는 즉위 순간부터 줄곧 새로운 십자군을 결성하려고 노력했다. 교황은 프랑스에서는 뇌이의 푸크, 독일에서는 파이리스의 마르틴 같은 설교자들이 시골 지역을 순회하며 사람들의 의무감을 일깨우도록 독려했다. 1199년 가을이 되자 그의 희망이 마침내 결실을 보는 것 같았다. 같은 해 9월, 샹파뉴 백작 티보가 에크리 쉬르 욘(Ecry-sur-Yonne, 현재 프랑스 아스펠드)에서 열린 마상 시합에 친구들을 초대했다. 이때 뇌이의 푸크가 갑자기 나타나 열변을 토하며 설교하자 참석자 전원이 감동해 십자군 참여를 서약했다. 그들의 사례는 북부 프랑스, 로렌, 그리고 독일 전역의 귀족들에게로 계속 이어졌다.[1]

어긋난 기대

교황은 크게 기뻐했다. 그런데 예상치 못했던 두 가지 사건이 발생하는 바람에 이 운동은 교황의 통제를 벗어났다. 십자군을 이끌게 될 샹파뉴 백작 티보가 동방으로 떠날 준비를 미처 끝내지 못한 채 1201년 봄에 사망했다. 프랑스 국왕의 제안으로 십자군은 그를 대신해 몬페라토 후작 보니파초를 새로운 지도자로 선출했다. 이것은 아주 적절한 지명처럼 보였다. 보니파초는 프랑스와 독일 황실 모두와 인척 관계에 있었고, 그의 가문은 아버지가 죽고 형제들이 활동 무대를 넓혔던 동방과도 깊은 연고가 있었다. 게다가 탁월하고 노련한 군인이기도 했다. 하지만 그는 교황의 적이었던 슈바벤의 필리프와 아주 막역한 친구였다.[2]

두 번째 사건은 수송 수단이 필요했던 십자군이 베네치아인들에게 선박을 빌리기로 한 결정이었다. 베네치아인들이 내건 조건은 가혹했다. 베네치아에 도착한 직후 십자군은 자신들이 베네치아 측에 감당하기 힘들 만큼 막대한 빚을 졌다는 것을 깨닫게 되었다. 결국 그들은 부채를 갚기 위해 베네치아 공화국의 지역 정복 사업을 돕겠다고 제안할 수밖에 없었다. 그것은 최근 헝가리 국왕에 의해 병합된 자라(Zara, 현재 크로아티아 자다르)를 다시 탈환하는 일이었다. 헝가리 국왕은 교회에 아주 충실한 가톨릭 신자였다. 교황은 십자군의 첫 번째 군사 행동이 기독교 도시를 공격하는 것이라는 소식을 듣고 경악했다. 교황이 강력하게 항의했으나 철저하게 무시당했다. 1202년 11월, 십자군과 베네치아인들은 자라를 포위하고 함락시키기 위

해 함께 출정했다.[3]

십자군이 그곳에서 승리를 자축할 당시 그들은 모두 교황에게 파문당한 상태였다. 얼마 지나지 않아 교황은 십자군을 용서했지만, 베네치아인들은 그러지 않았다. 바로 이때 폐위된 황제 이사키오스 앙겔로스의 아들, 비잔티움의 젊은 왕자 알렉시오스가 합류했다. 얼마 전 그는 삼촌 알렉시오스 앙겔로스가 자신을 가둔 곳에서 탈출해 슈바벤의 필리프와 결혼한 누이의 궁정으로 도피한 상태였다. 사정을 알게 된 필리프는 몬페라토의 보니파초와 함께 십자군을 동원해 처남을 비잔티움 황제 자리에 앉히려는 계획을 세웠다. 보니파초는 베네치아의 도제(Doge, 선출직 종신 최고 통치자) 안드레아 단돌로(1343-1354 재위)에게 접근했다. 단돌로는 오래전 콘스탄티노플에서 벌어진 싸움에서 시력을 잃은 뒤 비잔티움에 깊은 원한을 품고 있었다.

⌈ 비잔티움 제국 앙겔로스 왕조 (1185-1204) ⌋

이사키오스 2세(Isaac II Angelos, 1156-1204) : 1185-1195 재위

알렉시오스 3세(Alexios III Angelos, 1153-1211) : 1195-1203 재위

이사키오스 2세 & 알렉시오스 4세(Alexios IV Angelos, 1182-1204)

: 1203-1204 부자 공동 재위

알렉시오스 5세(Alexios V Angelos, ?-1204) : 1204(2개월) 재위

젊은 알렉시오스는 자신이 황제로 즉위하는 즉시 십자군에게는 군사적 지원과 막대한 자금을, 베네치아인들에게는 무역 특권과 보

상금을 약속했다. 논의 과정에서 교황은 배제되었다. 나중에 소문으로 이 계획을 알게 된 교황은 몹시 불쾌해했다. 교황은 젊은 왕자에 대해 들은 정보들이 탐탁지 않았고 십자군이 가능한 한 신속히 성지로 향하기를 바랐다. 하지만 교황에게는 이런 경로 변경을 막을만한 실질적인 힘이 없었다. 십자군 가운데는 교황의 뜻에 동의해 본진을 벗어나 곧장 팔레스타인으로 출발한 사람들도 많았다. 하지만 기사와 병사들 대부분은 비잔티움의 협조를 확보하고 그곳의 엄청난 부를 손에 넣을 수 있다는 기대감에 크게 기뻐했다.[4]

콘스탄티노플 공방

1203년 4월, 십자군은 알렉시오스와 함께 자라를 떠나 항해를 시작했고 6월 24일에 콘스탄티노플 항구에 도착했다. 그의 삼촌 알렉시오스 3세 황제는 침공에 대비해 어떤 준비도 하지 못한 상태였다. 정보가 정확하지 않은 탓도 있었지만 군대와 백성 가운데 어느 쪽도 신뢰할 수 없었기 때문이었다. 그렇지만 찬탈자가 나타나기만 하면 비잔티움인들이 그를 정당한 통치자로 즉시 환영할 것이라는 십자군의 기대는 빗나갔다. 황제 자리를 지키고 있는 알렉시오스 3세는 예상 밖으로 단단한 지지를 받고 있었다. 프랑크인과 베네치아인이 도시 성벽을 공격하자 수비대가 격렬하게 저항했다. 이 싸움은 단순히 서방 라틴인과 동방 그리스인 간의 대결이 아니었다. 제노바와 피사는 베네치아의 의도를 정확하게 간파하고 일정한 거리를 두었다. 비잔티움 측 방어는 황제의 바랑기아인 친위대가 주도했는데 당시 이 부대는 영국인과 덴마크인이 주축이었다.

1203년 7월 17일, 베네치아인들이 성벽을 돌파했다. 그러자 황제 알렉시오스 3세는 다윗 왕이 압살롬을 피해 도망쳤다가 결국 좋은 결과를 얻었던 것을 떠올리며 도시를 빠져나갔다. 비잔티움 관리들은 시력을 잃고 강제 은퇴 상태에 있던 전임 황제 이사키오스, 그러니까 이른바 찬탈자의 아버지를 서둘러 불러내어 복위시켰다. 이 기발한 조치 덕분에 젊은 알렉시오스는 어쩔 수 없이 동맹군의 공격을 중단시켜야만 했다. 십자군과 베네치아인들은 젊은 알렉시오스를 아버지와 함께 공동 황제로 추대하고 그가 했던 약속을 이행하는 조건으로 휴전에 합의했다. 더 나가서 그는 비잔티움 제국의 성직자들이 로마 교회의 수위권을 인정하게 만들어야 했다.[5]

신임 황제 알렉시오스 4세는 이런 조건들을 도저히 이행할 수 없음을 곧장 깨달았다. 국고는 생각보다 많이 비어서 동맹국들이 요구하는 막대한 금액을 지급하는 게 불가능했다. 총대주교가 이끄는 비잔티움 성직자들은 친로마 정책을 단호히 거부했다. 도성 안에서는 불만이 점점 더 커갔고 십자군은 약속된 보상을 기다리며 조바심을 냈다. 마침내 단돌로는 베네치아의 요구사항을 확대해 사태를 마무리할 계획을 세웠다. 1204년 1월, 단돌로의 새로운 요구가 알려지자 도시에서 폭동이 일어났다. 알렉시오스는 가까스로 상황을 수습했다. 2월이 되자 프랑크인과 베네치아인이 궁전에 사절단을 보내 약속된 대금을 즉시 지급하라고 요구했다. 알렉시오스는 자신의 무능함을 시인했고 사절단은 분노한 군중에게 참변을 당할 뻔했다. 군중은 하기아 소피아 대성당으로 몰려가 알렉시오스의 폐위를 선포했다.

군중 지도자들은 당시 대성당에서 기도하던 니콜라오스 카나보스라는 고령의 귀족에게 제위를 제안했다. 그는 공포에 질려 영광스러운 제안을 거절했다. 그러자 알렉시오스 3세의 사위 무르주플로스 알렉시오스가 이끄는 또 다른 군중이 황궁에 들이닥쳤다. 알렉시오스 4세는 붙잡혀 지하 감옥에 던져졌다가 그곳에서 목 졸려 살해되었다. 그의 아버지, 늙은 황제 이사키오스는 점성가들과 함께 틀어박혀 몇 달을 보냈지만 그들의 예언은 아무런 위안이 되지 않았다. 황제 역시 투옥되었고 며칠 뒤 학대와 비통함을 이기지 못하고 세상을 떴다. 한편 알렉시오스 무르주플로스가 알렉시오스 5세라는 이름으로 제위에 올랐다.[6]

이것은 십자군에 대한 정면 도전이었다. 베네치아 도제는 라틴계 국가들의 지지를 확보했고, 십자군 역시 그와 뜻을 함께했다. 3월 내내 십자군 진영에서는 새로 출발하는 제국의 미래 헌법에 대한 논의가 이어졌다. 황제는 십자군 측 선거인 6명과 베네치아 측 선거인 6명이 선출하는 것으로 정해졌다. 만약 십자군 군주를 황제로 선출하게 되면 총대주교는 베네치아인을 임명하기로 했다. 황제는 황궁과 더불어 나머지 도시와 제국 영토 4분의 1을 소유할 수 있었다. 남은 부분은 다시 두 몫으로 나누어 절반은 주요 십자군 제후들에게 배분하되 그들은 황제의 봉신이 되어 이것을 봉토로 보유하고 나머지 절반은 베네치아가 단독으로 통치하기로 했다. 이 조약은 그 모든 일이 "하나님과 교황, 그리고 제국의 영광을 위해" 마련되었다고 선언했다. 물론 교황과는 아무런 상의가 없었다.[7]

십자군의 약탈

1204년 4월 6일, 콘스탄티노플에 대한 십자군의 이차 공격이 시작되었다. 황제 알렉시오스 무르주플로스는 병력과 자금이 모두 부족했다. 바랑기아인 친위대에게 급료조차 지급하지 못하게 되자 대원들이 이탈하기 시작했다. 그 상황에서도 일차 공격은 막아냈으나 4월 12일, 베네치아인들은 육지 성벽과 금각만(Golden Horn)이 만나는 지점을 돌파했다. 수비대는 여전히 성의 내벽을 지키고 있었으나 후방에서 화재가 발생했다. 결국 그들은 퇴각할 수밖에 없었고, 방어선은 전면적으로 붕괴하고 말았다. 무르주플로스는 도시를 빠져나가 장인이 있는 트라키아로 도주했다. 알렉시오스 3세의 또 다른 사위인 테오도로스 라스카리스가 수비대를 재정비하고 바랑기아인을 설득해 계속 싸우려 했지만, 그들의 사기는 이미 꺾인 상태였다. 적군이 도시로 들이닥치는 동안 라스카리스와 총대주교는 배를 타고 바다를 건너 소아시아로 빠져나갔다.

시가전은 곧 잦아들었다. 다음 날 아침이 되자 도제와 주요 십자군 군주들이 대궁전에 자리를 잡았고 병사들에게는 사흘 동안 약탈을 허가한다는 명령이 내려졌다. 십자군에 의한 콘스탄티노플 약탈은 역사상 가장 참혹하고 비극적인 사건 가운데 하나였다. 비잔티움 사람은 자신들의 학문과 문화에 대해 정당한 자부심을 품고 있었다. 하지만 이제 그들은 고대 세계 필사본, 고전이나 당대 예술 작품을 소장한 도서관이 화염 속에서 소멸하는 모습을 그저 지켜봐야 했다. 무엇보다 끔찍한 일은 도시의 남녀노소는 물론 신부, 수도사, 수녀들

▲ 1204년 콘스탄티노플을 공격하는 4차 십자군(빌라르두앵의 「연대기」 삽화, 14세기)

에게 자행한 폭력이었다. 경건한 동방 세계를 가장 깊은 충격으로 몰아넣은 것은 교회 안에서 벌어진 신성 모독이었다.

하기아 소피아 대성당에서는 천박한 프랑스인 매춘부들이 성소를 뛰어다니며 난잡하게 즐겼다. 그 가운데 한 여자가 총대주교 보좌를 차지하자, 비단 휘장을 찢고 은으로 만들어진 거대한 성상 격벽(iconostasis) 제단을 파괴하던 프랑크 병사들은 그 와중에도 여자를 향해 조롱 섞인 경의를 표했다. 약탈을 모면한 교회는 하나도 없었다. 실제로 경건했다고 알려진 파이리스 수도원장 마르틴은 종교 건물만 약탈을 허락할 만큼 자신이 섬세한 양심을 가졌노라고 자찬했다. 얼마나 많이 무차별적으로 파괴되었는지는 가늠조차 할 수 없었다. 끝내 살아남은 것들은 모두 승자들의 손으로 넘어갔다. 프랑크인보다 기민하고 식견이 높았던 베네치아인은 가장 값진 보물을 상당수 확보해 자신들 몫으로 챙겼다. 이 모든 대재앙이 지나가고 난 뒤에도 전리품 더미가 너무 거대해 십자군이 눈을 의심할 정도였다. 역사가였던 빌라르두앵은 어느 도시에서도 그토록 많은 약탈물을 챙긴

▲ 하기아 소피아 대성당 내부(19세기)

적이 없었다고 말했다. 하지만 그에 따른 대가는 그리스 기독교 세계의 끝없는 적대감이었다.[8]

동방 그리스도인들은 4차 십자군을 절대로 용서하거나 잊을 수 없었다. 그때부터 그리스 교회와 라틴 교회 사이에는 결정적인 분열이 생겨났다. 그런데 콘스탄티노플의 함락이라는 대재앙은 비잔티움 세계에 너무나 큰 무력감을 안겨주었지만 교황청은 오히려 그리스인의 충성을 확보할 최고의 기회를 얻게 되었다. 교황 인노첸시오 3세(1198-1216 재위)가 정책적인 측면에서 조금만 더 융통성을 보였더라면 콘스탄티노플 교회의 복종을 끌어낼 수도 있었을 것이다.

교황의 처지는 난처했다. 그는 십자군의 진로 변경을 찬성하지 않았다. 이교도를 상대로 성전을 치르겠다고 서원한 병사들이, 비록 자신의 수위권을 인정하지는 않아도 함께 기독교를 믿는 사람들에게 칼을 휘둘렀다는 사실에 진심으로 충격받았다. 하지만 비잔티움과 교회를 일거에 로마의 품으로 되돌려놓을 것 같은 라틴 제국의 성립에는 기뻐하지 않을 수 없었다. 교황은 승리한 병사들이 선출한 황제가 자신의 숙적 몬페라토의 보니파초가 아니라 상냥하고 경건한 플랑드르의 백작 보두앵이라는 선에서 만족했다. 베네치아인 모로시니를 상의하지도 않고 너무 성급하게 콘스탄티노플 총대주교로 선출한 일은 교황에게 유감이었지만 모로시니는 일단 선출되자 교황청에 적절한 예우를 갖추었다.[9] 교황은 도시가 함락되고 라틴 황제가 즉위했다는 소식에 신임 황제에게 따뜻한 축하 편지를 보내고 하나님을 찬양했다.[10]

하지만 그 이후로 더 많은 정보가 전해지자 교황은 그저 만족하고만 있을 수 없었다. 십자군이 이제는 팔레스타인에 가서 싸울 생각보다는 비잔티움의 영토에 정착해 그곳에 식민지를 건설하는 데 힘과 자원을 쏟으려 한다는 사실을 알게 되면서 충격과 분노에 휩싸였다. 콘스탄티노플의 약탈과 그에 따른 살육과 신성 모독의 구체적 정황을 파악하자 교황은 한층 더 경악했다. 끔찍한 순간들에 관해 보고받은 내용을 바탕으로 교황이 직접 작성한 기록보다 선정적이고 가혹한 묘사는 찾아볼 수 없다.[11] 하지만 그가 보여준 이런 사후 반응은 이미 너무 늦은 상태였다. 동방에서는 그가 처음 내보였던 기뻐하는 표현만 기억했다. 정교회 신자들 대부분은 교황이 이 모든 사태 배후에 있는 게 분명하다고 확신했다.[12]

사실 인노첸시오 교황은 라틴 제국의 성립이 교회법상 중대한 문제를 유발할 수 있다는 것을 알고 있었다. 비잔티움 위에 라틴계 세속 귀족과 라틴 교회의 위계 제도를 덧씌울 수 있었지만 정작 주민은 모두 그리스인이었다. 그리스 교회는 단순히 폐지하거나 라틴화할 수 없었다. 인노첸시오 교황은 그리스 교회 주교들이 로마의 수위권을 인정하면 성직 체계를 가능한 한 건드리지 않기로 했다. 하지만 그리스 주교 상당수가 라틴인의 지배를 거부한 채 망명길에 올랐다. 교황은 새로운 라틴 당국에 공석이 된 주교좌를 라틴인들로 성급하게 채우지 말아 달라고 간곡히 당부했다. 그는 그리스인에게 가능한 한 협조하려고 했다. 그리스 주교들에게 요구한 것은 다음과 같은 선언문에 서명하는 것뿐이었다.

> 나는 이제부터 성 베드로와 거룩한 로마 교회, 사도좌, 그리고 나의 주인 인노첸시오와 그의 가톨릭 후계자들에게 충성하고 복종할 것이다. 나는 살아 있는 모든 존재에 맞서, 가능한 한 힘닿는 데까지 로마 교황권과 그 명예, 위엄, 자산을 수호할 것이다. 나는 출석이 요구될 때는 언제든 공의회에 참석할 것이다. 직접 또는 대리인을 통해 아드 리미나(Ad limina, 교황청 방문)를 수행할 것이다. 마지막으로 나는 사도좌의 사절을 마땅한 예우로 영접하고 모든 일에 그를 도울 것이다.[13]

이 외에도 주교는 교회 명판에 교황과 콘스탄티노플의 라틴 총대주교 이름을 기록해야 했다.[14]

깊게 팬 상처

불행히도 회유책을 실행에 옮기는 것은 다음과 같은 이유로 불가능했다. 첫째는, 십자군이 비잔티움 제국 전역을 정복하는 데 실패했다. 그리스를 계승하는 세 개의 국가가 등장했다. 니케아의 테오도로스 라스카리스와 후계자들, 트라페준타의 콤네노스 가문, 그리고 에피루스의 앙겔로스 가문이 그들이었다. 라틴인의 지배를 거부하는 그리스인에게는 도피처가 생겼고 그곳에서 반(反)라틴 선전을 이어갈 수 있었다. 아테네의 미카엘 아코미나토스처럼 존경받는 인물을 비롯해 많은 주요 그리스 주교들이 라틴인에게 쫓겨나든지 자발적으로 그들의 통치를 벗어나 교구를 떠났는데, 대부분 니케아로 은신했다.[15]

둘째는, 라틴계 정복자들은 직접 화해에 나설 생각이 전혀 없었다. 정복에 참여한 군주 대부분이 자신과 부하들에게 보답하기 위해 교회 안팎을 가리지 않고 가장 좋은 관직과 영지를 차지하고 싶어 했고 그리스 수도원과 주교구의 재산을 병합하는 일에도 별다른 거부감이 없었다. 테살로니카의 국왕이 된 몬페라토의 보니파초와 부인 마르가레트(과거 이사키오스 2세의 황후 마리아) 같은 이들은 경쟁자에 맞서 민심을 얻으려고 반대 노선을 택했다. 그들은 의도적으로 라틴 성직자 대신 그리스 성직자를 지원했고 협력을 거부하도록 그들을 부추겼다.[16]

마지막으로 총대주교직이 문제였다. 그리스 총대주교 요안네스 카마테로스는 1206년까지 생존했고 사임하지 않은 탓에 모로시니를 그 자리에 선출한 것은 교회법에 완전히 어긋났다.[17] 로마와 타협할 준비가 된 그리스 주교들조차 라틴인 침입자를 총대주교로 인정할 수는 없었다. 그렇다고 인노첸시오 교황은 모로시니를 부정할 수도 없었다. 교황은 콘스탄티노플 교회를 로마에 귀속하려면 라틴계 총대주교가 필요하다고 생각했던 것 같은데, 이것은 그가 저지른 큰 실수였다.

인노첸시오에게 최고의 기회가 1206년에 찾아왔다. 요안네스 카마테로스가 세상을 뜨자 그리스인들은 총대주교직이 공석이 되었다고 생각했다. 초대 라틴 황제 보두앵은 불가리아 요새에 포로로 잡혀 사라졌고 동생 앙리(1206-1216 재위)가 새롭게 황제가 되었다. 앙리는 라틴 제국이 배출한 유일한 정치가였고 라틴인뿐 아니라 그리스인에게도 진심으로 존경받는 인물이었다. 그리스의 계승 국가들은 서로 다투고 있었고 그 어느 나라도 생존을 장담할 수 없는 상태였다. 라틴 제국에 남은 그리스 사제들은 현실주의자였다. 비잔티움 제국이 부활할 희망이 거의 없다고 보고 앙리를 자신들의 황제로 받아들일 준비가 되어 있었다. 게다가 자신들의 옛 전통만 지킬 수 있다면 로마의 수위권마저 인정하려 했다. 그들은 교황에게 보낼 서신 초안을 작성했다. 그들은 교황을 '교황이자 제13의 사도'로 인정하고 앙리 황제의 제안을 좇아 전례의 마지막 기도 뒤에 전통적인 황제 찬가(Acclamation)를 교황 이름으로 바치겠다고 제안했다. 심지어 교회끼리 진정한 통합이 이루어질 수만 있다면 자신들이 겪은 고난도 정당화될 수 있다고 선언했다.

그리스 사제들이 요구한 것은 오직 자신들의 언어와 관습, 전통을 공유하는 총대주교를 가지는 게 전부였다. 과거 안티오키아와 예루살렘에는 두 명의 총대주교와 한 명의 군주가 있었으니(정확한 사실은 아니지만), 콘스탄티노플이라고 안 될 이유가 있느냐는 식의 논리였다.[18] 그러니까 그리스인들은 로마의 우월적 권위 아래 자신들만의 전례와 위계질서를 갖춘 동방 가톨릭교회(Uniate Church) 형태를 허용해 달라고 요청한 것이다. 이것은 교황청이 약 40년 뒤 안티오키아에서 시도하게 될 해결책이었으나 당시 인노첸시오 교황이 보기에는 너무 지나친 혁명적 발상이었다.

거기에는 치명적인 약점이 있었다. 그리스계 총대주교들은 정통적이고 사도적 계보로 분명하게 인정받지만 라틴인들은 침입자로 간주 될 게 확실했기 때문이다. 실제로 그런 체제는 안티오키아에서도 오래 지속되지 못했다. 그렇지만 교황이 그리스인의 요청에 귀를 기울였다면 콘스탄티노플 교회의 충성을 확보하는 데 성공했을지 모른다. 비잔티움은 그 어느 때보다 쇠락한 상태였다. 로마가 대대적인 회유책을 쓰고 교황이 프랑크인과 베네치아인에 맞서 그리스인을 옹호하는 수호자로 나섰다면 비잔티움 대중은 제국의 위대함에 기반했던 과거의 자부심과 독립심을 잊었을지 모른다. 콘스탄티노플의 선택을 지방 교회가 충분히 뒤따를 수도 있었다. 그러면 그리스 세력들은 분열하고 라틴 제국은 더 오랫동안 지속했을 것이다.

인노첸시오 교황은 이 제안에 답변하지 않았다. 교황은 라틴 총대주교의 어떤 권리도 희생할 준비가 되어 있지 않았다. 교황의 공감 부족은 화해파를 망명지였던 니케아에 자리 잡은 강경파 품 안으로 밀어 넣었다. 대다수 주교가 니케아로 달려가 그곳에서 정교회 세계가 인정하는 총대주교를 선출했다.[19] 총대주교의 존재는 저항군에 새로운 힘을 실어주었고 그의 지지 속에 니케아의 통치자 테오도로스 라스카리스는 정당한 황제(1205-1222 재위)로 널리 인정받았다. 그러면서도 온건파는 줄곧 교황과 협상하고 공의회의 소집을 요청했다. 하지만 교황은 공의회가 열리면 니케아의 그리스 총대주교가 아닌 라틴 총대주교가 임명한 사절들이 콘스탄티노플 교회를 대표해야 한다고 고집을 부렸다. 게다가 그는 테오도로스 라스카리스에게 '고귀한 군주'(Noble Lord) 이상의 칭호를 부여하지 않아 그리스인들의 입지를 더욱 어렵게 만들었다.[20]

"당신들도 이단이다!"

이것이 마지막 기회였다. 그리스의 여론은 타협 정책을 본디 크게 지지하지 않았다. 그리스 주교들은 절망의 순간에서 곧 회복되었고 기운이 돌아오자 의식적으로 계승자를 자부하던 위대한 정교회 전통에 대한 자부심도 함께 되살아났다. 그렇다고 로마와 비잔티움 사이의 협상이 갑자기 끊긴 것은 아니었다. 교황은 국제 정치에서 너무나 중요한 인물이었기 때문에 아무리 분열된 상태의 통치자라도 그와 어느 정도의 접촉은 유지하고 싶어 했다. 테오도로스 라스카리스의 사위이자 후계자인 요안네스 바타체스는 총대주교 게르마노스 2세를 시켜 교황과 서신을 주고받게 했고, 결국 교황청 대표단인 프란치스코회 수도사 두 명과 도미니코회 수도사 두 명을 니케아 궁정으로 초청해 교황청이 니케아 제국에 품은 적대감을 돌려보려고 애썼다. 그렇지만 1234년 님파에움(Nymphaeum, 현재 튀르키예 케말파샤)에서 열린 회의는 완전한 실패로 끝나고 말았다.

그리스인들은 보편 공의회를 기대하고 동방의 여러 총대주교구에서 대표들을 초청했다. 추방된 안티오키아 그리스 총대주교 에우티미오스 역시 참석했다. 하지만 교황 그레고리오 9세는 이 논의에 공식적인 지위를 부여하려고 하지 않았다. 교황과 황제 모두 어느 정도는 양보할 의사가 있었다. 그레고리오 교황은 니케아의 총대주교를 콘스탄티노플의 합법적인 총대주교로 인정할 준비가 되었던 것으로 보인다. 바타체스 황제(1222-1254 재위)도 성찬례에 대한 라틴 측 주장을 받아들이도록 사제들을 설득했다. 그러니까 누룩 넣은 빵을 사용하는 그리스 관습이 잘못된 게 아니지만, 라틴식의 누룩 없는 빵이 상징성이 더 풍부하다는 주장을 수용하라고 한 것이다.

하지만 황제는 그에 따른 대가로 라틴인들의 공식 신경에서 필리오케를 삭제하라고 요구했다. 어느 쪽도 양보하려 들지 않았다. 교황의 사절들은 그리스 측이 성좌(Holy See, 로마 교회)에 복종하는 게 첫 번째 단계라고 고집했다. 회의 초반의 우호적인 분위기는 이내 증발해 버렸다. 라틴 수도사들이 화를 내며 토론장을 뜨자, 그리스 주교들이 소리쳤다. "당신들은 이단이다. 우리가 올 때도 당신들은 이단이자 파문당한 자들이었는데, 떠날 때도 여전히 이단이자 파문당한 자들이다!" 라틴인들 역시 "당신들도 이단이다!"라고 고함치며 맞섰다.[21]

이제 누구도 교회 사이에 분열이 실제로 존재한다는 사실을 부정할 수 없었다. 신성 로마 제국의 황제 프리드리히 2세가 자신의 딸 콘스탄체를 니케아 제국 황제 바타체스의 두 번째 아내로 시집 보내자, 로마 교황청은 분열주의자와 혼인 동맹을 맺었다고 비난했다.[22] 1245년 리옹 공의회(Council of Lyons)에서 교황 인노첸시오 4세는 로마니아, 즉 그리스 교회의 분열을 우려하며 그들이 "우리가 속한 시대, 그러니까 불과 몇 해 전에 오만하고 어리석게도 어머니 같은 교회의 품을 마치 계모의 품인 것처럼 떠나버렸다"라고 선언했다.[23]

비록 로마와 동방 정교회 국가들 사이에 사절단이 오가고 왕실끼리 통혼을 지속했어도 양쪽 교회의 성찬 교류가 끊겼다는 점은 부정할 수 없었다. 분노가 격해질 때는 서로에게 이단이라고 비난을 퍼부었다. 엄밀하게 말하자면 그리스 정교회는 로마가 신경에 필리오케를 추가한 것을 놓고 일곱 공의회가 결정했던 신앙을 부정한 행위로 보았다. 가톨릭은 그리스가 베드로의 수위권을 거부한 것을 궁극적으로는 이단으로 간주할 수 있다고 주장했다. 분열과 이단 사이의 구분은 언제나 분명하지 않았다. 그리스도의 옷자락이 찢어진 것만으로도 충분히 비극적이었다.

이후의 분열 역사와 그것을 봉합하려는 시도들은 이 연구의 범위를 벗어난다. 분열은 명목상 두 차례 메워진 적이 있다. 콘스탄티노플 교회는 1276년 리옹에서, 그리고 1439년 피렌체에서 공식적으로 로마의 수위권을 인정했다. 두 경우 모두 황제와 그의 충복인 총대주교가 진심으로 교회 일치를 받아들였다. 하지만 두 번 모두 주된 동기는 정치적이었고 비잔티움 성직자나 대중 가운데 통합을 받아들인 경우는 극소수에 불과했다. 통합은 별다른 의미 없이 곧 사라져 버렸다. 안티오키와 예루살렘 총대주교구는 이미 로마와 영구적인 분열 상태에 있었고 로마는 거기에 대응해 라틴계 총대주교 계보를 유지하고 있었다. 알렉산드리아 총대주교구는 14세기부터 분열 상태에 들어갔다. 비잔티움이 튀르크인의 손에 넘어가 최후의 사투를 벌이고 있을 때 서방이 끝내 구원에 실패하면서 콘스탄티노플에서는 화해를 위한 마지막 가능성마저 사라지고 말았다.

<h2 style="text-align:center">【 Section 7. 주 】</h2>

1) Villehardouin, La Conquete de Constantinople(「콘스탄티노플 정복기」), ed. Faral, i, pp.2-6.

2) Ibid. i, pp.40-46; Robert of Clary, La Conquete de Constantinople(「콘스탄티노플 정복기」), ed. Lauer, pp.4-6; Gesta Innocentii Ⅲ(「인노첸시오 3세 행적」), M.P.L., vol. coxiv, col. 132. 「인노첸시오 3세 행적」은 프랑스 국왕이 보니파초의 임명에 책임이 있다는 것을 시사한다. 보니파초의 부친은 팔레스타인의 남작으로 생을 마쳤다. 그의 큰형(기욤)은 예루살렘의 추정 상속녀 시빌라와 결혼했고, 두 사람의 어린 아들은 예루살렘의 국왕 보두앵 5세였다. 형 라이니에리는 황녀 마리아와 결혼했으나 콘스탄티노플에서 안드로니코스에 의해 살해당했다(6장 볼 것). 형 콘라트는 처음에는 이사키오스 앙겔로스의 누이와 결혼했다가 나중에 팔레스타인으로 건너가 살라딘으로부터 티레를 되찾고 예루살렘의 상속녀 이사벨라와 결혼했다. 보니파초의 어머니는 신성로마 제국 황제 하인리히 6세의 조부와 이복남매였고, 그의 아버지는 프랑스 국왕 필리프의 조모와 이복남매였다.

3) Runciman, History of the Crusades(「십자군 전쟁사」), iii, pp.113-115 볼 것.

4) Ibid., pp.112(그리고 n. 2), 115-117.

5) Runciman, History of the Crusades(「십자군 전쟁사」), ii, pp.117-119 볼 것.

6) Ibid., pp.119-121.

7) Ibid., p.121. 보두앵이 교황에게 보낸 보고서에는 십자군이 내린 결정의 개략적인 전문

(全文)이 담겨있다(플랑드르의 보두앵 편지, R.H.F., vol. xvi. p.522).

8) 콘스탄티노플의 약탈에 관한 그리스 측 기록은 다음과 같다. Nicetas Choniates, Historia(「역사」), pp.757-763, by Nicholas Mesarites, Opera(「저작집」), in Heisenberg, Neue Quellen zur Geschichte des lateinischen Kaisertums(「라틴 제국사에 관한 새로운 사료」), i, pp.41-48; letter of Greek clergy to Innocent Ⅲ(그리스 성직자들이 인노첸시오 3세에게 보낸 편지), in Cotelerius, Ecclesiae Graecae Monumenta(「그리스 교회 문헌집」), iii, pp.510-514. 전리품 규모와 십자군의 탐욕에 더 주목한 라틴 측 기록은 다음과 같다. Villehardouin, op. cit. ii, pp.52-58; Robert of Clary, op. cit., pp.68-69, 80-81; Gunther of Pairis, Historia Constantinopolitana(‘콘스탄티노플 역사’), Riant, Exuviae Sacrae Constantinopolitanae(‘콘스탄티노플 성물 목록’), i, pp.104-108; letter of Baldwin of Flanders(플랑드르의 보두앵 편지), R.H.F., vol. xviii, p.522; Ernoul, Chronique d'Ernoul et de Bernard le Tresorier(「에르눌과 재무관 베르나르의 연대기」), ed. Mas Latrie, pp.374-376. 가장 혹독한 비판이 담긴 기록은 인노첸시오 3세가 최종 보고를 받은 뒤 작성한 편지이다(viii. 126, M.P.L., vol. ccv, coll. 699-702). 그리스인의 관점에서 기록한 또 다른 자료는 Nougorod Chronicle(「노브고로드 연대기」), ed. Nason-ov(Academy of Sciences of the U.S.S.R.), pp.245-246에 포함되어 있다.

9) 인노첸시오 3세는 모로시니의 임명을 무효화하고 나서 자신이 직접 재임명했다. Innocent, letters vii. 203, 204, M.P.L., vol. cev, coll. 512-517.

10) Innocent, letters vii. 153, 154, M.P.L., vol. ccxv, coll. 454-455. 그는 콘스탄티노플의 함락을 두고 ‘장엄한 기적’ (magnifica miracula)이라고 불렀다.

11) Innocent, letter viii. 126, M.P.I., vol. cv, coll. 699-702.

12) Novgorod Chronicle(「노브고로드 연대기」), loc. cit., 이 연대기는 교황이 십자군을 선동했다고 노골적으로 비난하고 있다.

13) Innocent, letter xi. 23, M.P.L., vol. ccxv, col; I352. letter, xi. 24, to Morosini(모로시니에게 보낸 편지), M.P.I., vol. ccxv, col. I353. 편지에서 교황은 이미 서품받은 그리스 주교들은 라틴 전례에 따라 다시 서품받을 필요가 없지만, 모든 신규 서품은 라틴 전례를 따라야 한다고 밝힌다. 그는 티르노보(Tirnovo)의 대주교에게 보낸 편지 (letter vii. II, ibid., col. 295)에서도 유사한 원칙을 제시한다.

14) Innocent, letter xi. 23, loc. cit.

15) Gardner, The Lascarids of Nicaea(「니케아의 라스카리스 왕조」), pp.67, 97-100 볼 것. 미카엘 아코미나투스에 대해서는 Miller, The Latins in the Levant(「레반트의 라 틴인들」), pp.34, 71-72 볼 것. 미카엘은 카이사리아니(Kaisariani)의 수도원장에게 정복자들과 타협하도록 권고했을 만큼 아주 비타협적인 인물은 아니었다. 그리스 성직 자들의 일반적인 견해는 Cotelerius, Monumenta Ecclesiae Graecae, vol. iii, pp.495 ff에 수록된 Criminationes adversus Ecclesiam Latinam(「라틴 교회를 향 한 비난」) 볼 것. 이 문건은 1204년 직후 니케아의 성직자들에 의해 초안이 작성된 것 으로 보인다.

16) 인노첸시오의 편지(Innocent, letter viii, 161, M.P.L., vol. covi, col. 338)에서 인용하 는 파트라스(Patras) 대주교의 보고서는 세속 제후들의 불법적인 약탈 행위를 고발한 다. 파트라스와 테베의 대주교 및 테르모필레의 주교에게 보낸 인노첸시오 3세의 편지 (letter ix. 189, M.P.L., vol. ccxv, coll. 1467-1468)는 라리사(Larissa) 교구의 그리 스 성직자들을 보호하지 말라고 마리아 황후에게 경고하도록 그들에게 지시하고 있다.

17) Gardner, op. cit., loc. cit 볼 것.

18) 그리스 성직자들이 인노첸시오 3세에게 보낸 편지는 Cotelerius, op. cit., pp.514 ff에 수록되어 있다(「라틴 교회를 향한 비난」, 85장 이후 부분). Luchaire, Innocent Ⅲ: La Question d'Orient(「인노첸시오 3세: 동방 문제」), pp.251-256 볼 것. 당시 그리 스 성직자들은 새로운 교황 사절인 펠라기오스 추기경에 맞서기 위해 황제 앙리의 지 원을 받았던 것 같다. 때는 1214년이었다.

19) Gardner, op. cit., pp.97-98 볼 것. 신임 총대주교 미카엘 아우토레이아노스 (Michael Authoreianos)는 카마테로스가 사망하기 전부터 총대주교 대행으로 활동하 고 있었다. 반대파들은 그의 선출이 지닌 교회법적 적법성(canonicity)에 의문을 제기 했다. 총대주교구 산하 전역의 주교들이 선출 과정에 초대받지 못했을 뿐만 아니라, 그 를 총대주교로 지명한 인물이 다름 아닌 니케아 제국을 창건한 테오도로스 라스카리스 (Theodore Lascaris)였기 때문이다. 이후 미카엘은 보답으로 테오도로스를 황제로 대 관했다.

20) 니케아 궁정과 토마스 모로시니(Thomas Morosini), 그리고 이후 교황 사절인 성 수산 나의 베네딕토(Benedict of Saint Susanna) 사이에 협상이 진행되고 있었다. 에페소 스의 주교 니콜라오스 메사리테스(Nicholas Mesarites)와 미카엘 아코미나토스가 모 두 이 과정에 관여했다. Heisenberg, Neue Quellen zur Geschichte des lateinischen Kaisertums und der Kirchenunion9「라틴 제국사와 교회 통합사에 관

한 새로운 사료」), Pt. Ⅱ, "Die Unionsverhandlung vom 30 August, 1206," Pt. Ⅲ, "Der Bericht des Nicolaos Mesarites ueber die politischen und kirchlichen Ereignisse des Jahres 1214." Norden, op. cit., pp.215-233 역시 볼 것. 인노첸시오 3세는 1208년 3월 17일, 테오도로스 라스카리스에게 훈계조로 꾸짖는 편지를 보냈다(letter xi. 47, M.P.L., vol. ccxv, col. 1272).

21) Hefele Leclerca, Histore des Conciles(「공의회사」), v. 2, pp.1569-1572.

22) Ibid., p.1678. 이것은 리옹 공의회(1245)에서 신성 로마 제국 황제 프리드리히 (Frederick)를 파문한 사유 중 하나로 제시되었다.

23) Matthew Paris, Chronica Majora(「대연대기」), ed. Luard (Rolls Series), vol. iv, p.434.

08

분열의 시대

11세기 초반까지만 해도 기독교 세계는 여전히 하나였다. 동방에는 아주 오래전부터 네스토리오스파나 단성론자 같은 이단 무리가 있었지만, 중심이 되는 교회들은 자신들을 단일 교회의 일부로 간주했다. 하지만 13세기 중반에 이르러 동방과 서방 기독교 교회는 확실하게 분리된 존재로 상대를 의식하게 되었다. 그렇다면 이 중대한 분열은 언제, 또 어떻게 발생했을까? 흔히 1054년을 로마와 콘스탄티노플 사이에 분열이 발생한 시점으로 간주한다. 그해에 총대주교 미카엘 케룰라리오스와 추기경 훔베르토 사이에서 벌어진 다툼은 기독교 역사에서 추악하고 비참한 사건이었고, 분열의 분위기를 조성하는 데 확실하게 일조했다. 하지만 이것은 유감스러운 이야기의 시작도, 그렇다고 끝도 아니다. 같은 시대를 살면서도 분열 시점을 서로 다르게 이해했을 뿐 아니라 정확한 연도에 동의하는 사람 역시 드물었다.

오늘날 그리스 성직자들은 대개 동방 교회가 보유한 명판에 로마 주교 이름이 빠진 것을 분열의 상징으로 해석한다. 이것은 법학자 테오도로스 발사몬의 견해를 따르는 것이다. 하지만 발사몬 조차 콘스탄티노플이 1009년에 교황 이름을 마지막으로 명판에 등재한 이후 줄곧 교회가 분열된 상태였다고 믿었을 가능성은 거의 없다. 카르토필락스(Chartophylax, 문서고 책임자)를 지냈고, 나중에 테살로니카 대주교를 지낸 니케타스는 분열이 치유되었다고 명시하면서도 절차나 시기는 밝히지 않았다. 비잔티움 성직자들은 1089년에 교황 이름이 부주의와 실수 때문에 누락되었다고 공개적으로 밝혔다. 이 기간에 동방 총대주교들은 로마 주교가 신경에 임의로 구절을 추가해 형제 총대주교들로부터 고립을 자처했다고 줄곧 비판했다.

발사몬 시대 이전까지만 해도 평범한 그리스 교인이 서방 교회 전체를 분열된 상태로 간주했다는 증거는 어디서도 찾아볼 수 없다. 라틴인 역시 동방 교회를 공식적인 분열 세력으로 규정하는 것을 한층 조심스러워했다. 앞서 살펴보았듯이 교황 인노첸시오 4세는 분열이 기정사실이었지만 1245년의 발언에서 그것은 자기 세대에 일어난 사건일 뿐이라고 암시한다. 아마도 그리스인이 라틴계 콘스탄티노플 총대주교를 공식적으로 거부하고 자신들의 총대주교를 따로 임명했던 1206년을 분열 시점으로 삼았던 것 같다. 하지만 분열주의자(schismatic)라는 표현은 피했을지 모르지만, 서방 여론은 이미 오래전부터 그리스인을 적대적인 가짜 그리스도인으로 여겼고 프리드리히 바르바로사는 그리스인들이 라틴인들을 이단이라고 비난한 것에 분노해서 글을 남기기도 했다.

　　사실 동서 기독교 분열에 대해 정확한 날짜를 특정하는 것은 불가능하다. 이것은 분열이 갖는 본래 성격과 관계가 있다. 이 문제는 다양한 차원에서 접근할 필요가 있다. 가장 많은 논쟁적 저술을 낳은 신학적 문제, 그러니까 성령 발출을 둘러싼 논쟁은 전례의 관습적인 차이와 마찬가지로 그 자체는 분열의 원인이 아니었다. 초기 교회 시절에는 의례의 통일을 강요하지 않았다. 심지어 분열이 확실해진 이후에도 양측의 온건한 지도자들은 이런 차이를 기꺼이 인정하려고 했다. 마찬가지로 성령 발출에 대한 견해차는 삼위일체에 관한 약간 서로 다른 이해를 반영했을 뿐이었고 보편 공의회나 또 다른 권위 있는 교리적 선언에서 다루어진 문제가 아니었다. 양측이 자주 옹호하던 상호 관용을 제대로 지켰다면 분열은 예방할 수도 있었다.

　　하지만 서로에 대한 관용은 제대로 힘을 발휘하지 못했다. 전례와 교리의 차이는 교회 통치와 권위라는 한층 더 실질적이고 직접적인 문제와 얽히고 말았다. 성직자들은 권위를 앞세우려는 욕심 때문에 자신들의 관습과 신념에 맞춘 통일성을 요구하기 시작했다. 관습 문제에서는 어느 정도 융통성을 허락해야 한다는 게 바로 드러났지만, 교리 문제는 로마 측이 공식적으로 사용하는 신경에 필리오케라는 결정적 문구를 삽입해 사태를 극단으로 몰아갔다. 이것은 동방 교회가 무시할 수 없는 도전이었다. 그리스 신학자들이 로마의 주장을 이단으로 규정할 때 곧잘 표명하던 공포심을 있는 그대로 진지하게 받아들이기는 어렵다. 실제로 로마 변증가의 지적처럼 성령 발출에 관한 과거 그리스 신학 역시 역사적으로 늘 명확하거나 일관되지 않았다. 하지만 동방 교회는 보편 공의회의 교부들이 신성한 영감과 오랫동안 진지한 논쟁을 통해 확정한 신경에 낯선 표현을 추가한 행위를 진심으로 반대했다. 과거에 동방이 로마 주교의 교리 선언권을 어떻게 평가했든지 간에 그런 선언은 언제나 보편 공의회의 승인을 받았기 때문이다. 게다가 로마가 필리오케를 신경에 추가한 것은 순전히 정치적 이유로 즉시 그리스인들에게 강한 반감을 불러일으켰다. 그것은 로마에서 독일의 영향력이 승리했다는 뜻이었다. 하지만 더 심각한 문제는, 기독교 교리의 중재자로서 교황이 갖는 권리가 전반적으로 의심받게 된 것이었다.

과거에는 교리보다 행정적 권위가 훨씬 더 시급한 현안이었다. 로마는 다른 총대교구보다 정통 신앙을 수호한 기록을 다수 보유하고 있었다. 로마가 참된 신앙을 진술하고 공의회가 정교하게 다듬어 승인했던 칼케돈 공의회(Council of Chalcedon, 451)의 타협안은 비록 양측 이론가들이 서로 다르게 해석하기도 했지만, 대체로 만족스럽게 받아들였다. 총대주교들의 관할권을 간섭할 수 있다는 로마 측 주장이 더 큰 적대감을 불러왔다. 교황은 이단에 대한 비난에 곧잘 개입했는데 이단 사냥은 동방 성직자들의 소일거리였다. 따라서 그들 역시 동료를 공격할 때마다 로마의 지지를 반기다 보니 교황이 끼어들어도 달리 불만이 없었다. 그런데 로마 교황청(Curia)이 기독교 세계의 상소를 담당하는 최고 교회 법정이라고 교황이 고집을 세우자 강력한 반발이 쏟아졌다. 사르디카 공의회(Council of Sardica, 342/343)가 로마에 권리를 부여했어도 보편 공의회는 아니었다. 당시 콘스탄티노플은 이제 막 건설되었고, 총대주교구 역시 제대로 자리 잡지 못한 상태였다. 콘스탄티노플 교회는 얼마 지나지 않아 자신들도 보편 공의회로부터 로마와 동등한 권리와 특권을 부여받았다고 주장할 수 있게 되었다.

그런데 이 문제는 분명하지 않았다. 로마 측 주장을 전부 인정하는 듯한 동방 교부의 글을 인용하는 것은 어렵지 않다. 그것을 부정하는 내용을 인용하는 것 역시 간단하다. 법적 논리와 선례에 더 치중하는 로마 측 변증가들조차 언제나 일관되지 않았다. 그렇다면 로마의 주장은 베드로에게 유래한 로마 주교의 사도적 계승에 근거했을까? 만약 베드로가 실제로 '매고 푸는' 권한을 독점적으로 받았으면 그랬을 것이다. 그게 아니라면 그런 식의 주장은 제국 세계(오이쿠메네)의 수도였던 로마 제국의 위엄에 근거한 것이었을까? 그것도 아니라면 탁월한 로마 주교들과 흠잡을 데 없는 정통 신앙의 기록이 어떤 역할을 했던 것일까? 동방 교회는 이 모든 이유를 분석하지 않은 모호한 상태에서 로마에 수위권과 특별한 존경을 부여했던 것 같다. 그렇지만 교황 아나스타시오 2세는 자국민에게 이단이라고 비난받았고, 그리고 또 다른 교황 호노리오 1세는 보편 교회가 이단으로 정죄했다.

한편 새로운 로마, 그러니까 콘스탄티노플의 건설은 옛 로마가 제국의 수도로서 누리던 독보적 위엄을 훼손했다. 황제와 제국 정부가 그 도시에 자리 잡자 콘스탄티노플 주민은 자신들의 교회 역시 버려진 옛 수도의 교회와 동등한 특권을 당연히 누려야 한다고 주장했다. 그들은 아마도 옛 로마에 명예로운 수위권을 부여한 것만으로도 자신들이 관대하다고 생각했을 가능성이 크다. 그래야 했던 현실적인 이유는, 콘스탄티노플 교회가 사도에 의해 세워졌다는 근거가 대체로 취약했기 때문이다. 어느 쪽이 옳고 그른지 밝혀지거나 확정되지 않았다. 여기에 역사의 흐름이 더해지며 혼란이 한층 심해졌다.

서방에서는 야만족의 침입으로 로마 제국이 해체되고 로마 주교직만 유일하게 통상적인 국제기관으로 생존했다. 하지만 거대한 폐허더미에서 쇠락해 가던 로마 도시는 더는 실질적인 정치권력의 중심지가 아니었다. 반면 동방의 콘스탄티노플은 부와 영광을 누리며 꾸준히 성장했지만 그곳 총대주교들의 권력은 황제의 존재 때문에 견제받았다. 두 도시의 정치적 소통은 단절되지 않았으나 문화적 유대감은 줄어들었다. 라틴어는 서방 기독교 세계, 그리스어는 동방의 국제어였으나 양측은 상대방의 언어를 이해하지 못했다. 오직 남부 이탈리아의 이중 언어 지역이 통역자들을 제공하는 역할을 했을 뿐이다. 교류가 증가할 때도 있었으나 대개는 갈등의 시기였다.

성상 파괴주의자들이 콘스탄티노플을 지배했을 때 스투디움 수도원 수도사들이 주도한 반대파들은 위기 상황에서 로마에 상소할 수 있는 권리를 주장했다. 9세기 중반에는 선교 활동과 포티오스의 총대주교직을 둘러싼 상황이 격렬한 논쟁으로 줄곧 이어졌다. 그러면서도 동방과 서방 교회는 대체로 자기 길을 갔고 상호 관계를 너무 명확하게 규정하지 않고 나름대로 관습과 전통을 발전시켰다. 심지어 고위 성직자들 사이에서 다툼과 논쟁이 벌어질 때도 평신도들은 깊이 관여하지 않았다. 슬라브인의 사도였던 콘스탄티노스-키릴로스는 포티오스와 주요 비잔티움 정치 지도자들의 막역한 친구였지만 로마와의 관계가 더 도움이 되는 지역에서는 주저 없이 로마에 대한 충성을 서약했다. 칼라브리아의 닐루스 역시 콘스탄티노플 교회와 로마 교회 사이에서 어떤 장벽도 느끼지 못했다. 동방과 서방의 평범한 그리스도인들은 여전히 자신들이 분열되지 않은 하나의 교회에 속해 있다고 생각했다.

동서 기독교 세계의 서로 다른 관습, 이해관계, 사상을 고려하면 양측의 분열은 어쩌면 불가피했을지 모른다. 실제적인 위기는 11세기와 12세기에 일어난 정치적 사건들이 묘하게 맞아떨어지면서 발생했다. 처음에는 서방 황제들에 의해, 그리고 서방 제국이 일시적으로 쇠퇴한 시기에는 로마 교회가 직접 주도한 교황권에 대한 놀라운 개혁은 교황들이 과감하게 교권 제국주의적 정책을 추구하게 했다. 이것은 교황권이 타락하고 무시되던 시기를 거친 직후에 있었던 일이다. 거의 같은 시기에 남부 이탈리아에서는 노르만인의 침공이 있었다. 라틴 교회에 속한 활동적인 모험가들이 그리스 색채가 짙은 속주(랑고바르디아)를 정복한 것이었다. 이미 내부적으로 불안정한 상태였던 비잔티움 제국은 게르만족뿐 아니라 그보다 훨씬 더 위험한 적, 튀르크족을 상대해야 했다. 따라서 제국은 이탈리아에서 제대로 강력하게 대응할 수 없었다.

교황청이 도움을 제공할 수도 있었지만, 교황의 낯선 정책은 비잔티움인들을 충격에 빠뜨리고 분노하게 했다. 콘스탄티노플 총대주교는 이미 신경에 필리오케를 삽입하며 드러난 로마에 대한 독일의 영향력을 비판했고, 항의의 표시로 교황의 이름을 명판에서 제외했다. 그렇지만 얼마 전까지 교황권이 심각하게 타락했던 것을 기억하는 비잔티움인들은 교황청의 새로운 주장을 진지하게 받아들일 수 없었다. 자신들의 교회 법정 판결을 로마에 상소할 수 있다는 주장은 터무니없어 보였다. 향후 발생할 문제를 충분히 예상했던 총대주교 에우스타티오스가 현실을 고려해 교구들의 지위를 공식적으로 규정하자고 제안했다. 하지만 당시 서방은 동의하려고 하지 않았다. 한편 비잔티움 황제는 이탈리아에서 노르만족과 맞설 수 있는 동맹이 절실했는데 교황이 가장 적합한 권력자였다.

1054년의 협상은 당면한 정치 현안을 해결하려는 시도였다. 교섭이 그토록 처참하게 실패한 것은 주로 당사자들의 개인적 성격 때문이었다. 심지어 콘스탄티노플 주민들 개입마저도 민족적이거나 이념적 정서에 기반하지 않았다. 오히려 인기 있는 총대주교를 지지하고 하기아 소피아 대성당을 모독했던 인기 없는 황제와 외래 침입자를 반대하는 시위였다. 총대주교가 로마에 반격하는 과정에서 동방 교계의 지지를 얻으려 했던 시도는 제한적인 성공에 그쳤다. 하지만 이 사건은 적대감을 증폭시켰고, 그렇게 해서 양측은 불필요할 정도로 자신들의 입장을 정밀하게 형식화하기 시작했다. 신경과 전례 관습을 둘러싼 차이점이 주목받았는데 남부 이탈리아 상황이 그 문제를 한층 현실적인 쟁점으로 만들었다. 한편 교황의 보편적 수위권 주장에 맞서 동방은 5대 총대주교구 체제(Pentarchy, 펜타르키아) 이론과 보편 공의회의 권위를 제시했다.

논쟁은 여전히 주교들과 정치가들 문제였다. 새로운 라틴계 지배자들이 라틴식 관습을 도입하려 했던 이탈리아 남부와 거기에 맞서 황제가 라틴 전례를 추종하는 교회를 폐쇄했던 콘스탄티노플을 제외하면 일반 신자는 거의 논쟁에 직접 관여하지 않았다. 교황청은 황제를 파문하고 노르만족의 침략을 조장해 비잔티움인의 민족 감정을 건드리기 시작했다. 그렇지만 양측에는 우호 관계를 회복하려는 정치가와 성직자가 여전히 존재했다. 교황 우르바노 2세와 황제 알렉시오스 콤네노스가 통치할 때는 우호적인 관계가 되살아나는 듯했다.

곧이어 십자군 전쟁이 뒤따랐다. 알렉시오스 황제는 되살아난 우호적인 관계를 이용해서 서방 군인을 모집해 고갈된 병력을 보강하려 했다. 황제의 요청에 부응하려고 했던 우르바노 2세는 이슬람의 진격과 성지 순례의 어려움을 크게 염려했고, 동시에 서방 내부 문제를 해결하려고 1차 십자군을 출정시켰다. 십자군은 예상 밖으로 큰 성공을 거두었다. 십자군의 가장 큰 비극은 동방과 서방 그리스도인 사이의 오해를 대중의 수준으로 끌어내렸다는 것이다. 비잔티움 사람들은 성전(聖戰)이라는 개념을 이해하지 못하고 혐오했다. 튀르크에 맞설 동맹을 기대하면서도 팔레스타인에서의 전쟁에는 무관심했다. 동시에 그들은 영토를 가로질러 행진하며 손님처럼 환대를 요구하는 문란하고 탐욕스러운 대규모 군대에 분노했다. 반면에 십자군은 자신들이 동방 기독교를 구하러 왔다고 믿었고 따뜻한 환영과 전폭적 협력을 받지 못하는 것 때문에 놀라고 상처받았다.

얼마 지나지 않아 황제와 십자군 사이에서 안티오키아와 그곳의 유서 깊은 교회를 놓고 격렬한 다툼이 벌어져 라틴 기독교와 그리스 기독교 세계가 확실하게 대립했다. 더 남쪽에서는 예루살렘 프랑크 왕국이 건설되었다가 쇠퇴하면서 라틴인들과 황제가 보호하는 토착 정교회 신자들 사이에 균열이 생겼다. 2, 3차 십자군은 성스러운 군대의 평범한 병사나 순례자와 평범한 비잔틴 시민 사이에서 한층 더 반감을 키웠다. 그리고 이 반감은 양쪽 변증가의 지속적인 논쟁을 거치며 정당화되고 강화되었다. 하지만 12세기 내내 분열을 피하려는 정치 세력 역시 함께 존재했다. 비잔티움 황제는 안티오키아의 프랑크 공작을 상당히 불신했지만, 예루살렘의 프랑크 왕은 유용한 동맹이 될 수 있다고 생각했다. 게다가 황제는 시칠리아의 노르만인들과 서방 제국에 맞서기 위해 교황의 정치적 우정이 필요했다. 그는 심각한 분열을 막으려고 개인적인 영향력을 줄곧 활용했다.

이탈리아 해양 공화국들의 상업적 성장은 십자군 원정과 시기가 겹쳤고 부분적으로 그 영향을 받았다. 제국의 절망적인 경제 상황 때문에 황제들은 즉각적인 해군력과 재정 지원을 대가로 해양 공화국들에 상당한 무역 특혜와 특권을 부여해야 했고 비잔티움의 국제 무역은 점차 그들의 손에 넘어갔다. 제국 정부가 저지하려고 했던 시도들은 즉각 철회할 수밖에 없었다. 이탈리아 상인들의 오만한 번영은 비잔티움 대중을 끊임없이 자극했고 라틴인에게 반감을 갖도록 만들었다. 서방인들과 그들의 관습을 선호하는 황제 마누엘 콤네노스의 취향 역시 분노에 기름을 끼얹었다. 그의 사후 비잔티움 주민들은 정부 전체가 라틴인 손에 넘어갔다고 생각했다. 거기에 반발해 1182년 콘스탄티노플에서 라틴인을 학살하는 사건이 일어났지만, 서방의 분노를 자극했을 뿐이었다.

그동안 로마와 콘스탄티노플 성직자들은 줄곧 서로의 차이를 노골적으로 드러내고 상대방에 대한 적대감에 종교적 정당성을 부여했다. 앙겔로스 왕조의 나약한 황제들은 공개적인 적대 관계로 치닫는 흐름을 막아낼 힘이 없었다. 결국 그 흐름은 4차 십자군 원정에서 참혹한 형태로 분출했다. 실제로 십자군의 추진 과정은 치밀한 계획보다 우연히 이루어진 측면이 더 컸지만, 이와 유사한 위기는 조만간 언제든지 충분히 닥칠 수 있었다. 하지만 콘스탄티노플에서 발생한 참혹한 약탈은 결코 잊을 수 없는 심각한 증오를 낳았다. 비잔티움 제국은 한동안 붕괴했고 두 번 다시 완벽하게 회복하지 못했지만, 비잔티움 교회는 박해를 순교로 받아들여 오히려 새로운 활력을 얻었다. 교황은 전반적인 결과가 가져다주는 만족감과 그 방식에 대한 혐오감 사이에서 갈등하다가 동방에서 호의를 회복할 유일한 기회를 놓쳤다. 결정적인 순간에 교황은 공감과 이해를 보여주지 못했고, 결국 두 번 다시 용서받지 못했다.

이 분열이 단지 서열과 관습, 혹은 행정이나 교리적 권위를 둘러싼 고위 성직자 간의 다툼에서 비롯되었다면 이후로 황제들이 치유하려고 했던 진지한 노력이 성공했을지도 모른다. 그러나 분열의 비극은 그것이 피상적인 질투나 상충하는 교회 전통의 문제가 아니었다는 데 있었다. 분열은 더 깊은 곳에 뿌리를 두고 있었다. 그것은 11세기와 12세기의 정치 사건에서 비롯된, 동방과 서방 기독교 세계 구성원 간의 반감에 기초하고 있었다. 노르만족의 군사적 침략, 이탈리아 해양 도시들의 상업적 침략, 그리고 숭고한 의도로 시작했으나 야만적으로 수행한 십자군 운동 전체가 결별의 원인이었지 미카엘 케룰라리오스와 훔베르토 추기경의 사소한 독설 때문은 아니었다.

과거에도 분열이 없지 않았지만 사회의 표면적인 부분에만 관련된 것이었기에 재치와 인내로 봉합할 수 있었다. 그렇지만 동방의 복종을 강요하는 서방의 공격적 여론이 교황의 요구를 뒷받침하고 십자군과 라틴 제국을 기억하는 동방 기독교 여론이 교황의 수위권을 잔혹한 외래 지배 형태로 간주하면서 성령 발출과 성찬 빵을 둘러싼 어떤 타협도 더는 소용이 없었다. 동방은 서방에 굴복할 의사가 전혀 없었고 서방은 굴복 이외에는 전혀 받아들이려고 하지 않았다. 훗날 비잔티움이 살아날 유일한 길이 서방과의 연합처럼 보일 때조차 후대의 황제들 가운데 누구보다 현명했던 마누엘 2세는 아들에게 연합의 시도가 도리어 결별을 악화할 뿐이라고 탄식하며 경고했다. 라틴인들은 너무 오만했고 그리스인들은 다시 하나가 되기에 너무나 완고했기 때문이다.

정치사의 흐름은 회복이 불가할 만큼 분열을 심화했다. 게다가 정치적 다툼 이면에는 상당한 이념적 차이가 존재했다. 서방의 세속 권력은 지역적이고 제한적이었다. 신성 로마 제국조차 보편적 권위를 확보하지 못했다. 힐데브란트(그레고리오 7세) 이후로 교황권은 세계에 새로운 질서를 부여하는 거창한 시도를 대변했다. 로마의 모든 권위를 짊어진 유일한 불멸의 제도인 교황권이 기독교 세계를 하나의 기독교적 통합체로 만드는 통제권과 통치를 제공해야 한다는 것이다. 원대한 구상이었지만 동방에서는 이해할 수 없었다. 동방에는 세속 제국이 여전히 존속하고 로마의 명성을 계승하고 있었다. 카이사르는 이제 그리스도인이 되었지만, 여전히 카이사르의 것은 카이사르에게 돌려야 했다. 몬테카시노에서 비잔티움의 사절이 교황이 황제가 되었다고 불평한 것에서 비잔티움이 서방의 새로운 질서에 느꼈던 반감을 여실히 알 수 있다. 하지만 확고한 기독교적 토대 위에 사회를 재건할 길을 찾았다고 확신한 서방 사상가들에게 베드로의 후계자이고 그리스도의 대리자인 교황의 주권적 지배를 거부하는 동방의 태도는 방자하고 악의적인 저항으로 보였다.

이런 이념의 차이뿐 아니라 로마와 그리스 사이에는 예로부터 전해진 기질상의 차이가 존재했다. 전자는 법률적이고 권위주의적 성향이 강하지만 후자는 철학적이고 개인주의적 성향이 두드러졌다. 역사는 로마 교회와 동방 교회가 같은 길을 걷도록 허락하지 않았다. 그들이 마주한 문제는 달랐고, 따라서 그들이 내놓았던 해답 역시 달랐다. 두 교회가 일치를 유지하기 위해서는 인간이 대부분 감당하기 어려운 수준의 관용과 지혜, 그리고 인내가 필요했다. 무지와 어리석음, 사소한 질투가 분열에 일정 부분 작용했지만 그 씨앗은 동서 교회의 통제를 훨씬 벗어난 거대한 힘으로 뿌려진 것이었다.

여기서 분열의 결과를 평가하거나, 아니면 몇 세기가 지난 뒤에 어떻게 균열을 치유하고 좁힐 수 있을지 제안하는 것은 적절하지 않다. 이 어두운 시대에 기독교 세계가 어떻게든 완전한 일치 속에 다시 결속할 수 있으리라는 희망을 담아 이 글을 마무리할 수 있었다면 좋았을 것이다. 하지만 어떤 위대한 교회라고 해도 구성원들이 오랫동안 헌신하고 고통을 감수하면서 지켜온 주장과 확신을 포기하도록 기대하는 것은 너무 지나친 요구다. 우리는 그저 겸허한 심정으로 그리스도를 따르는 이들이 서로에게 더 따뜻한 동료애를 보여주기를 기도할 수 있을 따름이다. 그렇게 해서 거룩한 보편 교회가 단일한 군대처럼 적을 향해 진군하지는 못해도 최소한 우정과 존중, 이해로 똘똘 뭉쳐 함께 앞으로 나아갈 수 있기를 바랄 뿐이다.

| 참고문헌 |

참고문헌과 본문의 주석에서 사용한 약어는 다음과 같다.

Aa.Ss. – Acta Sanctorum Bollandiana, Antwerp-Paris-Rome, Brussels, 1643-(in progress).

M.G.H.Ss. – Monumenta Germaniae Historica, Scriptores, ed. G. H. Pertz, T. Mommsen, and others. Hanover, 1826-(in progress).

M.P.G. – Migne, J.P., Patrologiae Cursus Completus, Series Graeco-Latina, 161 vols. in 166, Paris, 1857-1866.

M.P.L. – Migne, J. P., op. cit., Series Latina, 221 vols., Paris, 1844-1855.

R.H.C.Grecs. – Recueil des Historiens des Croisades, Academie des Inscriptions et Belles Lettres, Historiens Grees, 2 vols., Paris, 1875-1881.

R.H.C.Lois – Ibid., Lois, 2 vols., Paris, 1841-1843.

R.H.C.Occ. – Ibid., Historiens Occidentaux, 5 vols., Paris, 1844-1895.

I. 고전 자료

1. 자료집

ALLATIUS, L., De Ecclesiae Occidentalis et Orientalis Perpetua Consensione, Cologne, 1648.

BENECHEWITCH, V., Catalogus Codicum Manuscriptorum Graecorum qui in Monasterio Sanctae Catharinae in Monte Sinai asservantur, St. Petersburg, 1911.

BEZOBRAZOV, P. V., "Documents for the History of the Byzantine Empire"(in Russian), Journal of the Ministry of Public Instruction, vol. clxv, St. Petersburg, 1889.

BOHMER, J. F., Acta Imperi Selecta, Innsbruck, 1870.

BRIGHTMAN, F. E., Bibliography, Ⅱ.

CHROUST, A., Quellen zur Geschichte des Kreuzzuges Kaiser Friedrichs I,M.G.H.Ss., new series, vol. v, Berlin, 1928.

Collectio Avellana, ed. O. GUNTHER, 2 vols., Corpus Scriptorum Ecclesiasticorum Latinorum, No. XXXV, Vienna, 1895.

COTELERIUS, J. B., Ecclesiae Graecae Monumenta, 4 vols., Paris, 1677–1692.

D' ACHERY, L., Spicilegium sive Collectio veterum aliquot Scriptorum, 2nd edition, 3 vols., Paris, 1723.

DE KHITROWO, B., Itineraires Russes en Orient, Societe de l' Orient Latin, Serie Geographique, No. V, Geneva, 1889.

DEMETRACOPOULOS, A., Bibliotheque Ecclesiastique, 2 vols., Leipzig, I866.

DOELGER, F., Regesten der Kaiserurkunden des Ostroemischen Reiches, 3 vols., Munich/Berlin, 1924–1932.

GOETZ, K., Kirchenrechtliche und kulturgeschichtliche Denkmaeler Altrusslands, Stuttgart, I905.

GOLUBOVITCH, G., Biblioteca Bio–bibliografica della Terra Santa e dell' Oriente Francescano, 5 vols., Florence, 1906–1927.

HAGENMEYER, H., Die Kreuzzugsbriefe aus dem Jahre 1088–1100, Innsbruck, 1902.

HEFELE, C. J., Bibliography Ⅱ.

HEISENBERG, A., Neue Quellen zur Geschichte des lateinischen Kaisertums, Munich, 1923.

HERGENROETHER, J. A. G., Monumenta Graeca ad Photium ejusque Historiam pertinentia, Ratisbon, 1869.

HOLTZMANN, W., see Bibliography Ⅱ.

JAFFE, P., Monumenta Gregoriana, Bibliotheca Rerum Germanicarum, vol. ii, Berlin, 1865.

JAFFE, P., Regesta Pontificum Romanorum, znd edition, ed. W. Wattenbach and others, 2 vols., Leipzig, 1885–1888.

KIRCH, J. P., Enchiridion Fontium Historiae Ecclesiasticae Antiquae, Freiburg–im–Breisgau, I910.

LEIB, B., Deux Inedits Byzantins sur les azymes au debut du Xlle siecle,
 Orientalia Christiana, vol. ix, Rome, 1924.

LOPAREV, C., Description of some Lives of Greek Saints(in Russian), Vizantiiskii
 Vremennik, vol. iv, St. Petersburg, 1897.

MANSI, J. D., Sacrorum Conciliorum Collectio, 31 vols., Florence/Venice, 1759–
 1798.

MICHEL, A., Bibliography Ⅱ. Patrologia Orientalis, ed. R. Graffin and F. Nau,
 Paris, 1907– (in progress).

POTTHAST, A., Regesta Pontificum Romanorum inde ab anno 1198 ad annum
 I304, 2 vols., Berlin, 1874–1875.

RIANT, P., Exuviae Sacrae Constantinopolitanae, 3 vols.(3rd vol. by F. de Mely),
 Geneva, 1877–1904.

RIANT, P., Inventaire critique des lettres historiques des Croisades, Paris, 1880.

ROEHRICHT, R., Regesta Regni Hierosolymitani, 2 vols., Innsbruck, 1893–I904.

ROZIERE, E. de, Cartulaire de l' Eglise du St. Sepulore, Paris, 1849.

SATHAS, K. N,, Mesaionike Bibliotheke, Bibliotheca Graeca Medii Aevi, 7 vols.,
 Venice/Paris, 1872–1879.

SUDENDORF, H., Registrum oder Merkwuerdige Urkunden fuer die deutsche
 Geschichte, 3 vols., Jena–Berlin, 1849–1854.

TACCONE GALLUCCI, Regesti dei Pontifici Romani per le Chiese della Calabria,
 Rome, 1902.

THEINER, A., Monumenta Spectantia ad Unionem Ecclesiarum Graecae et
 Romanae, Vienna, 1872.

WATTERICH, J. M., Pontificum Romanorum qui fuerunt inde ab exeunte Saeculo
 IX usque ad finem Saeculi XIII Vitae, 2 vols., Innsbruck, 1880–1885.

ZACHARIAE VON LINGENTHAL, Jus Graeco–Romanum, 7 pts., Leipzig, 1856–
 1884.

2. 그리스 자료

Anna Comnena, Alexiad, ed. B. Leib, in Collection Byzantine de l' Association

Guillaume Bude, 3 vols., Paris, 1937-1945.

Balsamon, Theodore, Patriarch of Antioch, Opera, in M.P.G., vols. cxxxvii-cxxxviii.

Basil I, Emperor, Epanagoge Basilii, Leonis et Alexandri, in Zachariae von Lingenthal, Jus Graeco-Romanum, pt. iv.

Basil of Caesarea, Saint, Letters, in M.P.G., vol. xxxii. Basil of Ochrida, Archbishop of Thessalonica, Des Basilius aus Achrida Erzbischofs von Thessalonich bisher unedierte Dialoge, ed. J. Schmidt, Munich, 1901.

Cedrenus, George, Synopsis Historiarum, ed. J. Bekker, 2 vols., Bonn, 1839.

Cerularius, Michael, Patriarch of Constantinople, Letters, in M.P.G., vol. xx; Synodal Edict, ibid.; Adversus Francos(attributed to Cerularius), in Hergenrother, Monumenta Graeca ad Photium Pertinentia.

Cinnamus, John, Epitome Historiarum, ed. J. Meineke, Bonn, 1836.

Criminationes adversus Ecclesiam Latinam, in Cotelerius, Monumenta Ecclesiae Graecae, vol. iii.

Demetrius Chomateanus, Letters, in M.P.G., vol. cxix.

Eustrats of Nicaea, Orations, in Demetracopoulos, Brolotheque Ecclesiastique, vol. I.

Greek clergy, letter to Innocent III, see above under Criminationes.

John of Kiev, Canonical Answers to the Monk fames, ed. A. Pavlov, as "Fragments of the Greek Text of the Metropolitan John's Canonical Answers" (in Russian), Additions No. 22 to the Publications of the Russian Imperial Academy of Sciences, No. 5. Also in Goetz, Kirchenrechtliche und kulturgeschichtliche Denkmaler Altrusslands.

John the Oxite, Patriarch of Antioch, Sur les Azymites, in Leib, Deux Inedits Byzantins.

Leo, Archbishop of Ochrida, Epistola ad Ioannem Episcopum Tranensem, in M.P.G., vol. xx.

Leo III, Emperor, Ecloga Leonis et Constantini, in Zachariae von Lingenthal, Jus Graeco-Romanum, pt. iv.

Mesarites, Nicholas, Opera, in Heisenberg, Neue Quellen zur Geschichte des lateinischen Kaisertums, vol. I.

Michael of Anchialus, Patriarch of Constantinople, Dialogue, given in C. Loparev, "On the Unionism of the Emperor Manuel Comnenus"(in Russian), Vizantiskii Vremennik, vol. xiv, St. Petersburg, 1917.

Neophytus of Paphos, De Calamitatibus Cypri, printed with Itinerarium Regis Ricardi.

Nicetas Chartophylax, De Schismate Graecorum, in Michel, Humbert und Kerullarios, vol. ii, and in M.P.G., vol. cxx.

Nicetas Choniates Acominatus, Historia, ed. I. Bekker, Bonn, 1835.

Nicetas of Maronea, Archbishop of Thessalonica, Dialogi de Spiritu Sancto, M.P.G., vol. cxxxix.

Nicholas of Methone, Bios Meletiou tou Neov, ed. V. G. Vasilievsky, Publications of the Palestinian-Russian Society(in Russian), vol. vi, pt. I7, St. Petersburg/Jerusalem, 1886.

Peter Ⅲ, Patriarch of Antioch, Letters, M.P.G., vol. xx; Systatic Letters, in Michel, Humbert und Kerullarios, vol. ii.

Phocas, John, A Brief Description, trans. A. Stewart, Palestine Pilgrims Text Society, vol. v, London, 1896.

Photius, Patriarch of Constantinople, Letters, M.P.G., vol. cii.

Phurnes, John, "Antirretike Aphologia," in Demetracopoulos, Biblio-theque Ecclesiastique, vol. I.

Prodromus, Theodore, Poems, R.H.C. Grecs, vol. ii.

Psellus, Michael, Accusation of Michael Cerularius, ed. L. Brehier, "Undiscours inedit de Psellos," Revue des Etudes Grecques, vols. xvi-xvii, Paris, 1903-4; Funeral Oration on Michael Cerularius and Letters, in Stethatus, Nicetas, Against the Latins, in Sathas, Mesaionike Bibliotheke, vol, iv.

Stethatus, Nicetas, Against the Latins, in Demetracoppulos, Bibliotheque Ecclesiastique, vol. i, and in Michel, Humbert und Kerullarios, vol. ii. Latin translations in M.P.L., vol. cxliii, and M.P.G., vol. xx.

Symoen Ⅱ, Patriarch of Jerusalem, Sur les Azymites, in Leib, Deux Inedits

Byzantins.

Theodore of Studium, Letters, M.P.G., vol. xcix.

Theophylact, Archbishop of Bulgaria, De Iis in quibus Latini Accusantur, M.P.G., vol. cxxvi.

Theorianus, Letters, M.P.G., vol. cxxxiii. Vita Sancti Nili, M.P.G., vol. cxx.
Zigabenus, Euthymius, Panoplia, M.P.G., vol. cxxx.

3. 라틴과 기타 서방 자료

Aime, Ystoire de li Normant, ed. O. Delarc, Rouen, 1892.

Albert of Aix, Liber Christianae Expeditionis pro Ereptione, Emundatione et Restitutione Sanctae Hierosolymitanae Ecclesiae, R.H.C. Occ., vol. iv.
Alexander of Hales, Summa Theologica, Cologne, 1622.

Alexius I, Comnenus, Emperor, Letters, in Hagenmeyer, Die Kreuzzugsbriefe, and in Riant, Inventaire des Lettres historiques des Croisades.

Ambroise, L'Estoire de la Guerre Sainte, ed. G. Paris, Paris, 1897.

"Analista Saxo," Annales, M.G.H.Ss., vol. vi.

Anastasius Bibliothecarius, Acta Concilii Constantinopolitani IV, in Mansi, Sacrorum Conciliorum Collectio, vol. xvi.

Anonymi Gesta Francorum et Aliorum Hierosolimitorum, ed. L. Brehier(as Histoire Anonyme de la Premiere Croisade), Paris, 1924.

Ansbert, Historia de Expeditione Friderici Imperatoris, in Chroust, Quellen zur Geschichte des Kreuzzuges Kaiser Friedrichs I.

Anselm, Bishop of Havelberg, Dialogi, in d'Archery, Spicilegium, vol. I.

Anselm, Saint, Archbishop of Canterbury, Opera, M.P.L., vol. clviii. Assises de Ferusalem, in R.H.C.Lois.

Augustine, Saint, De Fide et Symbolo, M.P.L., vol. xi; De Trinitate, ibid.

Baldwin I, Emperor, Letter to Innocent III, R.H.F., vol. xviii.

Barthelemy, Vita S. Nicolai Peregrini Tranensis, Aa.Ss., June, vol. I.

Baudri of Dol, Historiae Ferosolimitanae Libri IV, R.H.C.Occ., vol. iv.

Benzo of Alba, Ad Heinricum IV Imperatorem Libri VII, in M.G.H.Ss.,vol. ix.

Berno of Reichenau, Epistolae, M.P.L., vol. cxlii.

Bernold of Constance, Chronicon, M.G.H.Ss., vol. v.

Boso, Vita S. Leonis IX and Vita Alexandr III, i n Liber Pontificalis, vol. ii.

Bruno of Segni, De Azymis, M.P.L., vol. clxv; Vita S. Petri Ananiensis, Aa.Ss., August, vol. I.

Burchard, Epistola ad Nicolaum Sigebergensem Abbatem, in Sudendorf, Registrum, vol. ii.

"Chretiens de Terre Sainte, Lettre a Charles d' Anjou," ed. O. Delaborde; Revue de l' Orient Latin, vol. ii, Paris, 1894.

Chronica de Mailros, ed. J. Stevenson, Bannantyne Club, Edinburgh, 1835.

Chronica Minor auctore Minorita Erphordensis, M.G.H.Ss., vol. xxiv.

Chronica S. Petri Erphordensis Moderna, M.G.H.Ss., vol. xxx.

Chrysolanus, Petrus(Grossolano), Archbishop of Milan, Oratio, M.P.G., vol. exxvii.

Conrad III, King of Germany, Letters, Wibald.

De la Broquiere, Bertrandon, Le Voyage d' Outremer, ed. C. Schefer, Paris, 1892.

Dominic, Patriarch of Grado, letter to Peter of Antioch, M.P.G.,vol. cxx.

Ekkehard of Aura, Hierosolymita, ed. H. Hagenmeyer, Tuebingen, 1877.

Ernoul, Chronique d' Ernoul et de Bernard le Tresorier, ed. M. L. de Mas Latrie, Paris, 1871.

Eudes of Deuil, La Croisade de Louis VII, ed. H. Waquet, Paris, 1949.

Eugenius III, Pope, Epistolae, M.P.L., vol. clxxx.

Frederick I, Emperor, letter to King Henry, in Bohmer, Acta Imperii Selecta.

Fulcher of Chartres, Gesta Francorum Iherusalem Peregrinantium, ed. H. Hagenmeyer, Heidelberg, 1913.

Gesta Innocentii III, M.P.L., vol. ccxiv.

Glaber, Radulf, Historia Sui Temporis, M.P.L., vol. clxii.

Gregory VII, Pope, letters, in Jaffe, Monumenta Gregoriana and Regesta, and in Taccone Gallucci, Regesti.

Guibert of Nogent, Historia Hierosolymitana, R.H.C. Occ., vol. iv.

Gunther of Pairis, Historia Constantinopolitana, in Riant, Exuviae Sacrae

Constantinopolitanae, vol. I.

Historia Translationis Sancti Mamentis, Aa.Ss., August, vol. iii.

Humbert of Silva Candida, Cardinal, Bulla excommunicationis Michael, Constantinopolitani and Brevis et Succincta Commemoratio, M.P.L., vol. clxiii; Contra Nicetam Stethatum, ibid., and in Michel, Humbert und Kerullarios, vol. ii. See also Leo IX, Pope, below.

Innocent II, letter to the Church of Antioch, in Roziere, Cartulaire du Saint-Sepulcre.

Innocent III, Epistolae, M.P.L., vols. cexiv-coxvi.

Itinerarium Peregrinorum et Gesta Regis Ricardi, ed. W. Stubbs, Rolls Series, London, 1864.

John of Salisbury, Historia Pontificalis, ed. A. Lane-Poole, Oxford, 1927.

Laycus, Rationes de Sancti Spiritus Processione, in Michel, Amalfi undJerusalem, see Bibliography II.

Leo I, Pope, Epistola Dogmatica, in Hefele-Leclercq, Histoire des Conciles, vol. ii. 2.

Leo III, Pope, Epistolae, M.P.L., vol. exxix. Leo IX, Pope, Epistolae, M.P.L., vol. cxliii; Adversus Graecorum Calumnias(Dialogus inter Romanum et Constanti-nopolitanum)—실제로는 홈베르토(Humbert) 추기경이 작성했다—ibid.

Leo of Ostia, Chronica Monasterii Casinensis, M.G.H.Ss., vol. vii.

Liber Pontificalis, ed. L. Duchesne, 2 vols., Paris, 1886-92.

Louis VII, King of France, letters to Suger, R.H.E., vol. xv.

Malaterra, Gaufredus, Historia Sicula, M.P.L., vol. cxlix.

Matthew Paris, Chronica Majora, ed. H. R. Luard, 7 vols., Rolls Series, London, 1872-83.

Ordericus Vitalis, Historia Ecclesiastica, ed. A. Le Prevost, 5 vols., Paris, 1838-55.

Paschal II, Pope, Epistolae, M.P.L., vol. clxiii.

Peter Diaconus, Chronica Monasterii Casinensis, M.G.H.Ss., vol. vii.

Peter the Venerable, Abbot of Cluny, Epistolae, M.P.L., vol. claxxix.

Princes, Letter of, to Urban II, in Hagenmeyer, Die Kreuzzugsbriefe.

Raymond of Aguilers, Historia Francorum qui ceperunt Jerusalem, R.H.C.Occ., vol. iii.

Robert of Clary, La Conquete de Constantinople, ed. P. Lauer, Paris, 1924.

Robert the Monk, Historia Hierosolymitana, R.H.C.Occ., vol. iii.

Sequentia Andegavensis, in Riant, Exuviae Sacrae Constantinopolitanae, vol. ii.

Sigebert of Gembloux, Chronicon, M.G.H.Ss., vol. vi.

Smaragdus, Carmina, M.P.L., vol. cii.

Suger, Abbot of Saint-Denis, Opera, ed. A. L. de la Marche, Paris, 1867.

Tractatus Eboracensis, M.G.H., Libelli de Lite, vol. ii.

Victor Ⅲ, Pope, Epistolae, M.P.L., vol. cxlix.

Villehardouin, Geoffrey, La Conquete de Constantinople, ed. E. Faral, 2 vols.,
    Paris, 1938-9.

Walafrid Strabo, Liber de Exordis, M.P.L.., vol. cxiv.

Wibald, Epistolae Wibaldi, ed. P. Jafte, Bibliotheca Rerum Germanicarum, vol. i,
    Berlin, 1864.

Wibert, Vita S. Leonis Ⅸ, M.P.L., vol. clii.

William of Apulia, Gesta Roberti Wiskardi, M.G.H.Ss., vol. ix.

William of Malmesbury, Gesta Regum, ed. W. Stubbs, 2 vols., London, 1887-9.

William of Nangis, Gesta Ludovici Ⅶ, R.H.F., vol. xx.

William of Tyre, Historia Rerum in Partibus Transmarinis Gestarum, R.H.C.Occ.,
    vol. I.

4. 그리스 이외 동방 자료

Bar Hebraeus, Gregory Abul Faraj, Chronography, ed. and trans. E. A. W. Budge,
    2 vols., Oxford, 1932.

Beha ed-Din, Ibn Sheddad, Life of Saladin(What befell Sultan Yusuf), trans. C. R.
    Conder, Palestine Pilgrims Text Society, vol. xiii, London, 1897.

Daniel the Higumene, Vie et Pelerinage, trans. in B. de Khitrowo, Itineraires
    Russes en Orient.

Eutychius, Patriarch of Alexandria, Annales, trans. E. Pocock, M.P.G., vol. cxi.

Matthew of Edessa, Chronique, ed. and trans. E. Dulaurier, Paris, 1858.

Novgorod Chronicle, ed.(in Russian), A. N. Nasomov, Moscow/Leningrad, 1950.

Vita S. Georgii Hagioritae, ed. and trans. P. Peeters, Analecta Bollanarana, vols. xxxvi–xxxvii, Brussels, 1917–1919.

Yahya, Ibn Said, of Antioch, Chronicle, in Patrologia Orientalis, vols. xvili and xxiii, Paris, 1924, 1932.

II. 현대 자료

K. I. AMANDOS, Istoria Tou Byzantinou Kratous, 2 vols., Athens, 1939–1947.

E. AMANN, "Michel Cerulaire," in Vacant et Mangenot, Dictionnaire de Theologie Catholique, vol. x.

BAYNES, N. H., The Byzantine Empire, London, 1925.

BERNHARDI, W. von, Konrad Ⅲ, Leipzig, 1883.

BREHIER, L., L' Eglise et l' Orient au Moyen Age: Les Croisades, Paris, 1928.

BREHIER, L., Le Schisme Oriental du XIe siecle, Paris, 1899.

BRIGHTMAN, F. E., Liturgies Eastern and Western, 2 vols., Oxford, 1896.

BUCKLER, G., Anna Comnena, Oxford, 1929.

Bury, J. B., History of the Eastern Roman Empire, London, 1912.

Bury, J. B., History of the Later Roman Empire, 2 vols., London, 1923.

Bury, J. B., History of the Later Roman Empire from Arcadius to Irene, 2 vols., London, 1889.

Bury, J. B., Selected Essays, Cambridge, 1930.

Byzantium, ed. N. H. Baynes and H. St. L. B. Moss, Oxford, 1948.

CAHEN, C., "Indigenes et Croises," Syria, vol. xv, Paris, 1934.

CAHEN, C., La Syrie du Nord a l' Epoque des Croisades, Paris, 1940.

CHALANDON, F., Histoire de la Domination Normande en Italie et en Sicile, 2 vols., Paris, 1907.

CHALANDON, F., Les Comnene, Vol. i , Essai sur le Regne d' Alexis I er Comnene, Paris, 1900; vol. ii, Jean Ⅱ Comnene et Manuel Ier Comnene, Paris, 1912.

COHN, L., Article "Eustathios, Erzbischof von Thessalonike" in Pauly-Wissowa, Realencyclopaedie der Classischen Altertumswissenschaft, new edition, vol. xi.

DEMETRACOPOULOS, A. C., Graecia Orthodoxa, Leipzig, 1872.

DOSITHEUS, Patriarch of Jerusalem, Istoria Peri Ton En Ierosolymois Patriarchaysanton, Bucharest, 1715.

DUCHESNE, L., L' Eglise au VIme siecle, Paris, 1925.

DVORNIK, F., The Photian Schism, Cambridge, 1948.

DVORNIK, F., Les Slaves, Byzntine et IXme siecle, Paris, 1926.

EVERY, G., The Byzantine Patriarchate, London, 1947.

EVERY, G., "Syrian Christians in Palestine in the Middle Ages," in Eastern Churches Quarterly, vol. vi, London, 1945-1946.

FLICHE, A. and MARTIN, V., L' Histoire de l' Eglise, II vols. published, Paris, 1934-(in progress).

GARDNER, A., The Lascarids of Nicaea, London, 1912.

GARDNER, A., Theodore of Studium, London, 1905.

GAY, J., L' Italie Meridionale et l' Empire Byzantine(867-1071), Paris, 1904.

GAY, J., Les Papes du XIe siecle et la Chretiente, Paris, 1926.

GOLUBINSKY, E. E., History of the Russian Church(in Russian), 2nd edition, Moscow, 1901.

GRAF, G. "Die Eucharistielehre der Nestorianers Al-Muhtar Ibn Butlan," in Oriens Christianus, vol. xxxv, Leipzig, 1938.

GREENSLADE, S. L., Schism in the Early Church, London, 1953.

GREGOIRE, H., "The Byzantine Church," in Byzantium.

GREGOIRE, H., "The Question of the Diversion of the Fourth Crusade," in Byzantion, vol. xv, Boston, 1941.

GRUMEL, V., "Autour du Voyage de Grossolanus a Constantinople," in Echos d' Orient, vol. xxxii, Paris, 1933.

GRUMEL, V., Le Decret du Synode Photien de 879-880 sur le Symbole de Foi, ibid., vol. xxxvii, Paris, 1938.

GRUMEL, V., "L' Encyclique de Photius aux Orientaux," ibid., vol. xxxiv, Paris, 1935.

GRUMEL, V., "Le Filioque au Concile Photien de 879-880," ibid., vol. xxix, Paris, 1930.

GRUMEL, V., "Jerusalem entre Rome et Byzance: Une Lettre inconnue du Patriarche de Constantinople a son Collegue d' Antioche," ibid., vol. xxxviii, Paris, 1939.

GRUMEL, V., "Les Lettres de Jean VIII pour le Retablissement de Photius," ibid., vol. xxxix, Paris, 1940.

GRUMEL, V., "La Liquidation de la Querelle Photienne," ibid., vol. xxxiii, Paris, 1934.

GRUMEL, V., "Le Patriarcat d' Antioche," ibid., vol. xxxiii, Paris, 1934.

GRUMEL, V., "Les Patriarches grecs d' Antioche du nom de Jean," ibid., vol.xxxii, Paris, 1933.

GRUMEL, V., "La Politique religieuse du Patriarche St. Methode," ibid., vol. xxxiv, Paris, 1935.

HEFELE, C. J., Histoire des Conciles, ed. H. LECLERCQ, II vols., Paris, 1907-52. Cited as Hefele-Leclercq.

HEISENBERG, A., Nicolaos Mesarites, Wurzburg, 1907.

HERGENROETHER, J., Photius, Patriarch von Constantinopel, 3 vols., Ratisbon, 1867-1869.

HEYD, W., Histoire du Commerce du Levant au Moyen-Age, trans. Furcy Raynaud, 2nd reimpression, 2 vols., Leipzig, 1936.

HILL, G., A History of Cyprus, 3 vols., Cambridge, 1940-1948.

HOLTZMANN, W., "Die Unionsverhandlung zwischen Kaiser Alexios I und Papst Urban II im Jahre 1089," in Byzantinische Zeitschrift, vol. xxviii, Leipzig, 1928.

HUSSEY, J. M., Church and Learning in the Byzantine Empire, Oxford, 1937.

JUGIE, M., Le Schisme Byzantin, Paris, 1941.

KREY, A. C., "A Neglected Passage in the Gesta," in The Crusades and other Historical Essays presented to D. C. Munro, New York, 1928.

KRUMBACHER, K., Geschichte der byzantinischen Litteratur, Munich, 1897.

LANGFORD JAMES, R. LL., A Dictionary of the Eastern Orthodox Church,

London, 1923.

LEIB, B., Rome, Kiev et Byzance a la Fin du XIe siecle, Paris, 1924.

LE QUIEN, M., Oriens Christianus, 3 vols., Paris, 1740.

LUCHAIRE, A., Innocent III: La Question de l' Orient, Paris, 1911.

MICHEL, A., Amalfi und Ferusalem im griechischen Kirchenstreit, Orientalia Christiana Analecta, No. 121, Rome, 1939.

MICHEL, A., "Die Botschaft Petros Ⅲ von Antiocheia an seine Stadt ueber seine Ernennung," in Byzantinische Zeitschrift, vol. xxxviii, Munich, 1938.

MICHEL, A., Humbert und Kerullarios, 2 vols., Paderborn, 1924-1930.

MICHEL, A., "Die Roemischen Angriffe auf Michael Kerullarios wegen Antiocheia," in Byzantinische Zeitschrift, vol. xliv, Munich, 1951.

MILLER, W., The Latins in the Levant, London, 1908.

MUNRO, D. C., "The Speech of Pope Urban Ⅱ at Clermont," in American Historical Review, vol. xi, New York, 1906.

NAU, F., "Le Croise lorrain Godefroy de Ascha," in Fournal Asiatique, series 9, vol. xiv, Paris, 1899.

NORDEN, W., Das Papsttum und Byzanz, Berlin, 1903.

OSTER, E., Anna Comnena, 3 vols., Rastatt, 1868-1871.

OSTROGORSKY, G., Geschichte des byzantinischen Staates, and edition, Munich, 1952.

OSTROGORSKY, G., Studien zur Geschichte des byzantinischen Bilderstreites, Breslau, 1929.

PALMIERI, A., "Filioque" in Vacant et Mangenot, Dictionnaire de Theologie Catholique, vol. v.

PAVLOV, A., Critical Essay on the History of Ancient Greco-Russian Polemic against the Latins(in Russian), St. Petersburg, 1878.

PRAWER, J., "L' Etablissement des coutumes du marche a Saint-Jean d' Acre," in Revue Historique de Droit Francais et Etranger, series 4, vol. xxix, Paris, 1951.

RUNCIMAN, S., A History of the Crusades, 3 vols., Cambridge, 1951-1954.

SALAVILLE, S., article "Jean Xiphilin," in Vacant et Mangenot, Dictionnaire de Theologie Catholique, vol. xv.

STADTMUELLER, G., Michael Choniates, Metropolit von Athen, Orientalia Christiana, vol. xxxiii. 2, Rome, 1932.

THROOP, P. A., Criticism of the Crusades, Amsterdam, 1940.

TOURNEBIZE, H. F., Histoire politique et religieuse de l' Armenie, Paris, 1901.

VACANDARD, E., Vie de Saint Bernard, Abbe de Clairvaux, 2 vols., Paris, 1895.

VACANT, A., et MANGENOT, E., Dictionnaire de Theologie Catholique, 15 vols., Paris, 1899–1950.

VAILHE, S., article "Constantinople, Eglise de," in Vacant et Mangenot, Dictionnaire de Theologie Catholique, vol. iii.

VAILHE, S., "L' Erection du Patriarche de Jerusalem en 451," in Revue de L' Orient Chretien, vol. ix, Paris, 1896.

VASILIEV, A. A., History of the Byzantine Empire, Madison, 1952.

탕크레드(Tancred) / 156, 157

테살로니카(Thessalonica) / 91, 189, 195, 197, 205, 222, 223, 226, 252, 266

테오도라(Theodora) / 40, 41, 88, 100, 114, 126

테오도로스 프로드로모스(Theodore Prodromus) / 183

테오도로스(Theodore of Smyrna) / 162

테오도로스(Theodore the Studite) / 50

테오리아노스(Theorianus, 아르메니아 철학자) / 195

테오파노(Theophano) / 49

테오필락토스(Theophylact of Bulgaria) / 118-121, 123, 125, 178, 194

테우드빈(Theudwin) / 213

트라니의 요한(John of Trani) / 74, 75, 76, 93

트라페준타(Trebizond) / 252

트룰로 공의회(Trullo 또는 Quinisext Council) / 36

티레의 기욤(William of Tyre) / 167, 214, 218, 235

티투스(Titus) / 39

ㅍ

파문 교서(Bull of Excommunication) / 82, 94

파스칼 2세(Pope Paschal Ⅱ) / 155, 156, 179, 180, 185, 188

파이리스의 마르틴(Martin of Pairis) / 241

팔레르모의 아델라이데(Adelaide of Montferrat) / 180

페트로스 3세(Peter Ⅲ) / 107, 127

펠릭스 3세(Pope Felix Ⅲ) / 32

포르모소(Pope Formosus) / 44, 45, 57

포르토의 포르모소(Porto of Formosus) / 44

포카스(Phocas) / 35, 36, 151

포티오스(Photius of Constantinople) / 40-51, 57, 59, 61, 70, 90, 116, 185, 204, 227

폴리에욱토스(Polyeuct) / 49

프로드로모스(Prodromus) / 183, 234

프로토세바스토스 알렉시오스 콤네노스(Protosebastos Alexius Comnenus) / 216, 223

프리드리히 2세(Frederick Ⅱ) / 257, 261

프리드리히 바르바로사(Frederick Barbarossa) / 221, 224, 225, 266